高等院校应用型财经专业基础课规划教材

计量经济学基础

周兆平　编著

对外经济贸易大学出版社
中国·北京

图书在版编目（CIP）数据

计量经济学基础／周兆平编著. —北京：对外经济贸易大学出版社，2014（2025.8重印）
高等院校应用型财经专业基础课规划教材
ISBN 978-7-5663-0928-0

Ⅰ.①计… Ⅱ.①周… Ⅲ.①计量经济学-高等学校-教材 Ⅳ.①F224.0

中国版本图书馆 CIP 数据核字（2013）第 282785 号

计量经济学基础

周兆平 **编著**
责任编辑：李晨光

对外经济贸易大学出版社
北京市朝阳区惠新东街 10 号 邮政编码：100029
邮购电话：010-64492338 发行部电话：010-64492342
网址：http://www.uibep.com E-mail：uibep@126.com

三河市少明印务有限公司印装 新华书店经销
成品尺寸：185mm×260mm 14.75 印张 341 千字
2014 年 1 月北京第 1 版 2025 年 8 月第 8 次印刷

ISBN 978-7-5663-0928-0
印数：8 951–10 150 册 定价：27.00 元

前　　言

本书是为经济类和工商管理类本科生编写的教材，但也适合自学使用。

计量经济学是经济学类各专业必修的核心课程，从而“教”与“学”就显得更为重要。在教学中，许多学生反映计量经济学课程较难，教材看不懂，甚至是，无论老师在课堂上怎么讲，有的学生还是听不懂。久而久之，听不懂的学生堆积起来的问题就越来越多，并对学习计量经济学产生了很大的心理压力。诚然，“教”与“学”是一个复杂的大问题，也不可能在这里去详细讨论，但是，教材内容的编写在这里是可以尝试的。本书的特点就是力图思路清晰、逻辑严谨、通俗易懂，尽量使教师能讲得清楚，学生能听得明白。同时也可以说，本书是一本计量经济学的入门教材，比较适合初学者和自学者使用。

要想学懂计量经济学，学生必须具备西方经济学、微积分、线性代数、统计学和概率论与数理统计的基本知识，否则，听不懂计量经济学是正常的事情。

本书的难度位于初级与中级之间。全书共分为十章，以经典计量经济学内容为主。其中，第一章为概述部分；第二、三章介绍了经典假定下的简单线性回归模型和多元线性回归模型；第四、五、六章介绍了违背经典假定的情况，即多重共线性、异方差和自相关等问题；第七、八、九章介绍了分布滞后与自回归模型、虚拟变量模型和模型设定误差等专题问题研究；第十章对时间序列模型进行了简单的介绍。

本书除了第一章每章都有案例，所使用的软件是 EViews6.0，并且结合案例对软件的使用逐步进行讲解。本书附有教学课件和习题答案。

教师可根据实际教学情况选择教学内容和课时。

最后，感谢李辉副教授、林权副教授（大连财经学院）对本书编写工作的大力支持，感谢王森副教授（东北财经大学）、张顺副教授（大连财经学院）对计量经济学教学所提出的有益的建议，感谢唐家笑先生、周思然女士在本书编写过程中所提供的方便和帮助，感谢对外经济贸易大学出版社和李晨光女士为本书的出版所作出的努力。

由于编者水平有限，编写时间仓促，书中错误在所难免，恳请读者批评指正。

周兆平

2013 年 9 月于大连

目　录

第一章

概　　述

§ 1.1　什么是计量经济学？

1930 年 12 月 29 日，在耶鲁大学经济学家欧文 • 费雪（Irving Fisher）和挪威经济学家弗里希（Ragnar Frisch）的倡议下，计量经济学会（Econometrics Society）在美国俄亥俄州克里夫兰成立，由弗里希担任主编的计量经济学会的刊物《计量经济学学刊》（*Econometrica*）于 1933 年创刊①。一般认为，计量经济学会的成立，标志着计量经济学作为经济学的一门独立学科被正式确定，而计量经济学的英文名字“econometrics”则是弗里希于 1926 年发明的。那么，到底什么是计量经济学呢？经济学家们给出了各自不同的答案。

格哈德 • 特纳（Gerhard Tintner）认为：“计量经济学，是对经济学的作用存在某种期待的结果，它把数理统计学应用于经济数据，以使数量经济学构造出来的模型得到经验上的支持，并获得数值结果”②。

萨缪尔森（P. A. Samuelson）、库普曼斯（T. C. Koopmans）和斯通（J. R. N. Stone）在《计量经济学学刊》发表的《对计量经济学学刊评估委员会的报告》中写到：“计量经济学可以定义为：基于理论与观测的事实，并运用适当的推理方法使之联系起来，对实际经济现象的数量分析。”（the quantitative analysis of actual economic phenomena based on the concurrent development of theory and observation，related by appropriate methods of inference）③。

阿瑟 • 戈德伯格（Arthur S. Goldberger）认为：“计量经济学可以定义为这样的社会科学：它把经济理论、数学和统计推断作为工具，应用于经济现象的分析。”

---

① http://www.econometricsociety.org/.

② Gerhard Tintner, Methodology of Mathematical Economics and Econometrics, The University of Chicago Press, Chicago, 1968:74.

③ http://en.wikipedia.org/wiki/. Econometrics, P. A. Samuelson, T. C. Koopmans, and J. R. N. Stone, “Report of the Evaluative Committee for *Econometrica*,” *Econometrica* , 22(2):42. [p p. 141-146], as described and cited in Pesaran (1987) above.

泰尔（H. Theil）认为："计量经济学是研究经济规律的经验验证。"

埃德蒙德·马兰沃（E. Malinvaud）认为："计量经济学家的艺术，就在于找出一组足够具体且现实的假定，使自己尽可能好地使用所获得的数据。"

阿德里安·达纳尔（Adrian C. Darnell）认为："计量经济学有助于在积极意义上驱散人们对经济学（数量或非数量）存有如下的不良印象：这门学科犹如一个空箱子，即使有打开它的钥匙，对其空洞的内容，十位经济学家可以作出十一种解释。"

哈维默（T. Haavelmo）认为："本质上，计量经济学的研究方法是利用统计推断的理论与技术作为桥头堡，以达到经济理论和实际测算相衔接的目的。"①

本书作为一本教科书，读到这里会让人感到"一头雾水"。但还是请读者把最后一位经济学家的话读完。

在《计量经济学学刊》创刊号上，计量经济学会就指出其主要目标并一直延续到至今：

"计量经济学会是经济领域最具声望的学会，具有广泛的世界范围内的会员。它的主要目标是推动经济问题研究的理论定量方法和经验定量方法的统一，这些研究并被渗透入建设性与严谨性的思想，正如已经支配着自然科学的思想类似。"（The Econometrics Society is the most prestigious learned society in the field of economics, with a world-wide membership. Its main object is to promote studies that aim at a unification of the theoretical-quantitative and empirical-quantitative approach to economic problems and that are penetrated by constructive and rigorous thinking similar to that which has come to dominate in the natural sciences.）

弗里希进一步指出："但经济学中的数量方法有几个方面，不应该将其中任何一个单方面与计量经济学相混淆。计量经济学与经济统计学绝非一码事；它也不同于我们所说的一般经济理论，尽管经济理论具有明显的数量特征；计量经济学也不应被看成是数学在经济学中的应用。经验表明，统计学、经济理论和数学这三方面对于要真正理解现代经济生活的数量关系来说，都是必要的，但没有哪一个方面是足够的，这三者结合起来才是力量，这种结合便构成了计量经济学。"②

因此，我们可以得出这样的结论：计量经济学是经济理论、统计学和数学的结合物，或者说，是经济理论、数理经济、经济统计和数理统计的混合物。至于计量经济学更精确、更严谨的定义不是本书要讨论的内容。

§1.2　计量经济学是一门独立的经济学科

为什么说计量经济学是一门独立的学科？

① 以上所有引言见：古扎拉蒂. 计量经济学基础. 北京：中国人民大学出版社，2012：1-2.

② http://www.econometricsociety.org/.

一、计量经济学与其他学科的不同

经济理论主要是根据逻辑推理得出结论，说明研究经济现象的本质和规律，大多数是定性的。经济理论所涉及的数量关系也都是确定的，但并不能给出具体的数值度量。例如商品价格与其需求量和供求量之间存在正向或反向关系，但并不能给出具体价格变化会引起需求量和供求量的增加多少或减少多少。而计量经济学所要研究的就是如何估计这个具体的数值，并且计量经济学所研究的数量关系不是确定的变量关系而是随机变量关系。

数理经济学是要用数学形式来表述经济理论，不管理论本身是否能够量化或者是否能够得到实际数据的验证。例如数理统计等数学方法在经济学上的应用等。而计量经济学家就是把数理经济学家提出来的数学方程式（公式）改造成适合于经验验证的形式。这种从数学公式到计量经济学方程式（公式）的转换需要许多的创造性和实际技巧。

经济统计学主要是收集、加工并用图表的形式来体现经济数据。经济统计学所提供的数据恰是计量经济学所需要的原始资料，并据此进行参数估计，验证经济理论。因此，计量经济学对经济统计学存在着密不可分的依赖关系，离开了经济统计学，对实际经济问题的计量分析并以此来验证经济理论的计量经济学将会寸步难行。

二、计量经济学在经济学中的地位

克莱因（Lawrence R. Klein）认为：“计量经济学已经在经济学科中居于重要的地位”，“大多数大学的学院中，计量经济学的讲授已经成为经济学课程表中最有权威的一部分”。萨缪尔森甚至认为：“第二次世界大战后的经济学是计量经济学的时代”。从 1969 年诺贝尔经济学奖设立到 2012 年，共有 71 位经济学家获奖，覆盖了经济学各分支学科，直接因对计量经济学的创立和发展作出贡献而获奖的经济学家达 12 人，居经济学各分支学科之首（详见附录 1.1）。他们是：1969 年，挪威经济学家弗里希（Ragnar Frisch）和荷兰经济学家丁伯根（Jan Tinbergen）；1973 年，俄裔美国经济学家列昂惕夫（Wassily Leontief）；1980 年，美国经济学家克莱因（Lawrence R. Klein）；1984 年，英国经济学家约翰・理查德・尼古拉斯・斯通（John Richard Nicolas Stone）；1989 年，挪威经济学家特里夫・哈维默（Trygve Haavelmo）；2000 年，美国经济学家詹姆斯・赫克曼（James Joseph Heckman）和丹尼尔・麦克法登（Daniel Little McFadden）；2003 年，美国经济学家罗伯特・恩格尔（Robert Fry Engle）和英国经济学家克莱夫・格兰杰（Clive W. J. Granger）；2011 年，美国经济学家托马斯・萨金特（Thomas J. Sargent）和克里斯托弗・西姆斯（Christopher A. Sims）。

三、计量经济学有自己独特的研究经济问题的方法

首先，计量经济学要根据观测（observational）数据而不是实验（experimental）数据来建立模型。因此，数据收集者与数据分析者的分离就要求建立模型者十分熟悉所用数据的性质和结构，以及相对于实验数据不同的技巧来分析观测数据。

其次，从建立与应用计量经济学模型的全过程来看，理论模型的设定和样本数据的

收集，都必须对经济理论和所要研究的经济现象有深刻的认识。所构建的计量经济学模型必须与实际经济现象和经济理论相符合，否则，模型将毫无意义。这一点正是为什么说计量经济学不是数学或数学在经济学上的应用，而是经济学的理由。

最后，从某种角度看，计量经济学是一门综合方法论学科，其核心内容是模型参数估计方法，但是，在整个计量经济学的分析中涉及各种方法与思想。这也恰恰是让学习者感觉到这门学科难以掌握、不是很系统的原因所在。

以上三方面的问题，本书将在以后的学习中具体涉及。

§1.3 计量经济学方法论

什么是计量经济学方法论？实际上，就是计量经济学家们对一个经济问题到底是怎么分析的，使用什么样的方法。计量经济学的思想方法有若干派别，我们这里讲的主要是至今仍在经济学及其他社会和行为科学领域研究中占主导地位的传统或经典方法论。

一、在理论和假说的基础上建立计量经济学模型

先来复习一下宏观经济学的内容。凯恩斯（John Maynard Keynes）在《就业、利息和货币通论》中说，存在一条基本的心理规律：通常或平均而言，人们倾向于随着他们收入的增加而增加其消费，但是消费的增加不如收入增加那么多。消费与收入的这种关系被称作**消费函数**（consumption function）或**消费倾向**。那么，增加的消费与增加的收入的比率，也就是说，增加的1单位收入中用于增加消费部分的比率，称为**边际消费倾向**（marginal propensity to consume，*MPC*）。我们知道边际消费倾向的公式是：

$$MPC = \frac{\Delta y}{\Delta x}$$

显然 Δy 表示增加的消费，Δx 表示增加的收入；y 代表消费，x 代表收入。

如果把消费和收入之间的关系看成函数关系，那么就可以建立一个方程来：

$$y = f(x) \tag{1.3.1}$$

根据微积分的知识，我们知道 *MPC* 实际上就是函数 $y = f(x)$ 的导数，即可写成：

$$MPC = \frac{dy}{dx} = f'(x)$$

凯恩斯设想，边际消费倾向 *MPC* 是大于零小于1的。我们可以看到凯恩斯假设的消费与收入之间的关系是正向关系，但他并没有明确指出二者之间准确的函数关系。为了简单起见，数理经济学家建立了如下的**凯恩斯消费函数**：

$$y = \beta_1 + \beta_2 x \tag{1.3.2}$$

其中 y 代表消费，x 代表收入，而 β_1 和 β_2 分别表示**截距**（intercept）和**斜率**（slope）。由微积分知识我们知道方程（1.3.2）的几何意义是一条直线，见图1.1。

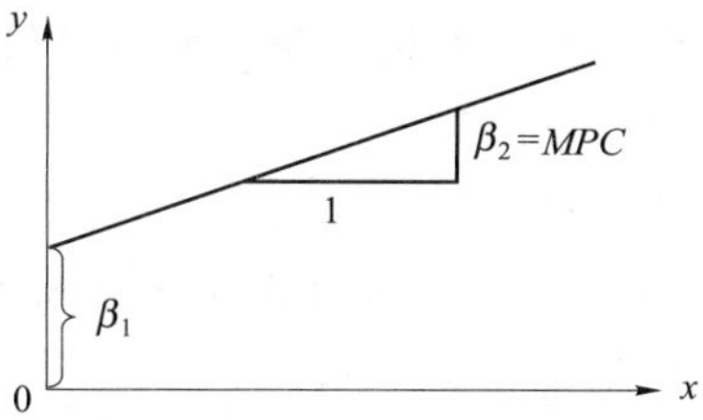

图 1.1 凯恩斯消费函数

这种函数关系，被称为**线性关系**，或者称函数为**线性函数**，也就是把变量 y 和 x 之间的关系称为线性关系，即消费与收入之间的关系是线性关系。

在数学中，线性函数是最简单的函数，其实，就是变量之间的比例关系。之所以要选择线性关系，可以理解为，没有比线性关系更简单的关系去选择。而实际上是否真的存在这种线性关系的消费函数？如果不是线性关系怎么办？这恰是计量经济学所要回答的问题。

而所谓的变量之间的比例关系就是一个变量与另一个变量之间的关系会表现出不是正方向就是反方向的关系，即一个变量完全依赖于另一个变量的变化而变化。关于这一点，我们以后还要继续介绍。

现在来定义一些概念和说明一下计量经济学模型建立的思想。

（1）解释变量与被解释变量。函数方程（1.3.1）和方程（1.3.2）中右边的变量 x 称为**自变量**（independent variable），而左边的变量 y 称为**因变量**（dependent variable）。这种定义与微积分中关于函数变量的定义完全一致。但是在计量经济学中，我们给变量一个新的称呼（当然也可以延续上述的称呼），把变量 x 称为**解释变量**（explanatory variable），而把变量 y 称为**被解释变量**（explained variable）。为什么要把变量称为解释变量和被解释变量？可以这样去理解：变量 y 是由变量 x 来解释的，而变量 x 是用来解释变量 y 的。例如在凯恩斯消费函数中，收入变量 x 是用来解释消费变量 y 的，即在收入中用于消费的那部分是多少，或者说收入多少直接影响着消费。

（2）在线性函数方程（1.3.2）中，β_1 和 β_2 被分别称为**截距**和**斜率**。这个称呼与微积分中的叫法是一致的。但是，在计量经济学中，我们把函数方程（1.3.1）和方程（1.3.2）都称作**模型**（model），特别是线性函数方程（1.3.2）中的 β_1 和 β_2 被称为模型**参数**（parameter）。因此，在以后讲到参数估计的时候，所指的参数就是这里的模型参数。在计量经济学中，模型参数还有另外的称呼，我们以后会介绍。

（3）“线性”的含义。在微积分中，“线性”的含义是明显的，即函数在几何意义上（图形上）是一条“直线”。当然在更高深的数学理论中，“线性”的含义会有更高的定义。在计量经济学中“线性”的定义大概有两个意思：例如线性函数方程（1.3.2）中，一是被解释变量 y 和解释变量 x 之间具有线性关系；二是被解释变量 y 与参数 β_1 和 β_2 之间具有线性关系。

（4）β_2 在线性函数方程（1.3.2）中具有非常重要的意义。通常把方程（1.3.2）称为凯恩斯消费函数，而 β_2（$=MPC$）就是边际消费倾向，其含义是：收入每增加 1 个单位会引起消费增加 β_2，即变量 x 每变动 1 个单位会引起变量 y 变化 β_2。从这个角度也可以去理解为什么把变量 x 称为解释变量，而把变量 y 称为被解释变量。而 β_2 的含义也恰恰是建立计量经济学模型的真正经济意义所在。

（5）计量经济学模型建立的思想。建立计量经济学模型要有经济学理论或假说作为前提，例如从上述我们看到，需要有凯恩斯的消费与收入之间关系的经济学上的理论假说，然后需要建立一个经济学模型（函数或公式）来说明经济理论。凯恩斯的消费函数模型可以表述成一个确定的函数关系：$y=f(x)$，但是，这个函数关系不能够精确地给出具体数值来，也就是说，收入增加多少会引起消费增加多少。因此，数理经济学家给出了一个确定的、具体的可以计算出数值的函数关系，即线性函数方程（1.3.2），这就是数量经济学家所要研究的问题，但并非是计量经济学家所做的全部工作。那么，计量经济学家要做什么？怎么建立计量经济学模型？

由于方程（1.3.2）给出的消费函数是一个纯数学模型，也就是说，假设消费与收入之间有一个准确的、确定的关系。但是，实际上，经济变量之间的关系大都是非准确的。比方说，家庭规模、家庭成员的年龄、家庭的宗教信仰等，都会对消费有一定的影响。因此，计量经济学家要把这种确定的经济变量之间的关系变成不确定的关系，例如把方程（1.3.1）和方程（1.3.2）修改成如下的形式：

$$Y=f(X)+u \tag{1.3.3}$$

$$Y=\beta_1+\beta_2 X+u \tag{1.3.4}$$

方程（1.3.3）和方程（1.3.4）就是**计量经济模型**（econometric model），而方程（1.3.4）更技术地讲，是本书主要讨论的**线性回归模型**（linear regression model）。在本书中，我们习惯用大写字母 X 表示解释变量，Y 表示被解释变量；而用小写字母 x 和 y 分别表示变量 X 和 Y 的离差形式。

需要指出的是：变量 u 是一个**随机变量**（random variable, stochastic variable），被称为**随机干扰项**（stochastic disturbance term）或**随机误差项**（stochastic error term）。

二、统计数据的获得与参数估计

（1）**数据类型**。对于计量经济学来说，数据的获得是非常重要的，因此，对数据的性质、来源和局限性必须清楚。用于经济分析的数据可分为以下三种类型：

时间序列数据（time series data）。是对一个变量在不同时间取值的一组观测结果。这些数据可以在有规则的时间间隔观测和收集。例如每日（daily，如股票和外汇价格），每月（monthly，如货币供应量），每季度（quarterly，如居民消费价格指数），每年（annually，如 GDP），每 10 年（decennially，如人口普查数据）等。时间序列数据可以是时期数据，也可以是时点数据。

截面数据（cross-section data）。是对一个变量或多个变量在同一时间（时期或时点）上不同空间的观测数据。“不同空间”可以是不同的地理区域，也可以是不同的行业、部门和个人等。例如人口普查数据，各省（市）的生产总值等。

面板数据（panel data）。是指时间序列数据与截面数据相结合的数据。例如对固定调查户在不同时期的观测数据，各省市不同年份的经济发展统计数据等。

实际上，数据的来源以及数据的完整性和准确性都对计量经济模型的建立有很大的影响。

（2）**参数估计**。有了数据以后，就要对计量经济模型中的参数进行估计，从而获得具体的估计方程来。为了估计方程（1.3.4）所给的计量经济模型，也就是为了得到 β_1 和 β_2 的数值，需要使用具体的数据。

下面给出 1978—2011 年中国人均国内生产总值与居民消费水平数据，见表 1.1。

表 1.1　　1978—2011 年中国人均国内生产总值与居民消费水平数据　　单位：元

年份	人均国内生产总值（X）	居民消费水平（Y）	年份	人均国内生产总值（X）	居民消费水平（Y）
1978	381	184	1995	5046	2355
1979	419	208	1996	5846	2789
1980	463	238	1997	6420	3002
1981	492	264	1998	6796	3159
1982	528	288	1999	7159	3346
1983	583	316	2000	7858	3632
1984	695	361	2001	8622	3887
1985	858	446	2002	9398	4144
1986	963	497	2003	10542	4475
1987	1112	565	2004	12336	5032
1988	1366	714	2005	14185	5596
1989	1519	788	2006	16500	6299
1990	1644	833	2007	20169	7310
1991	1893	932	2008	23708	8430
1992	2311	1116	2009	25608	9283
1993	2998	1393	2010	30015	10522
1994	4044	1833	2011	35181	12272

资料来源：《中国统计年鉴》2012，http://www.stats.gov.cn/tjsj/ndsj/2012/indexch.htm

根据表 1.1 中的数据做出散点图，见图 1.2。

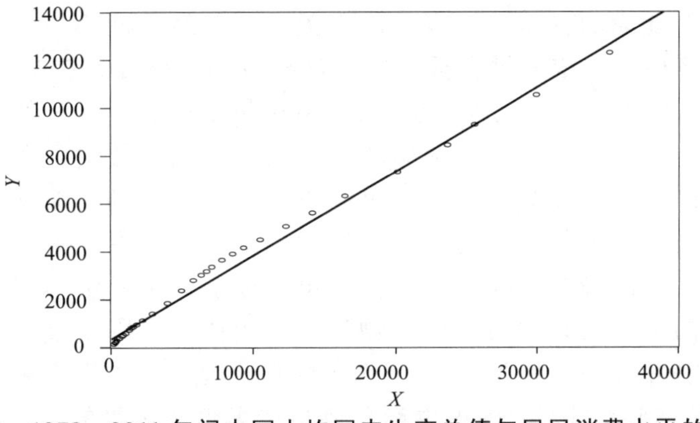

图 1.2　1978—2011 年间中国人均国内生产总值与居民消费水平的关系

从图 1.2 中可以看出，人均国内生产总值与居民消费水平之间呈明显的近似线性关系，即每个散点都落在某直线的两侧附近，并呈直线上升趋势。

利用**回归分析**（regression analysis）方法，得到参数 β_1 和 β_2 的估计值分别为 374.6882 和 0.350334。从而，所估计的消费函数是：

$$\hat{Y}_t = 374.6882 + 0.350334X_t \tag{1.3.5}$$

需要指出的是：① 什么是“回归”？什么是“回归分析方法”？这些问题将在第二章中讨论。② 为什么估计出来的消费函数变量 Y 头顶上有帽（或尖）的符号，并且和变量 X 一样都有下标符号 t？首先，计量经济模型（1.3.4）是一个随机模型，因为有随机变量 u 的存在，但是，这个模型也是纯随机数学模型，因此，不可能写成带有具体数值的模型；其次，如果要写成带有具体数值，或者带有具体的参数数值的模型，也就是说，把抽象的参数符号赋予具体的数值，就必须利用具体的数据来估计。因此，我们得到的 β_1 和 β_2 的数值是通过具体一组数据估计获得的。那么，这一组具体的数据实际上仅仅是一组样本，也就是说，我们用了一组样本数据估计了参数 β_1 和 β_2 的数值。这样的话，所得到的函数方程仅仅是某样本数据的结果，我们把这个方程（1.3.5）叫做**样本回归函数**（sample regression function，SRF）或**样本回归方程**（sample regression equation）；图 1.2 中所显示出的直线称为**样本回归线**（sample regression lines）。而这样的回归线会随着样本的不同而不同，它们都是对计量经济模型的估计。换句话讲，计量经济模型是纯随机数学模型，是通过建立样本模型来估计计量经济模型。对于样本回归函数，变量 Y 头顶上用帽（或尖）的符号来表示，至于下标 t，是指样本的不同观测，即对应的一组样本或样本组的不同观测值的意思。关于这方面的内容在第二章还要详细讲解。③ 样本函数一旦确定，对于某个样本来讲，这个样本函数就是一个确定的、具体的函数关系。但是同时因为样本本身的随机性，参数估计值又是随机变量，这就涉及我们将要讲的假设检验问题（这是第二章的重要内容）。

三、假设检验

首先，通过**统计推断**（statistical inference）即**假设检验**（hypothesis testing）来肯定或否定经济理论，是本书最重要的内容。其次，需要考虑的问题是：数据的选择是不是有问题？建立的模型一定存在因果关系吗？经济理论一定能够得到模型验证吗？建立的经济模型一定能够发现新的经济理论吗？例如，在 19 世纪晚期，英国经济学家威廉姆·斯坦利·杰文斯（William Stanley Jevons）曾经假设太阳黑子导致经济活动增加。他收集了国民产出数据和太阳黑子活动的数据，发现两者之间存在显著的正相关。因此，他和另一些人得出结论：太阳黑子确实能够促使产出增加。显然，这个结论是不合理的，因为计量经济学分析不能确保因果关系。再比如农作物收成与降雨量之间的关系。找不到任何理由来证明计量经济学不能够建立起降雨量与农作物收成的因果关系，但是农作物收成的确依赖于降雨量，得出这个因果关系并非与计量经济学有关，而反过来，不可能通过改变农作物收成来控制降雨量。另外，本节对中国 34 年间人均国内生产总值与居民消费水平的分析，得出凯恩斯消费函数的消费倾向 $MPC=0.35$，这个数据准确吗？都需要进一步的验证。因为毕竟影响经济变量的因素是众多和复杂的，而数据的选择以及数据本身的差异和误差都会对回归分析产生影响。再有，经济理论、经济模型的选择也存在着争议。例如，消费函数理论除了凯恩斯消费函数理论，还有杜森布尔（J. S. Duesenberry）相对收入消费理论、米尔顿·弗里德曼（M. Friedman）的永久收入消费理论（permanent income hypothesis）和弗朗科·莫迪利安尼（F. Modigliani）的生命周期持久收入的消费理论（life-cycle hypothesis）。

四、模型应用

如果所选择的模型经过验证肯定了所考虑的经济理论或假说，那么就可以根据模型来预测与预报。比如根据样本回归方程（1.3.5）来预测 2012 年的居民消费水平。假设 2012 年人均国内生产总值为 $X=36000$ 元，代入方程（1.3.5）得到：

$$\hat{Y}_{2012}=374.6882+0.350334\times36000=12986.71$$

即预测 2012 年居民消费水平为 12986.71 元。这个预测值与实际值比较可以判断模型是低估或高估，所差数值就是误差。

模型估计还有另外一个用途，就是利用模型进行政策评价，包括政策方案的模拟测算，并为政策制定提供依据。

验证经济理论，实际上包含经济结构分析和发展经济理论。例如在凯恩斯消费函数（1.3.2）中，模型参数β_2的经济意义就是边际消费倾向 PMC，说明国民收入增加引起消费增加的关系。所谓发展经济理论本身就是计量经济学的理论与实验方法的发展。

计量经济学方法论也是计量经济学的研究过程和步骤，可以用图 1.3 来表示。

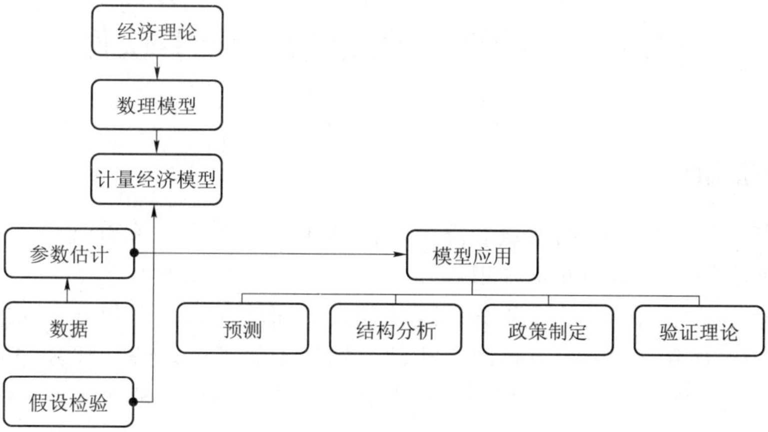

图 1.3 计量经济学的研究过程

§1.4 计量经济学的类型

计量经济学作为经济学科的一个分支，其内容体系广泛，在经济学中居于非常重要的位置。简单介绍如下。

一般来讲，计量经济学分为**理论计量经济学**（theoretical econometrics）和**应用计量经济学**（applied econometrics）。理论计量经济学主要侧重于理论和方法的数学证明与推导，依赖于数理统计。其主要目的是寻找适当的方法去测度由计量经济学模型所设定的经济关系。应用计量经济学是用理论计量经济学作为工具去研究经济学或管理学的某些特殊领域的问题，比如金融计量经济学等。

经典计量经济学（classical econometrics）一般指20世纪70年代以前的计量经济学，**非经典计量经济学**（non-classical econometrics）或**现代计量经济学**（modern econometrics），主要包括微观计量经济学、非参数计量经济学、时间序列计量经济学和平行数据计量经济学。也可以按照所使用的方法来划分，即**经典方法**和**贝叶斯方法**（Bayesian）。

微观计量经济学（Microeconometrics）是2000年诺贝经济学奖授予詹姆斯·赫克曼（James Joseph Heckman）和丹尼尔·麦克法登（Daniel Little McFadden）时提出来的。而**宏观计量经济学**（Macroeconometrics）的名字由来已久，但是20多年来，单位根检验、协整理论以及动态计量经济学则成为宏观计量经济学的主要研究方向。

也有人把计量经济学分为广义计量经济学和狭义计量经济学。例如投入产出分析方法就属于广义计量经济学。

按照学习的难易程度，计量经济学可划分为初级、中级和高级。

本书属于初中级水平的教材，主要以初级为主，既不是理论计量经济学也不是应用计量经济学，而是介于二者之间。

§1.5 预备知识和计量经济学软件

一、预备知识

虽然本书是初中级水平的计量经济学，但是还需要一些预备知识。

（1）宏观经济学方面的基本知识。

（2）数学方面需要基本的微积分和线性代数方面的知识。微积分方面的知识，作为大学高年级的学生不应该陌生，再者，所涉及的知识并不深。线性代数方面的知识会涉及矩阵代数，这方面的数学推导本书尽量省略，而把一些内容放在各章的附录中以满足进一步学习者的需求。

（3）统计学和数理统计方面。这是主要涉及的内容。因此，读者必须复习一下这方面的知识。统计学和数理统计方面的基本概念包括：个体、总体、样本、随机变量、条件概率、数学期望、常见随机变量分布、平均值、方差、标准差、协方差、相关系数、统计估计量、点估计、区间估计、参数估计、中心极限定理、小概率事件、两类错误、假设检验等。

基于以初级水平为主，本书以搞清楚计量经济学的基本思想为主，以能熟练使用计算机软件来分析和研究经济问题为目的，而尽可能省略过多的数学推导。

二、计量经济学软件

常用的计量经济学软件很多，诸如 EViews（Econometric Views）、TSP（Time Series Processor）、PcGIVE（Personal Computer, General Instrumental Variable Estimation）、FcFiml（Personal Computer, Full Instrument Maximum Likelihood Estimation）、RATS、Microfit、Mathematica、S-plus、Ox、ET、LIMDEP、SHAZAM、MINITAB、BMD、GUASS、STATA、SPSS、SAS 等。

EViews 是目前世界上最流行的计量经济学软件之一。

SPSS（originally, Statistical Package for the Social Sciences, later modified to read Statistical Product and Service Solutions）原意是社会科学统计软件。曾于 20 世纪 80 年代在我国一些计算机上安装过，但未得到推广。

SAS（pronounced "sass", originally *Statistical Analysis System*）是统计分析系统。已经在我国一些单位的教学与研究中得到应用。

STATA 是一般目的的统计分析软件，在计量经济学中被广泛使用。

PcGIVE 是一个独具特色的计量经济学分析软件，已经在我国一些单位的教学与研究中得到应用。

本书主要介绍 EViews 的使用。

§1.6 进一步学习建议

推荐进一步学习的教材如下：

古拉扎蒂. 计量经济学基础. 第五版. 费剑平，译. 北京：中国人民大学出版社，2011.

伍德里奇. 计量经济学导论. 第四版. 费剑平，译. 北京：中国人民大学出版社，2010.

威廉·格林. 计量经济学分析. 第六版. 张成思，译. 北京：中国人民大学出版社，2011.

本章习题

1.1 什么是计量经济学？

1.2 为什么说计量经济学是一门独立的经济学科？

1.3 如何理解解释变量与被解释变量之间的关系？请举例说明。

1.4 简述经济学理论、数理经济学与计量经济学之间的联系与区别。

1.5 是不是所建立的模型一定存在因果关系？请举例说明。

1.6 请解释“线性”的含义。

1.7 数据类型有几种？请分别举例说明。

1.8 请用图示描述计量经济学的研究过程。

1.9 简述计量经济学的主要类型。

附录1.1

诺贝尔经济学奖获得者（1969—2012年）

1969年，挪威经济学家弗里希（Ragnar Frisch）和荷兰经济学家丁伯根（Jan Tinbergen）因“发展和应用动态模型于经济过程分析”（for having developed and applied dynamic models for the analysis of economic processes）而共同获得首届诺贝尔经济学奖。弗里希是“econometrics”（计量经济学）和“macroeconomics”（宏观经济学）词汇的发明者，是“计量经济学会”[①]（Econometric Society）创始人之一。弗里希曾是计量经济学会会长（1949年）。丁伯根也曾是计量经济学会会长（1947年）。

1970年，美国经济学家萨缪尔森（Paul A. Samuelson）因“发展了静态和动态经济理论，将经济分析提高到新的水平”（for the scientific work through which he has developed static and dynamic economic theory and actively contributed to raising the level of analysis in economic science）而获得第二届诺贝尔经济学奖。他是第一个获得经济学奖的美国人，其代表著作为《经济学》、《线性规划与经济分析》和《经济分析基础》。萨缪尔森曾是计量经济学会会长（1952年）。

1971年，Simon Kuznets *“for his empirically founded interpretation of economic growth which has led to new and deepened insight into the economic and social structure and process of development”*。

1972年，John R. Hicks and Kenneth J. Arrow *“for their pioneering contributions to general economic equilibrium theory and welfare theory”*。

1973年，俄裔美国经济学家列昂惕夫（Wassily Leontief）因“投入产出方法的发展以及对重要经济问题的应用”（for the development of the input-output method and for its application to important economic problems）而获得第五届诺贝尔经济学奖。列昂惕夫是投入产出分析方法的创始人，投入产出分析属于广义的计量经济学。列昂惕夫曾是计量经济学会会长（1954年）。

1974年，Gunnar Myrdal and Friedrich August von Hayek *“for their pioneering work in the theory of money and economic fluctuations and for their penetrating analysis of the interdependence of economic, social and institutional phenomena”*。

1975年，俄罗斯经济学家列奥尼德·康托罗维奇（Leonid Vitaliyevich Kantorovich）和荷兰裔美国经济学家库普曼斯（Tjalling C. Koopmans）因“对资源最优配置理论的贡献”（for their contributions to the theory of optimum allocation of resources）而分享诺贝尔经济学奖。列奥尼德·康托罗维奇是前苏联第一位获得诺贝尔经济学奖的数理经济学家，库普曼斯对现代计量经济学的创立作出了贡献，他曾是丁伯根的学生，奥尼德·赫维茨的老师。库普曼斯曾是计量经济学会会长（1950年）。

---

① “计量经济学会”（Econometric Society）：李子奈先生编著的《计量经济学》中称为“世界计量经济学会”；张晓峒先生主编的《计量经济学基础》中称为“国际计量经济学会”；也有人称为“美国计量经济学会”——编者注释。

1976 年，Milton Friedman *"for his achievements in the fields of consumption analysis, monetary history and theory and for his demonstration of the complexity of stabilization policy"*。

1977 年，Bertil Ohlin and James E. Meade *"for their pathbreaking contribution to the theory of international trade and international capital movements"*。

1978 年，Herbert A. Simon *"for his pioneering research into the decision-making process within economic organizations"*。

1979 年，Theodore W. Schultz and Sir Arthur Lewis *"for their pioneering research into economic development research with particular consideration of the problems of developing countries"*。

1980 年，美国经济学家克莱因（Lawrence R. Klein）因"建立计量模型并应用于经济波动和经济政策的分析"（for the creation of econometric models and the application to the analysis of economic fluctuations and economic policies）而获得诺贝尔经济学奖。克莱因是经典计量经济学理论与应用的集大成者。克莱因曾是计量经济学会会长（1960 年）。

1981 年，美国经济学家詹姆斯·托宾（James Tobin）因"对金融市场以及与支出决定、就业、生产和价格关系的分析"（for his analysis of financial markets and their relations to expenditure decisions, employment, production and prices）而获得诺贝尔经济学奖。詹姆斯·托宾曾是计量经济学会会长（1958 年）。

1982 年，George J. Stigler *"for his seminal studies of industrial structures, functioning of markets and causes and effects of public regulation"*。

1983 年，法国经济学家罗拉尔·德布鲁（Gerard Debreu）因"经济理论新方法的纳入和对一般均衡理论的改写"（for having incorporated new analytical methods into economic theory and for his rigorous reformulation of the theory of general equilibrium）而获得诺贝尔经济学奖。他也是数理经济学家，曾是计量经济学会会长（1971 年）。

1984 年，英国经济学家约翰·理查德·尼古拉斯·斯通（John Richard Nicolas Stone）因"对国民账户体系的发展作出了奠基性贡献，从而极大地改进了实证经济分析的基础"（for having made fundamental contributions to the development of systems of national accounts and hence greatly improved the basis for empirical economic analysis）而获得诺贝尔经济学奖。约翰·理查德·尼古拉斯·斯通是统计学家、计量经济学家，被誉为国民收入账户之父，曾是计量经济学会会长（1955 年）。

1985 年，意大利裔美国经济学家弗兰科·莫迪利安尼（Franco Modigliani）因"对储蓄和金融市场分析的开创性贡献"（for his pioneering analyses of saving and of financial markets）而获得诺贝尔经济学奖。弗兰科·莫迪利安尼出版的《国民收入与国际贸易》（1953 年）一书被看作早期的计量经济学著作。他曾是计量经济学会会长（1962 年）。

1986 年，James M. Buchanan Jr. *"for his development of the contractual and constitutional bases for the theory of economic and political decision-making"*。

1987 年，美国经济学家罗伯特·索洛（Robert M. Solow）因"其对经济增长理论的贡献"（for his contributions to the theory of economic growth）而获得诺贝尔经济学奖。罗

伯特·索洛曾在麻省理工大学教授统计学和计量经济学，他的老师是列昂惕夫，他的学生中有2010年诺贝尔经济学奖获得者彼得·戴蒙德（Peter Arthur Diamond）、2001年诺贝尔经济学奖获得者约瑟夫·斯蒂格利茨（Joseph Stiglitz）和乔治·亚瑟·阿克洛夫（George Arthur Akerlof）。罗伯特·索洛曾是计量经济学会会长（1964年）。

1988年，Maurice Allais *"for his pioneering contributions to the theory of markets and efficient utilization of resources"*。

1989年，挪威经济学家特里夫·哈维默（Trygve Haavelmo）因“建立计量经济学的概率论基础和联立经济结构分析”（for his clarification of the probability theory foundations of econometrics and his analyses of simultaneous economic structures）而获得诺贝尔经济学奖。特里夫·哈维默曾是计量经济学会会长（1957年）。

1990年，Harry M. Markowitz, Merton H. Miller and William F. Sharpe *"for their pioneering work in the theory of financial economics"*。

1991年，Ronald H. Coase *"for his discovery and clarification of the significance of transaction costs and property rights for the institutional structure and functioning of the economy"*。

1992年，Gary S. Becker *"for having extended the domain of microeconomic analysis to a wide range of human behaviour and interaction, including nonmarket behaviour"*。

1993年，美国经济学家罗伯特·福格尔（Robert William Fogel）和道格拉斯·诺斯（Douglass C. North）因“利用经济理论和数量经济方法来分析经济历史，从而实现对经济和体制改革的解释”（for having renewed research in economic history by applying economic theory and quantitative methods in order to explain economic and institutional change）而分享诺贝尔经济学奖。罗伯特·福格尔是计量经济学会会员（1971年）。

1994年，匈牙利裔美国经济学家约翰·海萨尼（John C. Harsanyi）和美国经济学家约翰·福布斯·纳什（John Forbes Nash Jr.）以及德国经济学家莱茵哈德·泽尔腾（Reinhard Selten）因“他们对非合作博弈理论中均衡分析的开创性贡献”（for their pioneering analysis of equilibria in the theory of non-cooperative games）而共享诺贝尔经济学奖。约翰·福布斯·纳什研究领域是博弈论、微分几何和偏微分方程，他的研究成果被广泛地应用在市场经济学、计算机应用、进化生物学、人工智能、会计学、政治和军事理论上。约翰·福布斯·纳什的均衡论，即后来被称为“纳什均衡”，是他21岁时发表的仅有28页纸的关于非合作博弈的博士论文。约翰·福布斯·纳什是计量经济学会会员（1990年）；莱茵哈德·泽尔腾是计量经济学会会员（1973年）。

1995年，Robert E. Lucas Jr. *"for having developed and applied the hypothesis of rational expectations, and thereby having transformed macroeconomic analysis and deepened our understanding of economic policy"*。

1996年，James A. Mirrlees and William Vickrey *"for their fundamental contributions to the economic theory of incentives under asymmetric information"*。

1997年，Robert C. Merton（罗伯特·默顿）and Myron S. Scholes（迈伦·斯克尔斯）*"for a new method to determine the value of derivatives（衍生产品）"(Black Scholes Option*

Pricing Model)。

1998 年，Amartya Sen *"for his contributions to welfare economics"*。

1999 年，Robert A. Mundell（罗伯特·蒙代尔，欧元之父）*"for his analysis of monetary and fiscal policy under different exchange rate regimes and his analysis of optimum currency areas"*。

2000 年，美国经济学家詹姆斯·赫克曼（James Joseph Heckman）和丹尼尔·麦克法登（Daniel Little McFadden）分别因"对分析选择性抽样的方法和理论的发展"（for his development of theory and methods for analyzing selective samples）和"对分析离散抉择的理论和方法的发展"（for his development of theory and methods for analyzing discrete choice）而分享诺贝尔经济学奖。丹尼尔·麦克法登曾是计量经济学会会长（1985 年），而詹姆斯·赫克曼将成为新一届计量经济学会会长（2013 年）。

2001 年，George A. Akerlof, A. Michael Spence and Joseph E. Stiglitz（约瑟夫·斯蒂格利茨）*"for their analyses of markets with asymmetric information"*（非对称信息）。

2002 年，Daniel Kahneman *"for having integrated insights from psychological research into economic science, especially concerning human judgment and decision-making under uncertainty"* and Vernon L. Smith *"for having established laboratory experiments as a tool in empirical economic analysis, especially in the study of alternative market mechanisms"*。

2003 年，美国经济学家罗伯特·恩格尔（Robert Fry Engle）和英国经济学家克莱夫·格兰杰（Clive W. J. Granger）分别因"用时变波动（自回归条件异方差）分析经济时间序列的方法"[for methods of analyzing economic time series with time-varying volatility (ARCH)]和"用共同趋势（协整）分析经济时间序列的方法"[for methods of analyzing economic time series with common trends (cointegration)]而分享诺贝尔经济学奖。二位皆为微观计量经济学家，被誉为时间序列分析大师。罗伯特·恩格尔是计量经济学会会员（1981 年）；克莱夫·格兰杰是计量经济学会会员（1972 年）。

2004 年，挪威裔美国经济学家芬恩·基德兰德（Finn E. Kydland）和美国经济学家爱德华·普雷斯科特（Edward Prescott）因"他们对动态宏观经济学的贡献：经济政策时间一致性和商业周期背后驱动力"（for their contributions to dynamic macroeconomics: the time consistency of economic policy and the driving forces behind business cycles）而分享诺贝尔经济学奖。芬恩·基德兰德是计量经济学会会员（1992 年）；爱德华·普雷斯科特是计量经济学会会员（1980 年）。

2005 年，以色列经济学家和美国经济学家罗伯特·约翰·奥曼（Robert John Aumann）和美国经济学家托马斯·克罗姆比·谢林（Thomas Crombie Schelling）因"通过博弈论分析，促进了人们对冲突和合作的理解"（for having enhanced our understanding of conflict and cooperation through game-theory analysis）而分享诺贝尔经济学奖。罗伯特·约翰·奥曼是出生于德国的犹太人，也是数学家，是计量经济学会会员（1965 年）。托马斯·克罗姆比·谢林是计量经济学会会员（2007 年）。

2006 年，Edmund S. Phelps（埃德蒙德·菲尔普斯）*"for his analysis of intertemporal tradeoffs in macroeconomic policy"*。

2007 年，波兰裔美国经济学家里奥尼德·赫维茨（Leonid Hurwicz）和美国经济学家埃里克·马斯金（Eric S. Maskin）以及罗杰·迈尔森（Roger B. Myerson）因“对机制设计理论的奠基性工作”（for having laid the foundations of mechanism design theory）而共享诺贝尔经济学奖。奥尼德·赫维茨是出生于莫斯科的犹太人，他也是数学家，是博弈理论应用的先驱者，并开创了机制设计理论；他曾是萨缪尔森的助手，是计量经济学会会长（1969 年），是到目前为止年龄最大的诺贝尔经济学奖获得者，获奖时已经 90 岁。埃里克·马斯金曾是计量经济学会会长（2003 年）；罗杰·迈尔森曾是计量经济学会会长（2009 年）。

2008 年，Paul Krugman（保罗·克鲁格曼）*“for his analysis of trade patterns and location of economic activity”*。

2009 年，Elinor Ostrom “*for her analysis of economic governance, especially the commons*” and Oliver E. Williamson *“for his analysis of economic governance, especially the boundaries of the firm”*。

2010 年，美国经济学家彼得·戴蒙德（Peter Diamond）和戴尔·莫滕森（Dale T. Mortensen）以及塞浦路斯裔英国经济学家克里斯托弗·皮萨里德斯（Christopher A. Pissarides）因“用搜寻摩擦理论对市场分析”（for their analysis of markets with search frictions）而共享诺贝尔经济学奖。彼得·戴蒙德的老师不仅有罗伯特·索洛，还有库普曼斯，而罗拉尔·德布鲁曾是他的数学老师。2010 年，彼得·戴蒙德曾被现任美国总统奥巴马两次提名为美国联邦储备委员会委员，而现任美国联邦储备委员会主席伯南克曾是他的学生。彼得·戴蒙德曾是计量经济学会会长（1991 年）；戴尔·莫滕森是计量经济学会会员（1978 年）；克里斯托弗·皮萨里德斯也是计量经济学会会员（1997 年）。

2011 年，美国经济学家托马斯·萨金特（Thomas J. Sargent）和克里斯托弗·西姆斯（Christopher A. Sims）因“对宏观经济因果的实证研究”（for their empirical research on cause and effect in the macroeconomy）而分享诺贝尔经济学奖。二位皆为宏观计量经济学家，托马斯·萨金特研究的领域是宏观经济学、货币经济和时间序列；克里斯托弗·西姆斯创建了向量自回归模型，并致力于贝叶斯统计理论的研究。克里斯托弗·西姆斯曾是计量经济学会会长（1995 年）；托马斯·萨金特曾是计量经济学会会长（2005 年）。

2012 年，美国经济学家埃尔文·罗斯（Alvin Elliot Roth）和罗伊德·沙普利（Lloyd Stowell Shapley）因“稳定分配理论和市场设计实践”（for the theory of stable allocations and the practice of market design）而分享诺贝尔经济学奖。埃尔文·罗斯在博弈论、市场设计和实验经济学领域都有重大贡献；罗伊德·沙普利是数学家和经济学家，在数理经济学与博弈论领域有卓越贡献。埃尔文·罗斯是计量经济学会会员（1983 年）。罗伊德·沙普利是计量经济学会会员（1967 年）和美国数学学会会员（2012 年）。

主要资料来源：http://www.nobelprize.org；http://en.wikipedia.org/wiki/Main_Page；http://www.econometricsociety.org

第二章

简单线性回归模型

§2.1 什么是“回归”？

“回归”这个词是由英国维多利亚时期博学科学家法兰西斯·高尔顿（Francis Galton）首先提出来的。法兰西斯·高尔顿在利用统计方法研究人类遗传学中发现，父母高，儿女也高；父母矮，儿女也矮，但是给定父母的身高儿女辈的平均身高却趋于或者“回归”到全体人口的平均身高，即“回归于平均值”（regression toward the mean）。另一位英国数理统计学家卡尔·皮尔逊（Karl Pearson）发现，对于父亲高的群体，儿子辈的平均身高低于父辈的身高，而对于父亲矮的群体，儿子辈的平均身高则高于父辈的身高。如此就把高和矮的儿子辈的身高“回归”到男子的平均身高。为了说明问题，我把卡尔·皮尔逊的调查结果做一个理想的设计，即模仿 70 对被调查父子，得到理想调查结果。见表 2.1。

表 2.1　　模仿 70 对父子身高的调查结果（纯假设构造数据）　　单位：厘米

父亲	儿子	父亲	儿子	父亲	儿子	父亲	儿子	父亲	儿子	父亲	儿子	父亲	儿子
153	150	153	166	165	160	165	173	178	166	178	180	190	171
153	152	153	168	165	162	165	175	178	167	178	181	190	172
153	154	153	171	165	163	165	177	178	168	178	183	190	173
153	156	153	172	165	165	165	180	178	170	190	160	190	175
153	158	153	173	165	166	178	156	178	172	190	162	190	177
153	159	153	175	165	167	178	158	178	173	190	164	190	178
153	160	165	155	165	168	178	160	178	174	190	165	190	180
153	162	165	156	165	170	178	161	178	175	190	167	190	182
153	163	165	157	165	171	178	163	178	176	190	169	190	184
153	165	165	158	165	172	178	165	178	178	190	170	190	186

画出散点图（scatter diagram，scattergram），见图 2.1。从散点图中可以看到，当父

亲身高给定后，儿子辈的身高服从一定的分布。父亲辈身高低的，儿子辈身高有高于父亲辈身高的趋势；父亲辈身高高的，儿子辈身高有低于父亲辈身高的趋势。

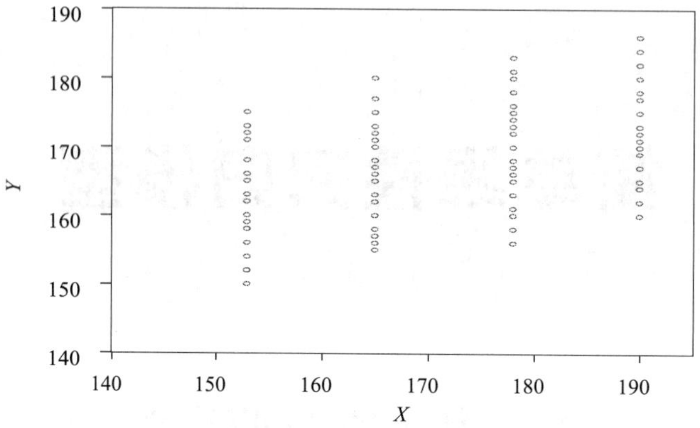

图 2.1　给定父亲身高后儿子辈身高的假设分布

（Y代表儿子辈身高，X代表给定的父亲身高，单位：厘米）

把表 2.1 中的数据重新编排。按照给定的父亲身高，分成 4 组儿子辈身高的数据，并计算出每组儿子辈身高的平均值，见表 2.2。

表 2.2　　按照给定父亲身高对儿子辈身高重新编排　　单位：厘米

项目	给定父亲身高							
	153		165		178		190	
儿子辈身高	150	163	155	167	156	172	160	172
	152	165	156	168	158	173	162	173
	154	166	157	170	160	174	164	175
	156	168	158	171	161	175	165	177
	158	171	160	172	163	176	167	178
	159	172	162	173	165	178	169	180
	160	173	163	175	166	180	170	182
	162	175	165	177	167	181	171	184
			166	180	168	183		186
					170			
平均值	162.7		166.4		169.8		172.6	

再将儿子辈身高的平均值画在散点图 2.1 上，并将这些儿子辈身高的平均值连接成一条直线，这条直线就叫做**回归线**（regression line）。见图 2.2。

进一步，卡尔·皮尔逊研究了未成年男子随着年龄的增长身高的分布问题，同样可以得出在不同年龄段男子的平均身高的回归线，并利用回归线预测某年龄男子的平均身高。在此，我们暂不去讨论这个问题。

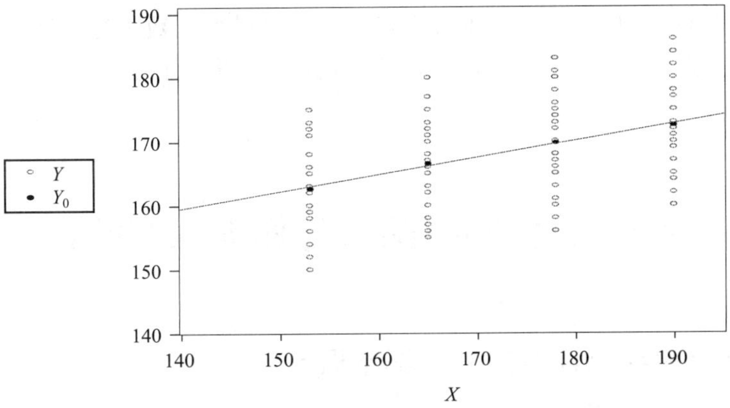

图 2.2 儿子辈身高的平均值连接成一条直线，这条直线就叫做回归线

（Y 代表儿子辈身高，X 代表给定的父亲身高，单位：厘米）

对回归的现代理解已经有了很大的不同，在计量经济学上所讲的回归，实际上，与所说的**回归分析**（regression analysis）是一个意思。从狭义上讲，回归分析是指：

一个变量对另一个变量的依赖关系，在计量经济学上，就是指**被解释变量**对**解释变量**（一个或多个）的依赖关系（也可以说成统计依赖关系）。其用意在于通过后者的已知或设定值，去估计或预测前者的（总体）均值；或者，利用回归分析得到的样本模型中的（总体）参数的估计值来解释被解释变量的经济意义，即经济结构分析。

例如第一章我们谈到的凯恩斯消费函数的计量经济模型，

$$Y=\beta_1+\beta_2X+u \tag{1.3.4}$$

和利用人均国内生产总值和居民消费水平数据作为样本得到的样本回归模型，

$$\hat{Y}_t=374.688.2+0.350334X_t \tag{1.3.5}$$

方程（1.3.4）中，被解释变量 Y 与解释变量 X 之间的关系就是统计依赖关系，也就是说，在给定 X 值的前提下，可以得到 Y 的值，但是，Y 的值是不确定的。即便是利用样本来估算，得到的 Y 的估计值与实际值之间也存在着误差。换句话讲，Y 实际上是一个**随机变量**，而 X 也是随机变量，但是在经典计量经济学中，我们假定 X 不是随机变量，也就是说，X 在不同的多个样本抽取中取同样一组数值。

所谓的被解释变量 Y 与解释变量 X 的依赖关系，往往含有因果关系的意思，也就是说，在经济理论假设（因果关系）的前提下，作为检验经济理论的计量经济模型自然就存在着因果关系，这种因果方向是从 X 到 Y，而不是从 Y 到 X。但是，这并不能说明被解释变量 Y 与解释变量 X 本来就存在因果关系。

被解释变量 Y 与解释变量 X 的依赖关系的另一层含义，就是用样本模型中得到的对总体参数的估计值来解释被解释变量的经济意义，即经济结构分析。如方程（1.3.5）中，参数估计值 0.35 的经济意义是：人均国内生产总值每增加 1 元，平均来说，居民消费水平就会增加 0.35 元；或解释变量 X 每增加 1 个单位，会引起被解释变量 Y 增加或减少（当数值为负时）$\hat{\beta}_2$ 个单位（这里的 $\hat{\beta}_2$ 表示样本对总体参数 β_2 的估计值，如本例 $\hat{\beta}_2=0.35$）。这就是回归分析的含义，即经济结构分析的含义所在。

广义的回归分析包括：根据样本数据对计量经济模型参数进行估计，得到样本回归方程；对回归方程、参数估计值进行显著性假设检验；利用回归方程进行分析、评价及预测。

§2.2 总体回归函数与样本回归函数

一、随机变量与统计学中一些基本概念

第一章和本章我不止一次地谈到随机变量这个概念，它是概率论与数理统计中的基本概念。在微积分中，我们所讲的变量之间的关系（函数），是确定的关系，即一一对应的关系。而在回归分析中，我们所谈的统计依赖关系，是不确定的关系，即变量是**随机变量**（random variable or stochastic variable）。

在社会经济中，随机现象是普遍存在的。即便对某个经济理论或假说能够建立一个确定的数学公式，也很难得到一个精确公式来计算具体数值。只有通过建立计量经济模型，并进行样本参数估计，才能够得到所需要的参数的估计值。

比如，商品的需求量（Q）与商品价格（P）、替代品价格（P_s）、可支配收入（Y）之间的关系可以建立一个纯数学模型：

$$Q = f(P, P_s, Y)$$

进一步，由于商品的需求量与可支配收入成正比关系，与替代品价格成正比关系，而与商品价格成反比关系，数理经济学家可以建立一个线性模型：

$$Q = \beta_1 + \beta_2 P + \beta_3 P_s + \beta_4 Y$$

而计量经济学家在此基础上建立一个随机模型：

$$Q = \beta_1 + \beta_2 P + \beta_3 P_s + \beta_4 Y + u$$

再通过样本估计得到具体的方程：

$$\hat{Q} = 27.7 - 0.11P + 0.03P_s + 0.23Y$$

又如，艾萨克·牛顿（Isaac Newton）的万有引力定律（law of universal gravitation）是说：自然界中任何两个物体都是相互吸引的，引力的大小与两个物体的质量的乘积成正比，与两物体间距离的平方成反比。用公式表示为：$F = G\frac{m_1 \cdot m_2}{r^2}$，其中，$m_1$，$m_2$ 为两个物体的质量，F 为引力，r 为距离，G 为比例常数。这里，变量之间的关系是确定的，并可以写成准确的方程式。但是，如果要通过实验测量出比例常数 G 的大小，G 的测量又存在误差，那么，这个问题就可能转化为统计问题了，确定的关系就会变成统计依赖关系。

我们再来看一个例子。农作物收成对气温、降雨量、阳光、土壤质量以及施肥量的关系。这里，变量之间的关系很难用一个准确的公式表达出来。即便可以寻找到某

种方式来表达变量之间的关系（近似公式），也无法准确预测农作物收成。其原因是：影响农作物收成的因素是复杂的、多样的（不可辨认的）。因此，变量之间必然存在着随机关系。

显然，计量经济学家通过把变量从确定转化到随机，最终才能够计算出具体的数值来，也就是说，通过样本来估计变量之间的具体关系。

在概率论与数理统计中，随机变量的含义是指定义在样本空间上具有一定概率分布的变量。也就是说，随机变量是具有一定概率的不确定的变量。

很显然，我们这里涉及两个概念：总体与样本。这是统计学的基本概念。**总体**（population）是指包含所研究的全部个体（数据）的集合；**样本或样本空间**（sample space）是指从总体中抽取的一部分元素的集合，构成样本的元素的个数叫做**样本量**（sample size）或**样本容量**（sample capacity）。

另外，在以后的学习中，我们还要涉及统计学中如下的一些概念：

平均数也称为**均值**（mean），是指变量值相加后除以变量个数得到的结果，记作 $\bar{Y}=\frac{1}{n}\sum Y_i$，$\bar{X}=\frac{1}{n}\sum X_i$；

数学期望（mathematical expectation）或**期望**（expectation），是指随机变量平均取值大小，记作 $E(Y)$，$E(Y|X_i)$；

离差（deviation），是指变量值与均值之差，记作 $y=Y-\bar{Y}$，$x=X-\bar{X}$；

方差（variance），是指变量值与均值之差（离差）的平方的数学期望，记作 $Var(\hat{\beta})$，σ^2；

标准差（standard error），是指方差的算术平方根，记作 $SE(\hat{\beta})$，σ；

协方差（covariance），是指两个变量的离差乘积的数学期望，记作 $Cov(X,Y)=E[(X-\bar{X})(Y-\bar{Y})]$；

相关系数（correlation coefficient），是指两个变量之间线性关系的一个度量，定义变量 X 和 Y 的相关系数为：

$$\rho=\frac{Cov(X,Y)}{\sqrt{Var(X)Var(Y)}} \tag{2.2.1}$$

样本相关系数为：

$$r=\frac{\sum(X-\bar{X})(Y-\bar{Y})}{\sqrt{\sum(X-\bar{X})^2\sum(Y-\bar{Y})^2}} \tag{2.2.2}$$

上述概念的定义涉及的随机变量有离散型随机变量和连续型随机变量之分，关于连续型随机变量的有关上述概念的定义，请读者参阅概率统计方面的书籍。

二、总体回归函数

重新回到“回归”的概念上，即用解释变量来解释被解释变量的统计依赖关系。在§2.1中已经给出了“回归”和“回归线”的概念，我们再来看一个例子。

例 2.1 假想一个社区是由 60 户家庭组成的**总体**（population），现在来研究该社区整体家庭每月家庭消费 Y 与每月可支配收入 X 之间的关系。把 60 个家庭按照可支配收入水平不同分成 10 组（子总体），每组由不同个数的家庭组成，这样，就有了 10 个固定的 X 值以及每个 X 值对应着不同个数的 Y 值，见表 2.3。

表 2.3　　每月家庭可支配收入与消费支出　　单位：元

项目	每月家庭可支配收入 X									
	3200	4000	4800	5600	6400	7200	8000	8800	9600	10400
每月家庭消费支出 Y	2200	2600	3160	3200	4080	4400	4800	5400	5480	6000
	2400	2800	3360	3720	4280	4600	5440	5480	5800	6080
	2600	2960	3600	3800	4400	4800	5600	5600	6200	7000
	2800	3200	3760	4120	4640	5200	5760	6080	6600	7120
	3000	3400	3920	4320	4720	5400	5800	6280	7000	7200
		3520		4520	5000	5600		6400	7560	7400
				4600				6480		7640
共计	13000	18480	17800	28280	27120	30000	27400	41720	38640	48440
$E(Y\|X)$	2600	3080	3560	4040	4520	5000	5480	5960	6440	6920

从表 2.3 可以看出，家庭收入相同不一定消费水平相同，但是，从整体上看，随着家庭收入增加，消费水平也在增加；对于相同家庭收入各组，虽然，每组中各自家庭消费水平不同，但可以用平均消费水平来表示每组的消费水平。比如，家庭每月可支配收入 X=3200 元时，有 5 个家庭的不同月消费支出，即 Y =2200 元，2400 元，2600 元，2800 元和 3000 元。它们的平均月消费水平可以计算出来为 2600 元。以此类推，可以计算出 10 个这样的平均月消费水平数值。我们把这个数值叫做平均值或均值，也称为**条件均值或条件期望值**（conditional expected values），用符号表示为 $E(Y \mid X)$，读作“给定 X 值条件下 Y 的期望值”。就本例来说，我们可以认为：在给定家庭月可支配收入 X 值后，每组家庭月消费支出 Y 的分布是均匀的，即概率相等，见表 2.4 所给出的概率分布。

表 2.4　　与表 2.3 数据对应的条件概率分布

项目	每月家庭可支配收入 X									
	3200	4000	4800	5600	6400	7200	8000	8800	9600	10400
条件概率 $p(Y\|X_i)$	1/5	1/6	1/5	1/7	1/6	1/6	1/5	1/7	1/6	1/7
	1/5	1/6	1/5	1/7	1/6	1/6	1/5	1/7	1/6	1/7
	1/5	1/6	1/5	1/7	1/6	1/6	1/5	1/7	1/6	1/7
	1/5	1/6	1/5	1/7	1/6	1/6	1/5	1/7	1/6	1/7
	1/5	1/6	1/5	1/7	1/6	1/6	1/5	1/7	1/6	1/7
		1/6		1/7	1/6	1/6		1/7	1/6	1/7
				1/7				1/7		1/7
$E(Y\|X)$	2600	3080	3560	4040	4520	5000	5480	5960	6440	6920

根据表 2.4 中的数据可以计算出：$E(Y \mid X_i) = \sum Y \cdot p(Y \mid X_i)$，其中 i =1，2，…，10，X_i 表示给定的第 i 组家庭月可支配收入。比如，$X_7 = 8000$ 元，$p(Y \mid X_i)$ 的概率分布为：

Y	4800	5440	5600	5760	5800
$p(Y\mid X_i)$	1/5	1/5	1/5	1/5	1/5

条件期望值计算如下：

$$E(Y\mid X_7)=\sum Y\bullet p(Y\mid X_7)$$
$$=4800\times\frac{1}{5}+5440\times\frac{1}{5}+5600\times\frac{1}{5}+5760\times\frac{1}{5}+5800\times\frac{1}{5}$$
$$=5480$$

在均匀分布情况下，条件期望值就等于平均值。

需要指出的是：条件期望值与**无条件期望值**（unconditional expected value）$E(Y)$是不同的。无条件期望值是指总体的平均水平，即60个家庭月消费支出总和除以60等于4848（=290880/60）元。这个数值的意义是指不考虑家庭月收入水平的不同，总体上每个家庭的月平均消费支出。但是，我们的问题往往是要问在给定的月可支配收入下，每个家庭的月消费支出是多少。那么，条件期望值恰好可以回答这个问题。比如，给定家庭月可支配收入为8000元，每个家庭月消费支出的期望值是5480元。

现在把表2.3中的数据，以X为横轴，以Y和$E(Y\mid X)$为纵轴，做出散点图来，并将条件期望值$E(Y\mid X)$各点连接起来，就形成了一条直线，见图2.3。我们把这条直线称为**总体回归线**（population regression line，PRL）或一般地称为**总体回归曲线**（population regression curve）。或者说，***Y*对*X*的回归**（regression of Y on X）。

在几何意义上，总体回归曲线的含义就是：对于给定的解释变量X，被解释变量Y的条件期望或均值$E(Y\mid X)$的轨迹。

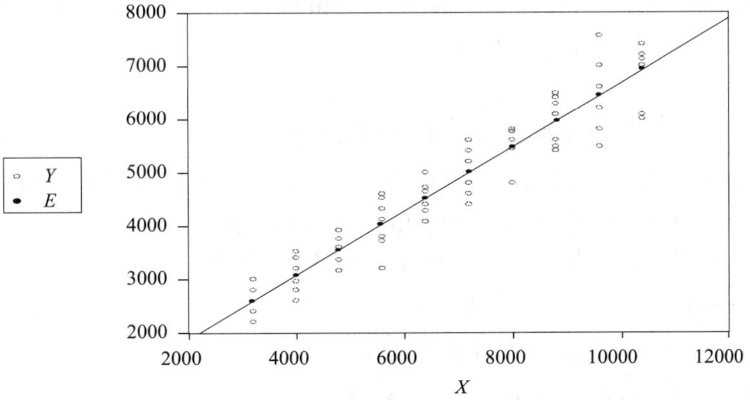

图2.3 家庭可支配收入与家庭消费支出的散点图

（E代表条件期望值）

图2.3中的总体回归线是一条直线，这不说明所有的总体回归线都是直线，也可能是抛物线、指数曲线等其他曲线。但是，本书讨论的总体回归线主要是线性的。

另外，我们假设对于每个X，都有Y值在其条件期望值左右的一定分布，而总体回归线恰好是穿过这些条件期望或均值的直线或曲线。

对于每一个条件期望$E(Y\mid X_i)$都是X_i的函数，其中X_i是X的某个给定值，可以写成：

$$E(Y|X_i)=f(X_i) \tag{2.2.3}$$

也就是说，被解释变量 Y 的条件期望 $E(Y|X_i)$ 是解释变量 X 的某个函数。方程（2.2.3）称为**条件期望函数**（conditional expectation function，CEF）或**总体回归函数**（population regression function，PRF）或简称**总体回归**（population regression）。

一般情况下，我们把总体回归函数设为线性形式，即

$$E(Y|X_i)=\beta_1+\beta_2 X_i \tag{2.2.4}$$

其中 β_1 和 β_2 为未知但却固定的参数，称为**回归系数**（regression coefficients）；在第一章中，我们把 β_1 称为截距，β_2 称为斜率，β_1 和 β_2 也称为**模型参数**（model parameters）。方程（2.2.4）称为**线性总体回归函数**（linear population regression function）或简称**线性总体回归**（linear population regression）。

为什么说 β_1 和 β_2 为未知但却固定的？首先，β_1 和 β_2 作为总体回归函数的参数是需要确定下来的，也就是说，需要测算或估计出具体的数值来。但是，从方程（2.2.4）中我们知道，只有掌握了全部总体的数据，才可以确定出它们的具体取值，比如例 2.1，在获取了全部 60 户家庭数据以后，才可以确定出参数的数值。而在实际经济现象中，要全部掌握总体数据往往是比较困难的或者是不可能的。因此，β_1 和 β_2 是未知的。其次，方程（2.2.4）作为被解释变量 Y 的均值与 X_i 之间的函数关系，β_1 和 β_2 是被看成常数，因此，是固定的。

三、随机误差项与总体回归函数随机设定形式

给定 X_i 的值，对应的被解释变量 Y 的取值总是在条件均值 $E(Y|X_i)$ 周围上下波动，即服从一定的分布。比如例 2.1 中，给定 $X_i=8000$ 元，Y 的取值在条件均值 5480 元上下波动。把 Y 的个别值记作 Y_i，则 Y_i 与条件均值 $E(Y|X_i)$ 之间的离差（deviation）用符号 u_i 表示，则，

$$u_i=Y_i-E(Y|X_i) \text{ 或者 } Y_i=E(Y|X_i)+u_i \tag{2.2.5}$$

其中，u_i 是一个不可观测的可正可负的随机变量，称为**随机误差项**（stochastic error term）或**随机扰动项**或**随机干扰项**（stochastic disturbance term）。

假设 $E(Y|X_i)$ 对 X_i 是线性的，则方程（2.2.5）可以写成：

$$Y_i=E(Y|X_i)+u_i=\beta_1+\beta_2 X_i+u_i \tag{2.2.6}$$

对方程（2.2.5）求 Y_i 对 X_i 的条件期望，得到

$$E(Y_i|X_i)=E[E(Y|X_i)]+E(u_i|X_i)=E(Y|X_i)+E(u_i|X_i) \tag{2.2.7}$$

上述求期望的运算中利用了常数的期望是其本身的规则，即我们把条件期望函数 $E(Y|X_i)$ 看成常数。另外，求 Y_i 对 X_i 的条件期望，就是求 Y 对 X_i 的条件期望，即 $E(Y_i|X_i)=E(Y|X_i)$，从而可以推出：

$$E(u_i|X_i)=0 \tag{2.2.8}$$

这意味着：Y 的条件期望函数就是回归线，或回归线通过 Y 的条件期望。同时说明方程（2.2.3）与方程（2.2.5）是等价的；方程（2.2.4）与方程（2.2.6）是等价的。这样，我们得到 4 个总体回归函数的方程如下：

$$E(Y \mid X_i) = f(X_i) \tag{2.2.3}$$

$$E(Y \mid X_i) = \beta_1 + \beta_2 X_i \tag{2.2.4}$$

$$Y_i = E(Y \mid X_i) + u_i \tag{2.2.5}$$

$$Y_i = E(Y \mid X_i) + u_i = \beta_1 + \beta_2 X_i + u_i \tag{2.2.6}$$

方程（2.2.3）和方程（2.2.4）是总体回归函数的确定表示方式，而方程（2.2.5）和方程（2.2.6）是总体回归函数的个别值表示方式，也称为**总体回归函数随机设定形式**。本书主要讨论线性回归函数，因此，方程（2.2.4）和方程（2.2.6）是经常用到的，且方程（2.2.6）可以直接写成：

$$Y_i = \beta_1 + \beta_2 X_i + u_i \tag{2.2.9}$$

我们把方程（2.2.4）称为线性回归函数，方程（2.2.6）称为线性回归函数的随机设定形式，或都被称为**线性回归模型**（linear regression model，LRM）。对于只有一个解释变量 X 的线性回归模型也叫做**一元线性回归模型**或**简单线性回归模型**（Simple linear regression model）。

另外，在不同的教材中，对回归函数使用不同术语，如回归（regression）、回归方程(regression equation)、回归模型(regression model)等，其实，都是一个意思。

我们把给定 X_i 后，Y_i 的分布情况以及随机误差项 u_i 与 Y 的条件期望之间的关系，用图 2.4 表示如下：

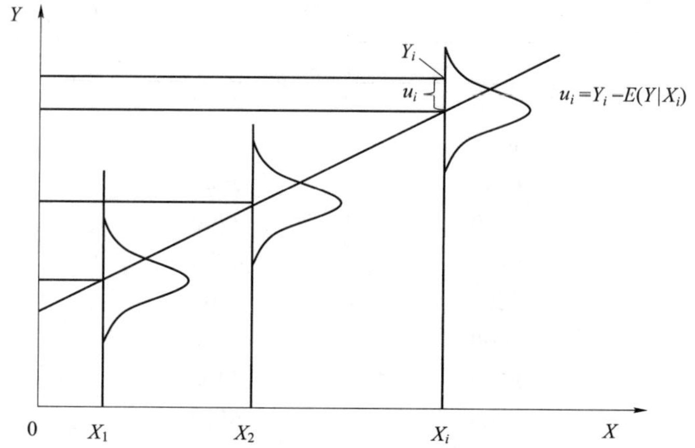

图 2.4　给定 X_i 后 Y_i 的分布以及随机误差项 u_i 的几何表示

随机误差项 u_i 产生的原因有如下方面：

（1）由于经济理论的不完备，作为未知因素的代表。比如，每月家庭可支配收入对消费支出的影响，还可能存在众多未知因素对消费支出产生影响。

（2）由于数据欠缺，作为无法取得数据的代表。比如，在收入对消费的影响中，我们很清楚家庭财富对消费支出有很大的影响，但不幸的是，一般很难得到家庭财富的信息。

（3）由于忽略了一些影响微小的因素，作为众多微小影响因素的代表。比如，在家庭收入与消费的例子中，除了收入之外，还有家庭的子女数、性别、宗教、教育和地区也是影响因素，但是，这些影响因素很微小，如果一一收集数据并引入模型是划不来的，因此，只能把这些众多微小影响因素当作随机变量处理。

（4）作为数据观测误差的代表。一是由于主客观的原因，在取得观测数据时往往存在测量误差和登记误差；二是有些数据难以直接观测，必须采取替代变量而产生误差。

（5）作为模型设定错误的代表。比如在研究家庭收入与消费之间的关系时，我们设定了简单线性模型，但是，实际上收入与消费的关系也许并非是线性的，并且影响消费的解释变量也不仅有收入，所以模型的正确性还有待进一步研究。

（6）人类行为以及经济现象内在的随机性。即使把所有的因素全部纳入模型中，人的行为以及所从事的经济活动还是可能存在不可重复性和随机性，即所谓变量的“内在”随机性。

四、样本回归函数

我们仍以例 2.1 作为说明。表 2.3 中的数据代表总体，而不是样本。图 2.3 中的回归线代表的是总体函数。但是，通常我们仅有样本数据，那么，现在的问题是：如何用样本数据来估计总体函数？

假设完全不知道表 2.3 中的总体数据，而仅仅有两组样本数据，见表 2.5。

表 2.5　　表 2.3 中的两组样本数据

第一组样本数据		第二组样本数据	
Y	X	Y	X
2800	3200	2200	3200
2600	4000	3520	4000
3600	4800	3600	4800
3800	5600	3200	5600
4400	6400	4720	6400
4600	7200	4800	7200
4800	8000	5800	8000
5600	8800	5400	8800
6200	9600	5800	9600
6000	10400	7000	10400

将表 2.5 中的数据画成散点图，并拟合成两条直线（Y1 和 Y2）。我们把这两条直线都称为**样本回归线**（sample regression lines），见图 2.5。显然，有 N 个样本就有 N 个样本回归线，它们都是总体回归函数 PRF 的近似估计。但是，哪条样本回归线更接近于总体回归线？当已知总体全部数据的情况下，如例 2.1 假设得知全部总体的数据（表 2.3），可以比较两条回归线哪个更接近总体回归函数。图 2.6 中第二组样本回归线（Y2）更接近总体回归函数。但是，一般情况下，总体数据是难以获得的，或者获取的成本太高。所以，用样本数据来估计总体回归函数正是计量经济学的内容所在。那么，哪个样本回

归线对总体回归线估计得更好？这也正是计量经济学所要研究的问题。

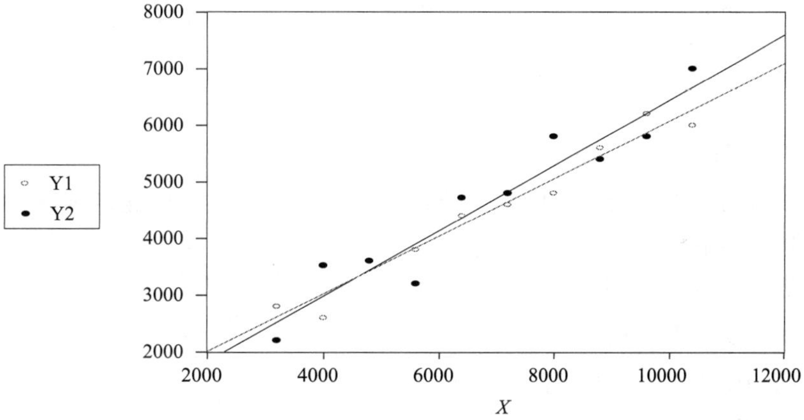

图 2.5 从表 2.3 中获取的两组样本数据（表 2.5）的散点图

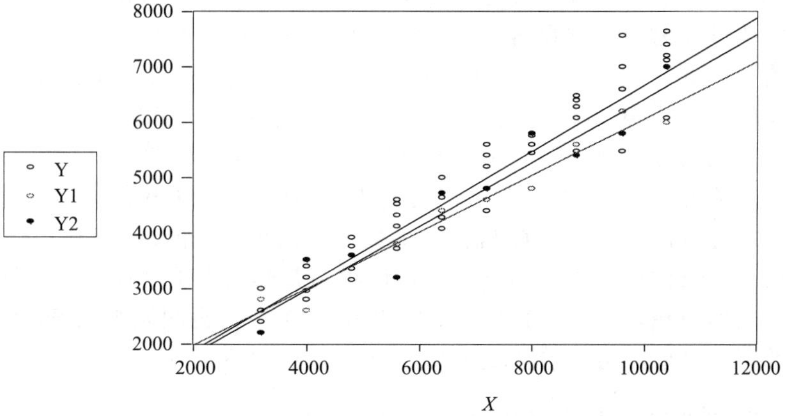

图 2.6 表 2.3 中数据的总体回归线与样本回归线

一般来说，对于总体回归函数，即方程

$$E(Y \mid X_i)=\beta_1+\beta_2 X_i \tag{2.2.4}$$

其样本回归线可以写成下列形式：

$$\hat{Y}_i=\hat{\beta}_1+\hat{\beta}_2 X_i \tag{2.2.10}$$

称为**样本回归函数**（sample regression function，SRF）。其中 $\hat{Y}_i$ 读作“ Y_i 帽”；$\hat{\beta}_1$ 读作“ β_1 帽”；$\hat{\beta}_2$ 读作“ β_2 帽”。这里的“帽”，也可以读作“尖”。

$\hat{\beta}_1$ 是 β_1 的估计量；

$\hat{\beta}_2$ 是 β_2 的估计量。

$\hat{Y}_i$ 是 $E(Y \mid X_i)$ 的估计量，也就是说，样本回归函数

$$\hat{Y}_i=\hat{\beta}_1+\hat{\beta}_2 X_i \tag{2.2.10}$$

是总体回归函数

$$E(Y \mid X_i)=\beta_1+\beta_2 X_i \tag{2.2.4}$$

的估计量。

实际上，$\hat{Y}_i$ 是回归线上与 X_i 相对应的 Y 的条件均值的估计，它与 Y 的个别值 Y_i 之差，用符号 e_i 表示，因此，有

$$e_i = Y_i - \hat{Y}_i \tag{2.2.11}$$

或

$$Y_i = \hat{\beta}_1 + \hat{\beta}_2 X_i + e_i \tag{2.2.12}$$

方程（2.2.12）称为**样本回归函数的随机设定形式**，其中，e_i 称为**剩余项或残差**（residual），是随机误差项 u_i 的估计量。

因此，也可以说，回归分析就是用样本回归函数 SRF 的方程

$$Y_i = \hat{\beta}_1 + \hat{\beta}_2 X_i + e_i \quad (2.2.12)$$

来估计总体回归函数 PRF 的方程

$$Y_i = \beta_1 + \beta_2 X_i + u_i \quad (2.2.9)$$

注意**估计量**（estimator）又称**样本统计量**（statistic）与**估计值**（estimate，estimated value）的区别：由估计量算出的具体数值，称为**估计值**。估计量是一个随机变量，估计值是一个具体的数值。因此，不难看出，样本回归函数方程（2.2.10）对于给定的某个样本是确定的函数关系（$\hat{\beta}_1$、$\hat{\beta}_2$ 是估计值），而对于 N 个样本（或任意样本），由于估计量的随机性（$\hat{\beta}_1$、$\hat{\beta}_2$ 是估计量），样本回归函数的关系却变成随机的。

样本回归函数方程（2.2.12）对给定的 Y 的个别值 Y_i，估计量 e_i 有相对应的具体数值，但从方程本身看，由于 Y_i 的随机性，函数关系也是随机的。

上面对估计量与估计值关系的表述，告诉我们怎样利用手中样本所提供的信息去估计总体参数的基本思想。我们把 Y 的个别值 Y_i 和给定的 X_i 也叫做**观测值**。因此，当获取某一组样本数据的时候，可以看作是 Y 和 X 的一组观测值。

五、总体回归函数与样本回归函数的关系

设定总体回归函数，再用样本回归函数来估计总体回归函数，这是计量经济学基本的思想方法。一般来说，我们得不到总体参数的具体数值，因此要用样本回归函数来估计总体参数。这样，需要解决两个问题：第一，怎样建立样本回归函数？也就是说，用什么规则和方法来建立样本回归函数？第二，由于样本的不同，得到的样本回归函数也不一样，那么，哪一个样本回归函数更好？也就是说，哪一个样本回归函数更“接近”真实的总体回归函数？这便是本章的重点内容。

现在我们来看看总体回归函数与样本回归函数之间的关系（实际上是对本节内容做一个总结）。

首先，从公式上看，我们主要讨论的是下面 4 个方程：

$$E(Y \mid X_i) = \beta_1 + \beta_2 X_i \quad (2.2.4)$$

$$Y_i = \beta_1 + \beta_2 X_i + u_i \quad (2.2.9)$$

$$\hat{Y}_i = \hat{\beta}_1 + \hat{\beta}_2 X_i \tag{2.2.10}$$

$$Y_i = \hat{\beta}_1 + \hat{\beta}_2 X_i + e_i \quad (2.2.12)$$

前两个方程是关于总体回归函数的，方程（2.2.9）是总体回归函数的随机设定形式；后

两个方程是关于样本回归函数的，方程（2.2.12）是样本回归函数的随机设定形式。这 4 个方程存在对应关系：方程（2.2.4）与方程（2.2.10）对应；方程（2.2.9）与方程（2.2.12）对应。也就是说，方程（2.2.10）是用来估计在给定 X_i 后 Y 的条件均值，即所谓总体回归线；而方程（2.2.12）是用来估算 Y 的个别值 Y_i，其真正的意义是：用 e_i 来估计 u_i，即用样本估计总体所产生的误差，这是 e_i 被称为残差的真实意义所在。

方程（2.2.4）是总体回归函数的确定表示形式，方程（2.2.9）是总体回归函数的随机表示形式，也就是说，前者是确定的函数关系，后者是随机的函数关系，显然，u_i 是随机变量，从而 Y_i 也是随机变量。方程（2.2.10）是样本回归函数的确定表示形式，方程（2.2.12）是样本回归函数随机设定形式。是否可以说：前者是确定的函数关系，后者是随机的函数关系。这样的说法是不完全正确的。为什么？这是由样本回归函数其内在的统计性质所决定的。方程（2.2.10）在给定某样本的条件下，是确定的函数关系，但是，在大量的样本条件下，即在统计意义上，参数 $\hat{\beta}_1$ 和 $\hat{\beta}_2$ 具有统计上的随机性，却变成了随机变量，从而方程（2.2.10）也变成了随机函数关系；方程（2.2.12）对于具体的 Y 的个别值 Y_i，是通过个别的 e_i 值来表达运算关系，但是，在统计意义上，e_i 却变成了随机变量。也正是因为上述的原因，才有了进一步的参数估计和假设检验的基础。

其次，在几何意义上，总体回归函数与样本回归函数的关系见图 2.7。当 SRF 在 PRF 上方时，是高估；当 SRF 在 PRF 下方时，是低估。

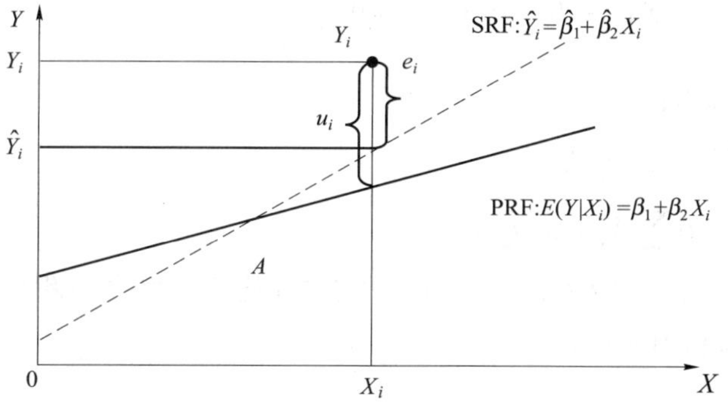

图 2.7 总体回归函数与样本回归函数的关系

§2.3 模型参数估计：普通最小二乘法

如何做到样本回归函数尽可能准确地估计总体回归函数？一般常用的方法有两种：**普通最小二乘法**（ordinary least squares，OLS）和**极大似然法**（maximum likelihood，ML）。普通最小二乘法应用最为广泛，因此，本书只介绍该方法以及其演变形式——**加权最小二乘法**（weighted least squares，WLS）和**广义最小二乘法**（generalized least squares，GLS）。

一、普通最小二乘法 OLS

普通最小二乘法是由德国数学家高斯（Carl Friedrich Gauss）提出的。用 SRF 去估计 PRF，在数学上，我们可以作如下描述：

由方程（2.2.9）、（2.2.10）和（2.2.11）得，

$$e_i = Y_i - \hat{Y}_i = Y_i - \hat{\beta}_1 - \hat{\beta}_2 X_i$$

对于给定的 Y 和 X 的 n 对观测值，我们希望残差 e_i 的总和尽可能达到最小，即 $\sum e_i = \sum (Y_i - \hat{Y}_i)$ 达到最小。但是，因为 e_i 可能取正的，也可能取负的，最终加起来会相互抵消，甚至可能为零。为避免这样问题发生，我们采取最小二乘法：**使残差平方和为最小**，即使 $\sum e_i^2 = \sum (Y_i - \hat{Y}_i)^2$ 达到最小。进一步，残差平方和可以写成如下形式：

$$\sum e_i^2 = \sum (Y_i - \hat{Y}_i)^2 = \sum (Y_i - \hat{\beta}_1 - \hat{\beta}_2 X_i)^2 \tag{2.3.1}$$

在数学上，可以把上式的残差平方和看成为自变量为 $\hat{\beta}_1$ 和 $\hat{\beta}_2$ 的二元函数。根据微积分知识，在偏导数都等于零的条件下，函数取极小值。因此，残差平方和函数分别对 $\hat{\beta}_1$ 和 $\hat{\beta}_2$ 取偏导数并令其等于零，则得到：

$$\frac{\partial(\sum e_i^2)}{\partial \hat{\beta}_1} = -2\sum (Y_i - \hat{\beta}_1 - \hat{\beta}_2 X_i) = 0 \tag{2.3.2}$$

$$\frac{\partial(\sum e_i^2)}{\partial \hat{\beta}_2} = -2\sum (Y_i - \hat{\beta}_1 - \hat{\beta}_2 X_i) X_i = 0 \tag{2.3.3}$$

从而得到如下的方程组：

$$\sum Y_i = n\hat{\beta}_1 + \hat{\beta}_2 \sum X_i \tag{2.3.4}$$

$$\sum Y_i X_i = \hat{\beta}_1 \sum X_i + \hat{\beta}_2 \sum X_i^2 \tag{2.3.5}$$

其中 n 是样本容量，方程（2.3.4）和方程（2.3.5）构成的联立方程组称为最小二乘法的**正规方程**（normal equations）。

解此方程组得：

$$\hat{\beta}_2 = \frac{n\sum X_i Y_i - \sum X_i \sum Y_i}{n\sum X_i^2 - (\sum X_i)^2} = \frac{\sum x_i y_i}{\sum x_i^2} \tag{2.3.6}$$

$$\hat{\beta}_1 = \frac{\sum X_i^2 \sum Y_i - \sum X_i \sum X_i Y_i}{n\sum X_i^2 - (\sum X_i)^2} = \bar{Y} - \hat{\beta}_2 \bar{X} \tag{2.3.7}$$

根据最小二乘法原理推导出来的估计量，叫做**最小二乘估计量**（least-squares estimators），简称 OLS 估计量。方程（2.3.6）和方程（2.3.7）使用了**离差**（deviation）表示方式，即 $x_i = X_i - \bar{X}$，$y_i = Y_i - \bar{Y}$。其中 $\bar{X}$ 和 $\bar{Y}$ 分别为 X 和 Y 的样本的平均值，即 $\bar{X} = \frac{1}{n}\sum X_i$，$\bar{Y} = \frac{1}{n}\sum Y_i$。

这样，我们可以得到最小二乘估计量 $\hat{\beta}_1$ 和 $\hat{\beta}_2$ 的离差形式的方程组：

$$\hat{\beta}_2 = \frac{\sum x_i y_i}{\sum x_i^2} \quad (2.3.8)$$

$$\hat{\beta}_1 = \bar{Y} - \hat{\beta}_2 \bar{X} \quad (2.3.9)$$

用离差形式表示，用起来简单、方便，也易于记忆。

下面给出一些方便使用的等价公式。

由方程（2.3.8）得，

$$\sum x_i y_i = \hat{\beta}_2 \sum x_i^2 \quad (2.3.10)$$

由方程（2.3.2）得，

$$\sum e_i = 0 \quad (2.3.11)$$

由方程（2.3.3）得，

$$\sum e_i X_i = 0 \quad (2.3.12)$$

由方程(2.3.9)得，

$$\bar{Y} = \hat{\beta}_1 + \hat{\beta}_2 \bar{X} \quad (2.3.13)$$

现在来做几个简单的推导，得出等价公式。

设估计值 $\hat{Y}_i$ 的均值为 $\bar{\hat{Y}}$，则

$$\begin{aligned}\bar{\hat{Y}} &= \frac{1}{n}\Sigma \hat{Y}_i = \frac{1}{n}\Sigma(\hat{\beta}_1 + \hat{\beta}_2 X_i)\\ &= \hat{\beta}_1 + \hat{\beta}_2 \bar{X}\end{aligned}$$

再由方程（2.3.13）得，

$$\bar{\hat{Y}} = \bar{Y} \quad (2.3.14)$$

把样本回归函数（2.2.10）表达成离差的形式如下：

$$\begin{aligned}\hat{y}_i &= \hat{Y}_i - \bar{\hat{Y}} = \hat{Y}_i - \bar{Y} = \hat{Y}_i - \hat{\beta}_1 - \hat{\beta}_2 \bar{X}\\ &= \hat{\beta}_1 + \hat{\beta}_2 X_i - \hat{\beta}_1 - \hat{\beta}_2 \bar{X}\\ &= \hat{\beta}_2 (X_i - \bar{X}) = \hat{\beta}_2 x_i\end{aligned}$$

即 $$\hat{y}_i = \hat{\beta}_2 x_i \quad (2.3.15)$$

方程（2.3.15）称为 SRF 的**离差形式**（deviation form）。截距项 $\hat{\beta}_1$ 不再出现，但这完全可以从方程（2.3.9）估计出来。

把样本回归函数的随机设定形式（2.2.12）写成离差形式如下：

$$\begin{aligned}y_i &= Y_i - \bar{Y}\\ &= \hat{\beta}_1 + \hat{\beta}_2 X_i + e_i - \hat{\beta}_1 - \hat{\beta}_2 \bar{X}\\ &= \hat{\beta}_2 (X_i - \bar{X}) + e_i\\ &= \hat{\beta}_2 x_i + e_i\end{aligned}$$

即 $$y_i = \hat{\beta}_2 x_i + e_i \quad (2.3.16)$$

或 $$y_i = \hat{y}_i + e_i \quad (2.3.17)$$

或 $$e_i = y_i - \hat{y}_i \quad (2.3.18)$$

二、OLS 回归线的纯数值性质

在纯数学上，只要给定一组样本数据，就可以得到 OLS 估计值，从而样本回归函数就可以确定，并可以画出样本回归线，见图 2.8。利用上述得到的等价公式，可以得出 OLS 回归线的**纯数值性质**（numerical properties）：

（1）回归线穿过 Y 和 X 的样本均值点（ $\overline{X}$，$\overline{Y}$ ）。由方程（2.3.13）可知此结论显而易见。见图 2.8。

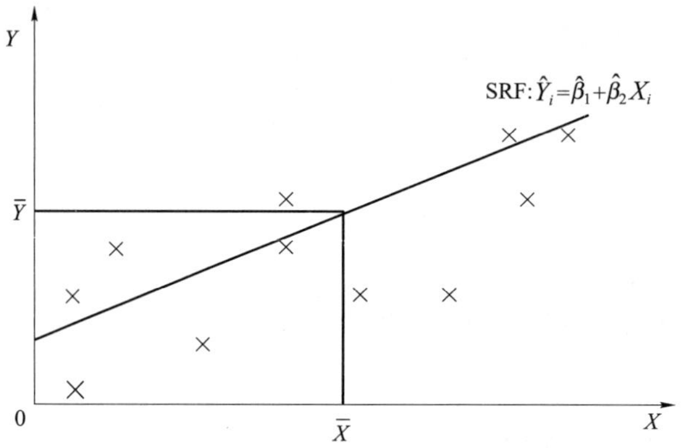

图 2.8　样本回归线通过样本均值点的图解

（2）估计值 $\hat{Y}_i$ 的均值等于实际值 Y_i 的均值。方程（2.3.14）已证明了此结论。

（3）残差 e_i 的均值为零。由方程（2.3.11）得，

$$\overline{e}=\frac{1}{n}\sum e_i=0 \tag{2.3.19}$$

（4）残差 e_i 与估计值 $\hat{Y}_i$ 不相关，即 $Cov(e_i,\hat{Y}_i)=0$。这里把 e_i 和 $\hat{Y}_i$ 都看作了随机变量。所谓两个变量不相关，即协方差为零。因为

$$\begin{aligned}Cov(e_i,\hat{Y}_i)&=E\{[e_i-E(e_i)]\,[\hat{Y}_i-E(\hat{Y}_i)]\}\\&=E[(e_i-\overline{e})(\hat{Y}_i-\overline{Y})]\\&=E(e_i\hat{y}_i)\\&=\frac{1}{n}\sum(e_i\hat{y}_i)\end{aligned}$$

由方程（2.3.18）、（2.3.15）和（2.3.10）得，

$$\begin{aligned}\sum(e_i\hat{y}_i)&=\sum[(y_i-\hat{\beta}_2x_i)(\hat{\beta}_2x_i)]\\&=\hat{\beta}_2\sum(x_iy_i-\hat{\beta}_2x_i^2)\\&=\hat{\beta}_2(\sum x_iy_i-\hat{\beta}_2\sum x_i^2)\\&=0\end{aligned} \tag{2.3.20}$$

所以　$Cov(e_i,\hat{Y}_i)=0$

（5）残差 e_i 与解释变量 X_i 不相关，即 $Cov(e_i,X_i)=0$。因为

$$\begin{aligned}Cov(e_i,X_i)&=E[(e_i-\bar{e})(X_i-\bar{X})]\\&=\frac{1}{n}\sum(e_i-\bar{e})(X_i-\bar{X})\\&=\frac{1}{n}\sum e_iX_i-\bar{X}\frac{1}{n}\sum e_i\\&=\frac{1}{n}\sum e_iX_i\end{aligned}$$

由方程（2.3.12）得知，$\sum e_iX_i=0$，所以，$Cov(e_i,X_i)=0$。

三、求 OLS 回归线与 EViews 的使用

给定了 Y 和 X 的一组样本数据，利用方程组（2.3.8）和（2.3.9）就可以计算出估计值 $\hat{\beta}_1$ 和 $\hat{\beta}_2$，从而得到 OLS 样本回归函数或回归线：$Y_i=\hat{\beta}_1+\hat{\beta}_2X_i$。

例 2.2 利用例 2.1 的表 2.5 中的第一组样本数据来求回归线。见表 2.6。

表 2.6 **表 2.5 中第一组样本数据及相关数据** 单位：元

序号	可支配收入 X_i	消费支出 Y_i	$x_i=X_i-\bar{X}$	$y_i=Y_i-\bar{Y}$	x_iy_i	x_i^2
1	3200	2800	−3600	−1640	5904000	12960000
2	4000	2600	−2800	−1840	5152000	7840000
3	4800	3600	−2000	−840	1680000	4000000
4	5600	3800	−1200	−640	768000	1440000
5	6400	4400	−400	−40	16000	160000
6	7200	4600	400	160	64000	160000
7	8000	4800	1200	360	432000	1440000
8	8800	5600	2000	1160	2320000	4000000
9	9600	6200	2800	1760	4928000	7840000
10	10400	6000	3600	1560	5616000	12960000
合计	68000	44400			26880000	52800000
平均	6800	4440				

将有关数据代入方程（2.3.8）和（2.3.9）得

$$\hat{\beta}_2=\frac{\sum x_iy_i}{\sum x_i^2}=\frac{26880000}{52800000}=0.5091$$

$$\hat{\beta}_1=\bar{Y}-\hat{\beta}_2\bar{X}=4440-0.5091\times6800=978.1818$$

即样本回归函数为

$$\hat{Y}_i=978.1818+0.5091X_i$$

当样本容量很大时，计算就比较繁琐。

本书介绍大家使用 EViews 6.0 软件。

第一步，**文件创建**。将鼠标放置窗口最上端的工具栏的第一项 File 并点击，选择

New 项的 Workfile 并点击，弹出下列窗口，见图 2.9。

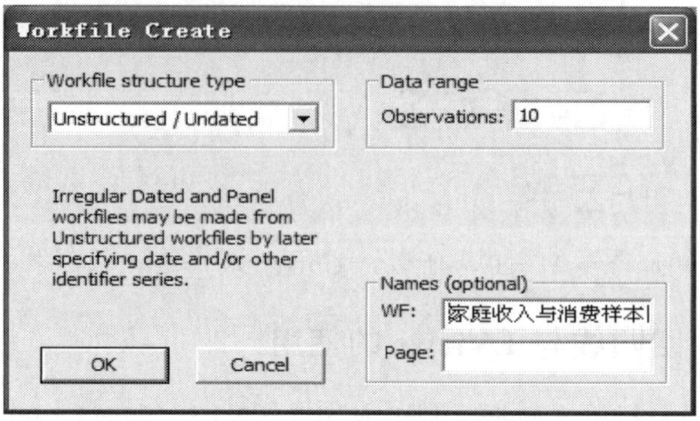

图 2.9 文件创建窗口

在 Workfile structure type 对话框中选择 Unstructured/Undated（因数据不是时间序列数据，如果是时间序列数据，请选择 Dated-regular frequency），在右边 data range 的 Observations 键入 10。下面 Names(optional)是给文件起名字。我给文件起名字为“家庭收入与消费样本回归”。点击 OK，文件就建成了。

第二步，**数据输入**。在最上面的工具栏中选择 Quick 一项并点击，选择其中 Empty Group(Edit Series)并点击，弹出下列窗口，见图 2.10。

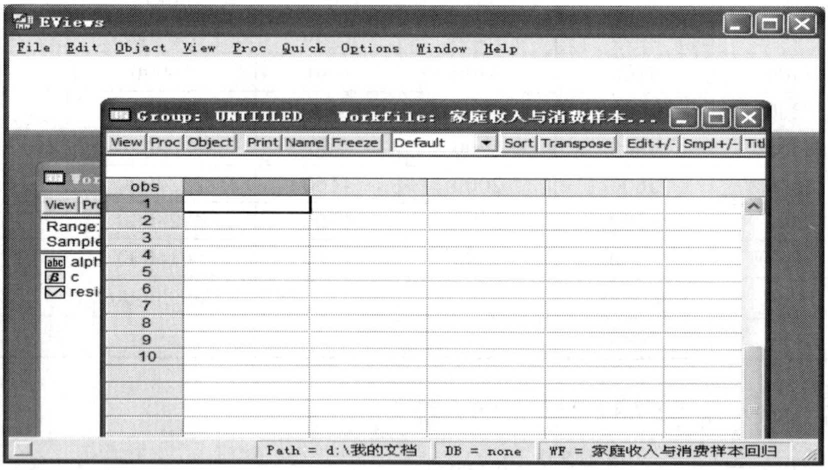

图 2.10 数据输入窗口

用鼠标点击第一行第一列单元格，并选择键盘上的图标“↑”键并键入，此时，单元格左边序号列第一行出现 obs（有两个 obs 了）替代原来的 1，接着输入解释变量符号 X，再将鼠标移至第二列第一行并点击，同时弹出了一个提问窗口，见图 2.11。

选择第一个 Numeric series（已经是默认），点击 OK。再次点击第二列第一行，输入被解释变量符号 Y，回车，再次弹出上面的窗口，选择 Numeric series（默认），点击 OK。然后输入 10 对数据。

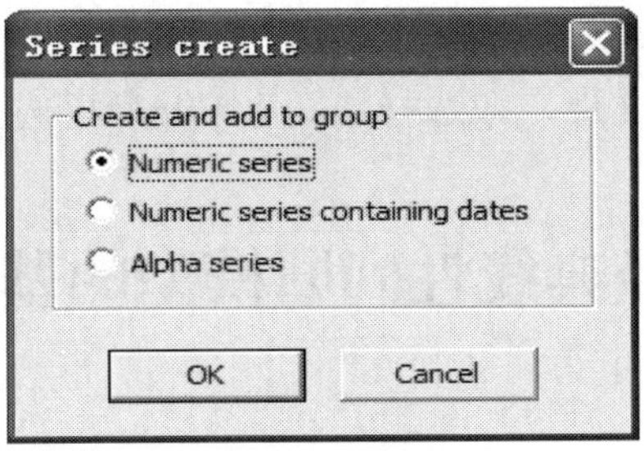

图 2.11 提问窗口

说明：选择键盘上的↑键是非常重要的，因为我们现在输入的是数值数据，而不是文字和字母，如果选择不当，会变成文字和字母输入，那就必须删除重新建立数值数据库。

第三步，**样本回归**。数据输入完毕，最好先保存，即选择 save 或 name，可以起个名字，或者直接使用默认文件名 Group01。点击最上面工具栏 Quick 一项，选择其中 Estimate Equation，弹出下面窗口，见图 2.12。

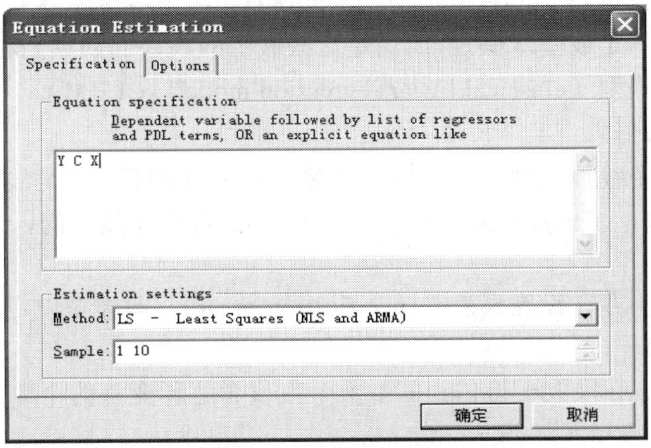

图 2.12 样本回归窗口

键入字母 Y C X（中间用空格隔开）。估计方法 Method 选择 LS（默认的），点击确定即可得到回归结果如下，见图 2.13。

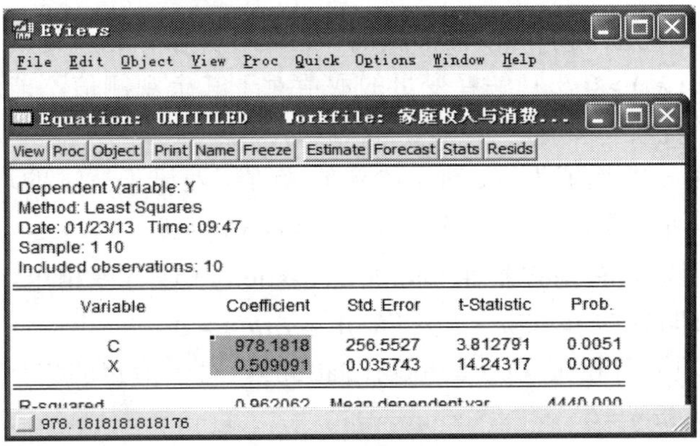

图 2.13 回归结果显示窗口

上图阴影部分中的数据就是参数的估计值，与计算结果一致。点击 Name 保存回归结果。最后，不要忘记保存文件，即选择工具栏 File，再选择 save 保存文件。

§2.4 经典线性回归模型的基本假定

一、高斯假定

如果仅仅是为了估计值 $\hat{\beta}_1$ 和 $\hat{\beta}_2$，那么上节所讨论的 OLS 法就足够了。但是回归分析的目的不仅仅是为了获得 $\hat{\beta}_1$ 和 $\hat{\beta}_2$，还要对真实的总体参数 β_1 和 β_2 做出推断，也就是说，要推断样本回归函数 $\hat{Y}_i$ 与真实的总体回归函数 $E(Y|X_i)$ 有多接近。因此，为了能更好地做出推断，需要对总体回归函数做一些假定，赋予一定的条件。让我们看一下 PRF：$Y_i=\beta_1+\beta_2 X_i+u_i$，它表明 Y_i 依赖于 X_i 和 u_i。因此，对 X_i 和 u_i 做出假定是极其重要的。

这些**假定**（assumptions）最早是由高斯于 1821 年提出来的，因此，也叫做**高斯假定**或**古典假定**或**经典假定**或**基本假定**，而满足这些假定的线性回归模型称作**古典**或**经典**（又称**高斯**）**线性回归模型**（classical linear regression model，CLRM）。

（一）对模型的假定

（1）假定模型是线性模型。回归模型对解释变量而言不一定是线性的，但对于参数而言是线性的。比如，$Y_i=\beta_1+\beta_2 X_i^2+u_i$ 对解释变量 X_i 是非线性的，但对参数 β_1 和 β_2 是线性的。

（2）假定模型不存在**设定误差**（specification error）。即模型设定是正确的，没有遗漏重要的解释变量。

（3）观测次数 n 必须大于待估计的参数个数或者解释变量的个数。

（二）对解释变量 X_i 的假定

（1）假定解释变量 X_i 是非随机变量。即在重复样本中，解释变量取值是固定的或在不同多个样本中取同一组。

（2）解释变量 X_i 与随机干扰项 u_i 不相关。即解释变量与随机干扰项的协方差为零，$Cov(u_i,X_i)=0$。

（3）解释变量 X_i 的取值不可以全部相同，且没有异常。也就是说解释变量的方差是有限的正数，即 $Var(X_i)>0$，且解释变量的取值对于其余观测值不能过大或过小。

（三）对随机干扰项的假定

（1）随机干扰项 u_i 的均值为零。对于给定的 X_i 值，随机干扰项的均值或期望值为零，$E(u_i|X_i)=0$；在解释变量是非随机的条件下，即 $E(u_i)=0$。

（2）随机干扰项 u_i 具有同方差性（homoscedasticity）或方差相等。对于给定的 X_i 值，u_i 的方差都相同，即 $Var(u_i)=E[u_i-E(u_i|X_i)]^2=E(u_i^2)=\sigma^2$

（3）随机干扰项无自相关（no autocorrelation）。对于给定的 X_i 和 X_j，u_i 和 u_j 的协方差为零，即 $Cov(u_i,u_j)=0$

二、简单线性回归模型的基本假定

现在给出简单线性回归模型，即 $Y_i = \beta_1 + \beta_2 X_i + u_i$ 的一些基本假定。这些假定就是把高斯假定中与随机干扰项有关的假定单列出来，不是新的假定，只是高斯假定的重申。

假定 1 随机干扰项均值为零。即

$$E(u_i) = 0 \tag{2.4.1}$$

假定 2 随机干扰项具有同方差性。即

$$Var(u_i) = E[u_i - E(u_i \mid X_i)]^2 = E(u_i^2) = \sigma^2 \tag{2.4.2}$$

假定 3 随机干扰项无自相关。随机误差项 u_i 和 u_j （$i \neq j$）的协方差为零。即

$$Cov(u_i, u_j) = 0 \tag{2.4.3}$$

假定 4 随机干扰项与解释变量不相关。即

$$Cov(u_i, X_i) = 0 \tag{2.4.4}$$

假定 5 随机干扰项服从正态分布。即随机干扰项 u_i 服从均值为零，方差为 σ^2 的正态分布①，

$$u_i \sim N(0, \sigma^2) \tag{2.4.5}$$

关于简单线性回归模型的基本假定与高斯假定之间关系的几点说明：

（1）从假定 1 可以推导出假定 4，

$$\begin{aligned} Cov(u_i, X_i) &= E[u_i - E(u_i)][X_i - E(X_i)] \\ &= E(u_i X_i) - E(u_i)E(X_i) \\ &= E(u_i X_i) \\ &= 0 \end{aligned}$$

因此，假定 4 并非必需的，但是由于假定 4 的重要性而单独设为一条假定。

（2）假定 1 其实已经包含了模型设定无遗漏，即模型设定是正确的。

（3）因为是对简单线性回归模型进行假定，所以模型线性性是明显的。

（4）简单线性回归模型只有一个解释变量，通常不可能只有一次观测。因此，观测次数大于参数个数或解释变量的个数。

（5）解释变量是非随机的假定。一般来说，已经认为在假定里。

（6）对“解释变量不可以全部相同，且没有异常。”这一条，暂且认为模型选定时一定满足。

（7）假定 5“随机干扰项服从正态分布。”这一条可以放松，因为在大样本条件下，根据中心极限定律，随机干扰项趋于正态分布。此项假定不属于高斯假定。我们认为简单线性回归模型的基本假定已经满足了高斯假定，即模型属于经典线性回归模型 CLRM。若把随机干扰项服从正态分布的假定加入经典线性回归模型中，则称模型为**经典正态线性回归模型**（classical normal linear regression model，CNLRM）。

---

① 随机干扰项 u_i 服从均值为零，方差为 σ^2 的正态分布的理由来自中心极限定理（central limit theorem），请参阅有关数理统计教材的内容。

由于简单线性回归模型 $Y_i = \beta_1 + \beta_2 X_i + u_i$ 的分布完全取决于 u_i 的分布，因此，可以得到以下结论：

结论 1 $E(Y_i \mid X_i) = \beta_1 + \beta_2 X_i$ （2.4.6）

结论 2 $Var(Y_i \mid X_i) = \sigma^2$ （2.4.7）

结论 3 $Cov(Y_i, Y_j) = 0 \quad (i \neq j)$ （2.4.8）

结论 4 $Y_i \sim N(\beta_1 + \beta_2 X_i, \sigma^2)$ （2.4.9）

一个非常有价值的问题是：所有的假定有多真实？有人说："假定是否真实不重要，重要的是基于这些假定的预测结果。"

另外一个有趣的问题是：这些假定似乎在配合 OLS 估计量的纯数据性质的结论。难道这是巧合吗？

§2.5 OLS 估计的精度或标准差

在统计学中，估计量的精度用标准差来衡量。在高斯假定下，求得 OLS 的估计量的精度，即简单线性回归模型 $Y_i = \beta_1 + \beta_2 X_i + u_i$ 的参数 β_1 和 β_2 的最小二乘估计量 $\hat{\beta}_1$ 和 $\hat{\beta}_2$ 的**方差**（variance）和**标准差**（standard error, SE）如下：

$$Var(\hat{\beta}_2) = \frac{\sigma^2}{\sum x_i^2} \tag{2.5.1}$$

$$SE(\hat{\beta}_2) = \frac{\sigma}{\sqrt{\sum x_i^2}} \tag{2.5.2}$$

$$Var(\hat{\beta}_1) = \frac{\sum X_i^2}{n\sum x_i^2}\sigma^2 \tag{2.5.3}$$

$$SE(\hat{\beta}_1) = \sqrt{\frac{\sum X_i^2}{n\sum x_i^2}\sigma^2} \tag{2.5.4}$$

其中，σ^2 是随机干扰项 u_i 的方差，n 是样本容量。上述结果的证明见附录 2.1。

σ^2 的估计量为：

$$\hat{\sigma}^2 = \frac{\sum e_i^2}{n-2} \tag{2.5.5}$$

σ^2 也是 Y_i 在 X_i 条件下的方差。$\hat{\sigma}^2$ 是 σ^2 的最小二乘估计量（证明见附录 2.3）。$\sum e_i^2$ 是**残差平方和**或**剩余平方和**（residual sum of squares，RSS），表达式 $n-2$ 称为残差平方和的**自由度**（degree of freedom，*df*）。

什么是自由度？是指观测值的总个数中独立的观测个数。所谓独立的观测个数是指总个数减去约束或限制条件的个数。比如，在简单线性回归模型的 OLS 方法中，对于残差平方和，观测值的总个数就是样本容量 n，约束条件有两个，即为了求参数估计值 $\hat{\beta}_1$ 和 $\hat{\beta}_2$ 需要的两个约束方程，因此，独立观测值就变成了 $n-2$。一般规律是：残差平方和的自由度个数（number of *df*）等于样本容量 n 减去参数个数，设参数个数为 k，则 $df = n-k$。

对简单线性回归模型，$k=2$。如果$k=3$，这样的线性回归函数可以写成：

$$Y_i=\beta_1+\beta_2X_{2i}+\beta_3X_{3i}+u_i$$

叫做**多元线性回归模型**(Multiple linear regression model)，这是第三章专门讨论的内容。

一旦得知$\sum e_i^2$，$\hat{\sigma}^2$就能计算出来。$\sum e_i^2$可利用方程（2.3.1）算出，即

$$\sum e_i^2=\sum(Y_i-\hat{Y}_i)^2=\sum(Y_i-\hat{\beta}_1-\hat{\beta}_2X_i)^2 \tag{2.3.1}$$

或利用方程（2.3.16）和（2.3.8）算出，即由

$$y_i=\hat{\beta}_2x_i+e_i \tag{2.3.16}$$

$$\hat{\beta}_2=\frac{\sum x_iy_i}{\sum x_i^2} \tag{2.3.8}$$

则

$$\begin{aligned}\sum e_i^2&=\sum(y_i-\hat{\beta}_2x_i)^2=\sum(y_i^2-2\hat{\beta}_2x_iy_i+\hat{\beta}_2^2x_i^2)\\&=\sum y_i^2-2\hat{\beta}_2\sum x_iy_i+\hat{\beta}_2^2\sum x_i^2\\&=\sum y_i^2-2\hat{\beta}_2^2\sum x_i^2+\hat{\beta}_2^2\sum x_i^2\\&=\sum y_i^2-\hat{\beta}_2^2\sum x_i^2\end{aligned} \tag{2.5.6}$$

进一步，利用（2.3.8）得，

$$\begin{aligned}\sum e_i^2&=\sum y_i^2-\left(\frac{\sum x_iy_i}{\sum x_i^2}\right)^2\sum x_i^2\\&=\sum y_i^2-\frac{(\sum x_iy_i)^2}{\sum x_i^2}\end{aligned} \tag{2.5.7}$$

在实际运算中，利用参数估计值$\hat{\beta}_2$时，需要确定小数点后面的位数来取近似值，因此，利用公式（2.5.6）计算更简单，但是利用公式（2.5.7）计算更精确。

$\hat{\sigma}^2$的算术平方根

$$\hat{\sigma}=\sqrt{\frac{\sum e_i^2}{n-2}} \tag{2.5.8}$$

称为**估计值的标准差**（standard error of estimate）或**回归标准差**（standard error of the regression）。

例 2.3 由例 2.2 得知，$\sum x_iy_i=26880000$，$\sum x_i^2=52800000$，$\hat{\beta}_2=0.509091$，$n=10$。根据表 2.6 算出$\sum y_i^2=14224000$，由公式（2.5.6）得，

$$\begin{aligned}\hat{\sigma}^2&=\frac{1}{n-2}\sum e_i^2=\frac{1}{8}(\sum y_i^2-\hat{\beta}_2^2\sum x_i^2)\\&=\frac{1}{8}(14224000-0.509091^2\times52800000)\\&=67453.93\end{aligned}$$

$$\hat{\sigma}=259.719$$

而由公式（2.5.7）得，

$$\hat{\sigma}^2=\frac{1}{n-2}\sum e_i^2=\frac{1}{n-2}\left(\sum y_i^2-\frac{(\sum x_i y_i)^2}{\sum x_i^2}\right)$$
$$=\frac{1}{8}\left(14224000-\frac{26880000^2}{52800000}\right)$$
$$=67454.55$$
$$\hat{\sigma}=259.7201$$

上述利用公式（2.5.6）和公式（2.5.7）计算出来的结果相差不大，因此，具体计算时可任意选择其中一个方法。

参数估计量 $\hat{\beta}_1$ 和 $\hat{\beta}_2$ 的方差与回归方程的方差 σ^2 之间关系的解释如下：

（1）$\hat{\beta}_2$ 的方差与 σ^2 成正比，与 $\sum x_i^2$ 成反比。就是说，给定 σ^2，X_i 变化越大，样本容量 n 越大，$\hat{\beta}_2$ 的方差越小，估计量越精确；给定 $\sum x_i^2$，σ^2 的大小决定了 $\hat{\beta}_2$ 的方差大小，也就是说，在给定了解释变量 X_i 和样本时，σ^2 越大，$\hat{\beta}_2$ 的方差也越大。

（2）$\hat{\beta}_1$ 的方差与 σ^2 和 $\sum X_i^2$ 成正比，与 $\sum x_i^2$ 和样本容量 n 成反比。进一步还可以得到 $\hat{\beta}_1$ 和 $\hat{\beta}_2$ 的相互依赖关系，即利用二者之间的协方差来判断：如果斜率系数 β_2 被过高估计，则截距系数 β_1 将被过低估计（请参阅附录 2.4 和更高深的计量经济学教材，在此省略相关内容）。

那么，如何利用估计量的方差来判断估计的可靠性，这就是统计推断问题，也是以后继续学习的内容。

§2.6 OLS 估计的统计性质：高斯 – 马尔科夫定理

如果一个估计量满足下列条件：

（1）**线性性**（linear），即它是回归模型中被解释变量的线性函数。

（2）**无偏性**（unbiased），即它的均值或期望值等于真实的总体参数值（也称为真值）：$E(\hat{\beta})=\beta$。可以用图 2.14 来表示估计量的无偏性。

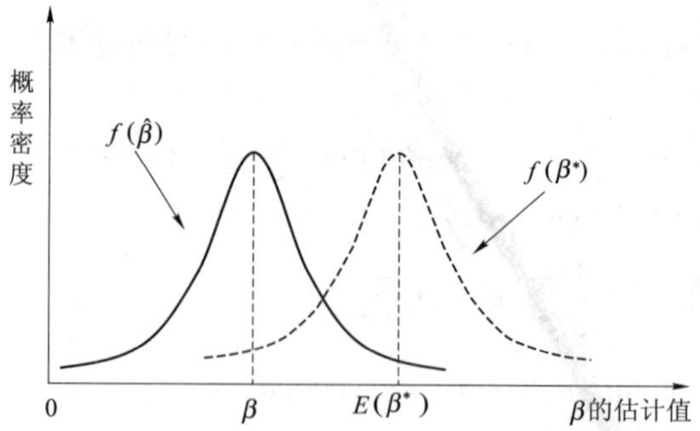

图 2.14　无偏估计与有偏估计的图示

$f(\hat{\beta})$ 和 $f(\beta^*)$ 分别表示估计量 $\hat{\beta}$ 和 β^* 的密度函数，$E(\hat{\beta})=\beta$，$\hat{\beta}$ 是 β 的**无偏估计量**

（unbiased estimator）；$E(\beta^*)\neq\beta$，β^* 是 β 的有偏估计量。

（3）**有效性**（efficient），即它在所有的线性无偏估计量中方差最小。有最小方差的无偏估计量叫做**有效估计量**（efficient estimator）。见图 2.15。

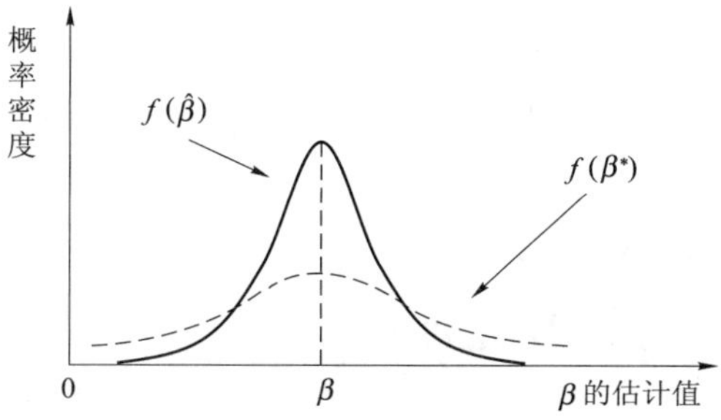

图 2.15　有效估计量图示

也就是说，对任意无偏估计量 β^*，有 $Var(\hat{\beta})\leqslant Var(\beta^*)$。

那么，就叫做**最佳线性无偏估计量**（best linear unbiased estimators，BLUE）。

可以证明，OLS 估计量是 BLUE。这一结论就是著名的**高斯-马尔科夫定理**（Gauss-Markov theorem）。可以表述为：

在给定经典线性回归模型的假定下，最小二乘估计量在所有线性无偏估计量中具有最小方差，即它们是最佳线性无偏估计量。

下面来证明一下简单线性回归模型中 OLS 估计量是 BLUE。

（1）线性性证明。设 $\dfrac{x_i}{\sum x_i^2}=k_i$，$k_i$ 为一组常数，且满足 $\sum k_i=0$，$\sum k_iX_i=1$ 的性质[此结论的证明见附录 2.1（1）]。则

$$\hat{\beta}_2=\frac{\sum x_iy_i}{\sum x_i^2}=\frac{\sum x_i(Y_i-\bar{Y})}{\sum x_i^2}=\frac{\sum x_iY_i-\bar{Y}\sum x_i}{\sum x_i^2}=\frac{\sum x_iY_i}{\sum x_i^2}=\sum\frac{x_i}{\sum x_i^2}Y_i$$

即

$$\hat{\beta}_2=\sum k_iY_i \tag{2.6.1}$$

类似地有，

$$\hat{\beta}_1=\bar{Y}-\hat{\beta}_2\bar{X}=\bar{Y}-\bar{X}\sum k_iY_i=\sum\left(\frac{1}{n}-\bar{X}k_i\right)Y_i$$

设 $\dfrac{1}{n}-\bar{X}k_i=w_i$，其中 $\sum w_i=1$，$\sum w_iX_i=0$ [此结论证明见附录 2.1（2）]。

从而

$$\hat{\beta}_1=\sum w_iY_i \tag{2.6.2}$$

（2）无偏性证明。由 $\sum k_i=0$，$\sum k_iX_i=1$ 和式子（2.6.1）得，

$$\begin{aligned}\hat{\beta}_2&=\sum k_iY_i\\&=\sum k_i(\beta_1+\beta_2X_i+u_i)\\&=\beta_1\sum k_i+\beta_2\sum k_iX_i+\sum k_iu_i\\&=\beta_2+\sum k_iu_i\end{aligned} \tag{2.6.3}$$

从而

$$E(\hat{\beta}_2)=E(\sum k_i Y_i)=E(\beta_2)+\sum E(k_i u_i)=\beta_2+\sum k_i E(u_i)$$

由经典假定 $E(u_i)=0$，所以

$$E(\hat{\beta}_2)=\beta_2 \tag{2.6.4}$$

类似地，由 $\sum w_i=1$，$\sum w_i X_i=0$ 和式（2.6.2）得，

$$\begin{aligned}\hat{\beta}_1&=\sum w_i Y_i\\&=\sum w_i(\beta_1+\beta_2 X_i+u_i)\\&=\beta_1\sum w_i+\beta_2\sum w_i X_i+\sum w_i u_i\\&=\beta_1+\sum w_i u_i\end{aligned} \tag{2.6.5}$$

从而

$$E(\hat{\beta}_1)=E(\sum w_i Y_i)=E(\beta_1)+\sum E(w_i u_i)=\beta_1+\sum w_i E(u_i)$$

由经典假定 $E(u_i)=0$，所以

$$E(\hat{\beta}_1)=\beta_1 \tag{2.6.6}$$

（3）有效性证明。就是证明 $\hat{\beta}_1$ 和 $\hat{\beta}_2$ 的方差分别是 β_1 和 β_2 的所有线性无偏估计量中的最小方差，其证明过程比较繁琐，在此省略（见附录 2.2。）

上述讨论的**统计性质**（statistical property）被称为**有限样本性质**（finite sample properties）或**小样本性质**（small-sample properties）：这些性质的成立与估计量的样本容量无关。但是，在有限样本情况下，有时候很难找到最佳线性无偏估计量，这时候就要考虑大样本条件下的性质，一般是指样本无穷大时的**大样本渐进性质**（large-sample asymptotic properties）。在此，不讨论这个问题。

§2.7 判定系数 R^2："拟合优度"的一个度量

一、总变差的分解

我们知道，总体回归函数是通过样本回归函数来估计。到目前为止，我们考虑的是参数估计量以及它们的方差、标准差的性质。现在来考虑：对于一组数据，在 OLS 条件下所拟合出来的样本回归线的优劣问题，这就叫做样本回归线的**拟合优度**（goodness of fit）。

根据公式（2.3.20）得知，

$$\sum(e_i\hat{y}_i)=0\ 。$$

注意：在此结论的证明中，利用了 $\sum x_i y_i=\hat{\beta}_2\sum x_i^2$，即其为最小二乘法的等价结论。所以，以下结果是在 OLS 条件下才成立的，因为其证明中利用了上述结论。

由方程（2.3.17），即

$$y_i = \hat{y}_i + e_i \tag{2.3.17}$$

得

$$\begin{aligned}\sum y_i^2 &= \sum (\hat{y}_i + e_i)^2 \\ &= \sum \hat{y}_i^2 + 2\sum \hat{y}_i e_i + \sum e_i^2 \\ &= \sum \hat{y}_i^2 + \sum e_i^2\end{aligned} \tag{2.7.1}$$

或写成

$$\sum (Y_i - \overline{Y})^2 = \sum (\hat{Y}_i - \overline{Y})^2 + \sum (Y_i - \hat{Y}_i)^2 \tag{2.7.2}$$

在方程（2.7.1）或方程（2.7.2）中：

$$\sum y_i^2 = \sum (Y_i - \overline{Y})^2 = TSS$$

称为**总变差**或**总离差平方和**或**总平方和**（total sum of squares，TSS），记作 TSS。它反映了被解释变量 Y 的样本观测值总体离差的大小。

$$\sum \hat{y}_i^2 = \sum (\hat{Y}_i - \overline{Y})^2 = ESS$$

称为**回归平方和**或**解释平方和**(explained sum of squares，ESS)，记作 ESS。它反映了样本估计值 $\hat{Y}_i$ 的离差平方和，即由样本回归线作出解释的那部分变差。

$$\sum e_i^2 = \sum (Y_i - \hat{Y}_i)^2 = RSS$$

称为**残差平方和**（residual sum of squares，RSS），记作 RSS。它反映了被解释变量 Y 的样本观测值与估计值之差的平方和，即未被解释的那部分变差。

因此，方程（2.7.1）或方程（2.7.2）还可以写成：

$$TSS = ESS + RSS \tag{2.7.3}$$

这样，我们可以看到，被解释变量的样本观测值与平均值的离差平方和，即总变差被分解成两部分，一部分是回归线的变差，就是回归平方和或解释平方和，即用回归线来解释的那部分；另一部分是被解释变量的样本观测值与回归线或样本估计值之差的平方和，这是表示未被解释的那部分，即样本回归线没有能够全部解释的部分，因此，叫做残差平方和。总变差分解的几何意义见图 2.16。

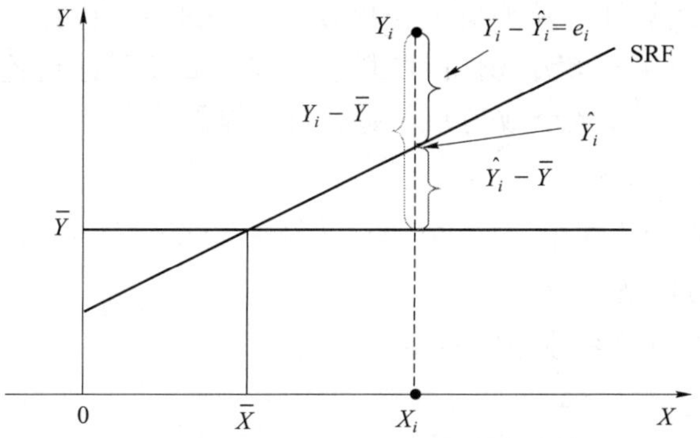

图 2.16 总变差的分解图

方程（2.7.3）两边同除以 TSS 得，

$$1=\frac{ESS}{TSS}+\frac{RSS}{TSS}=\frac{\sum(\hat{Y}_i-\bar{Y})^2}{\sum(Y_i-\bar{Y})^2}+\frac{\sum(Y_i-\hat{Y}_i)^2}{\sum(Y_i-\bar{Y})^2} \tag{2.7.4}$$

或

$$1=\frac{\sum\hat{y}_i^2}{\sum y_i^2}+\frac{\sum e_i^2}{\sum y_i^2} \tag{2.7.5}$$

方程（2.7.4）和方程（2.7.5）给出了一个比例关系，即回归平方和与残差平方和分别占总变差的比例。

二、判定系数的定义与性质

（一）判定系数的定义

$$R^2=\frac{ESS}{TSS}=\frac{\sum(\hat{Y}_i-\bar{Y})^2}{\sum(Y_i-\bar{Y})^2}=\frac{\sum\hat{y}_i^2}{\sum y_i^2} \tag{2.7.6}$$

或

$$R^2=1-\frac{RSS}{TSS}=1-\frac{\sum(Y_i-\hat{Y}_i)^2}{\sum(Y_i-\bar{Y})^2}=1-\frac{\sum e_i^2}{\sum y_i^2} \tag{2.7.7}$$

R^2 称为**可决系数或判定系数**（coefficient of determination，或用 r^2 表示）。它是对回归线拟合优度的最为常用的度量，其含义是：测度了在 Y 的总变差中由回归模型解释的那部分所占的比例，即样本回归线对样本观测值拟合优劣程度的指标，R^2 越大，拟合优度就越高。

例如，由例 2.3 得知 $\sum e_i^2=539636.36$，$\sum y_i^2=14224000$，则可决系数为

$$R^2=1-\frac{\sum e_i^2}{\sum y_i^2}=1-\frac{539636.36}{14224000}=0.9620616$$

即说明，在表 2.6 的被解释变量（家庭消费支出）的样本观测值的总变差中，有 96.21% 由所估计的样本回归模型（回归线）做出了解释。

（二）判定系数的性质

判定系数是回归线对样本观测值拟合程度的一个度量，因此，它不仅适用于简单线性回归模型，也完全适用于多元线性回归模型（第三章将继续讨论）。

设样本的容量为 n，参数个数为 k，则下列方程仍然成立

$$TSS=ESS+RSS \tag{2.7.3}$$

其中，$TSS=\sum(Y_i-\bar{Y})^2$ 的自由度为 $n-1$；$ESS=\sum(\hat{Y}_i-\bar{Y})^2$ 的自由度为 $k-1$；$RSS=\sum(Y_i-\hat{Y}_i)^2$ 的自由度为 $n-k$ ①。

当 $k=2$ 时，就是简单线性回归模型的情况，即 TSS 的自由度为 $n-1$，ESS 的自由

① TSS 中有一个约束条件 $\bar{Y}$，因此自由度为 $n-1$；RSS 中有 k 个参数作为约束条件，因此自由度为 $n-k$；ESS 的自由度为解释变量的个数 $k-1$。

度为 1，RSS 的自由度为 $n-2$。

判定系数或可决系数是介于 0 与 1 之间的一个数，即 $0 \leqslant R^2 \leqslant 1$。（为什么？）

在简单线性回归模型中，当 $R^2=0$ 时，$ESS=0 \Rightarrow \hat{Y}_i-\bar{Y}=0$，因此回归线是一条平行于 X 轴的直线 $\hat{Y}_i=\bar{Y}$。也就是说，斜率 $\hat{\beta}_2=0$，即回归线不能比样本更好地解释被解释变量。当 $R^2=1$ 时，$TSS=ESS \Rightarrow \hat{Y}_i=Y_i$，这是回归线对样本观测值 Y_i 的一个完美拟合。实际上，这两种可能都是不应该存在的，也不是我们要研究的问题。

由方程（2.5.6）和方程（2.5.7），得到计算判定系数的简便公式

$$R^2=\hat{\beta}_2^2\frac{\sum x_i^2}{\sum y_i^2}=\frac{(\sum x_i y_i)^2}{\sum x_i^2\sum y_i^2} \tag{2.7.8}$$

给定了 R^2，可以把回归平方和与残差平方和写成 R^2 的表达式：

$$ESS=R^2 \cdot TSS=R^2\sum y_i^2 \tag{2.7.9}$$

$$RSS=TSS-ESS=(1-R^2)\sum y_i^2 \tag{2.7.10}$$

因此总变差的分解也可以表示成：

$$\sum y_i^2=R^2\sum y_i^2+(1-R^2)\sum y_i^2 \tag{2.7.11}$$

理论上可以证明：判定系数是解释变量个数的一个不减函数，也就是说，随着模型中解释变量个数的增加，判定系数 R^2 的值也随之增大（请参阅更高深的计量经济学教材）。而解释变量的个数就是回归平方和的自由度，因此，有必要用自由度去修正判定系数中的回归平方和与残差平方和，从而引进一个**修正判定系数**（adjusted coefficient of determination）的概念。其计算公式为：

$$\bar{R}^2=1-\frac{RSS/(n-k)}{TSS/(n-1)}=1-\frac{n-1}{n-k}\frac{\sum e_i^2}{\sum(Y_i-\bar{Y})^2} \tag{2.7.12}$$

由方程（2.7.10）和方程（2.7.12），可以得出修正判定系数与判定系数之间的关系：

$$\bar{R}^2=1-\frac{n-1}{n-k}(1-R^2) \tag{2.7.13}$$

由上式（2.7.13）可以看出，当参数个数 $k>1$ 时（一般情况下，$n>k$，参数个数至少为 2 个），$\bar{R}^2<R^2$（为什么？）。从而，修正后的判定系数变小了。另外，判定系数一定是非负数值，但修正判定系数有可能取负值，此时规定修正判定系数为零。即规定修正判定系数的取值范围为：$0 \leqslant \bar{R}^2<1$。

在简单线性回归模型情况下，参数个数 $k=2$，因此，修正判定系数为：

$$\bar{R}^2=1-\frac{n-1}{n-2}(1-R^2) \tag{2.7.14}$$

可以看出，在简单线性回归模型情况下，判定系数修正后意义并不大。

有一个问题：为什么不直接用下列方式定义修正判定系数呢？

$$\frac{ESS/(k-1)}{TSS/(n-1)}$$

假设用上式定义了修正判定系数，则其数值必定大于判定系数（为什么？），这正是我们

不想看到的原因。

（三）判定系数与样本相关系数的关系

本章前面已经讲过两个随机变量之间的相关关系可以用相关系数来表示，即

$$\rho=\frac{\mathrm{Cov}(X,Y)}{\sqrt{Var(X)Var(Y)}} \tag{2.2.1}$$

样本相关系数（sample correlation coefficient）可以写成：

$$r=\frac{\sum(X-\bar{X})(Y-\bar{Y})}{\sqrt{\sum(X-\bar{X})^2\sum(Y-\bar{Y})^2}} \tag{2.2.2}$$

实际上，这是对两个变量之间的线性关系的一个度量。

把（2.2.2）写成离差的形式为：

$$r=\frac{\sum x_i y_i}{\sqrt{\sum x_i^2\sum y_i^2}} \tag{2.7.15}$$

由方程（2.7.8）看到，$R^2=r^2$，因此

$$r=\pm\sqrt{R^2} \tag{2.7.16}$$

样本相关系数 r 具有如下的性质：

（1）取值可正可负，取值范围为：$-1\leqslant r\leqslant 1$。其符号与方程（2.7.15）的分子即两个变量的**协变异**（covariation）的符号相同①。

（2）具有对称性。即变量 X 与 Y 之间的相关系数与 Y 与 X 之间的相关系数是相等的。

（3）如果变量 X 与 Y 相互独立，则它们的相关系数为零，但是反过来不一定成立。也就是说，两个变量不相关，但不一定是独立的。顺便指出，在正态分布条件下，变量之间相互独立的充要条件是相关系数为零。

（4）相关系数只是对变量之间线性相关程度的一个度量，并非存在因果关系。

判定系数 R^2 与相关系数的平方 r^2 存在数学上的相等关系，但它们不是一个概念。判定系数 R^2 是作为一个整体符号出现的，其取值不可为负数；而相关系数 r 可以取负值。判定系数 R^2 在回归分析中的意义远远大于相关系数，它表述的是：在总变差中由解释变量来解释的那部分比例，即回归线的拟合优度，同时在经济含义上存在着因果关系的解释。而相关系数 r 只是对变量之间的线性相关程度的一个度量，并且变量之间的关系是对称的，也不存在因果关系的读解。

有一个有趣的结果：样本观测值 Y_i 与 X_i 之间相关系数的平方，在数量关系上等于判定系数 R^2，即

$$R^2=r^2=r_{XY}^2=r_{YX}^2=\frac{\left(\sum x_i y_i\right)^2}{\sum x_i^2\sum y_i^2} \tag{2.7.17}$$

同样还可以得出，

① 变量 X 与 Y 之间的协方差记作 $\mathrm{Cov}(X,Y)$，协变异记作 $\sum x_i y_i$。

$$r_{Y\hat{Y}}^2=\frac{\left(\sum y_i\hat{y}_i\right)^2}{\sum y_i^2\sum\hat{y}_i^2}=\frac{\left[\sum(\hat{y}_i+e_i)\hat{y}_i\right]^2}{\sum y_i^2\sum\hat{y}_i^2}$$

$$=\frac{\left(\sum\hat{y}_i^2\right)^2}{\sum y_i^2\sum\hat{y}_i^2}=\hat{\beta}_i^2\frac{\sum x_i^2}{\sum y_i^2}=R^2 \tag{2.7.18}$$

上式说明实际观测值 Y_i 与样本估计值 $\hat{Y}_i$ 之间的相关系数的平方等于判定系数 R^2。

§2.8　回归系数的估计与假设检验

回顾一下到目前为止我们所学习的内容。

首先，建立简单线性回归模型，利用样本回归函数来估计总体回归函数，即用样本估计量来估计总体参数。把这个过程用符号表示为：

总体回归函数：$Y_i=\beta_1+\beta_2X_i+u_i$

样本回归函数：$\hat{Y}_i=\hat{\beta}_1+\hat{\beta}_2X_i$

我们的目的是用样本估计量 $\hat{\beta}_1$ 和 $\hat{\beta}_2$ 来估计总体参数 β_1 和 β_2。

其次，我们使用的估计方法是 OLS，并在基本假定的条件下，得到了样本估计量的统计性质 BLUE。

最后，对在 OLS 条件下得到的样本回归线的拟合优度的度量进行了讨论，即判定系数 R^2 的分析。

N 个样本可以得到 N 个样本回归线，因此，$\hat{\beta}_1$ 或 $\hat{\beta}_2$ 是估计量。显然，这些估计量都是随机变量，它们是对总体参数的估计。现在的问题是：这些估计量的可靠性或准确度到底有多大？要回答这个问题，就必须考虑这些估计量的概率大小及其分布。这就是本节要讲的内容：**经典统计推断理论**（classical theory of statistical inference），它由两部分构成，即**参数估计**（parameter estimation）和**假设检验**(hypothesis testing)。

一、回归系数的估计

（一）参数估计量的分布

我们假定简单线性回归模型是经典正态线性回归模型 CNLRM，因此，随机干扰项 u_i 服从均值为 0，方差为 σ^2 的正态分布，即

$$u_i\sim N(0,\sigma^2) \tag{2.4.5}$$

由数理统计知识的正态分布的线性表达式也服从正态分布的结论可知，总体回归函数 $Y_i=\beta_1+\beta_2X_i+u_i$ 也服从正态分布，即

$$Y_i\sim N(\beta_1+\beta_2X_i,\sigma^2) \tag{2.4.9}$$

而参数估计量 $\hat{\beta}_1$ 和 $\hat{\beta}_2$ 都是 Y_i 的线性函数，因此它们也服从正态分布，即

$$\hat{\beta}_1 \sim N\left(\beta_1, \sigma^2 \frac{\sum X_i^2}{n\sum x_i^2}\right) \tag{2.8.1}$$

$$\hat{\beta}_2 \sim N\left(\beta_2, \frac{\sigma^2}{\sum x_i^2}\right) \tag{2.8.2}$$

将式（2.8.1）和式（2.8.2）标准化，得

$$z_1 = \frac{\hat{\beta}_1 - \beta_1}{SE(\hat{\beta}_1)} \sim N(0,1) \tag{2.8.3}$$

$$z_2 = \frac{\hat{\beta}_2 - \beta_2}{SE(\hat{\beta}_2)} \sim N(0,1) \tag{2.8.4}$$

一般情况下，随机干扰项 u_i 的方差 σ^2 是未知的，因此，需要用样本估计量 $\hat{\sigma}^2$ 去替代 σ^2。在大样本条件下，仍可把估计量 $\hat{\beta}_1$ 和 $\hat{\beta}_2$ 看作正态分布。但是，在小样本条件下，$\hat{\beta}_1$ 和 $\hat{\beta}_2$ 标准化后将服从自由度为 $n-2$ 的 t 分布，即

$$t_1 = \frac{\hat{\beta}_1 - \beta_1}{\hat{SE}(\hat{\beta}_1)} \sim t(n-2) \tag{2.8.5}$$

$$t_2 = \frac{\hat{\beta}_2 - \beta_2}{\hat{SE}(\hat{\beta}_2)} \sim t(n-2) \tag{2.8.6}$$

其中，$\hat{SE}(\hat{\beta}_1) = \hat{\sigma}\sqrt{\frac{\sum X_i^2}{n\sum x_i^2}}$，$\hat{SE}(\hat{\beta}_2) = \frac{\hat{\sigma}}{\sqrt{\sum x_i^2}}$。

以上讨论了参数估计量服从正态分布以及如何标准化和在无法获得总体回归函数方差的情况下给出的 t 分布。在这里，我们不仅仅涉及估计量分布标准化的问题，其实，还涉及一个统计上的概念，即**统计量**。所谓统计量，就是由样本构成的函数。比如，参数估计量的标准化，就是统计量的形成过程。因此，我们可以说统计量 z 服从标准正态分布和统计量 t 服从 t 分布。统计量 t 服从 t 分布的证明比较复杂，省去不讲。统计学中的常见分布见附录 2.5。

（二）参数的区间估计

对参数的估计分为**点估计**（point estimation）和**区间估计**（interval estimation）。所谓点估计就是用样本估计量对总体参数的直接估计，比如我们讲过的用 OLS 估计量 $\hat{\beta}_2$ 对总体参数 β_2 的估计。所谓区间估计，从字面上理解，就是估计参数在某个范围或区间内的取值。但是，区间估计的含义远没有这么简单。下面我们就来看看到底什么是区间估计。我们假设用 OLS 估计量 $\hat{\beta}_2$ 来对总体参数 β_2 进行区间估计。

第一，人为地构造一个以 $\hat{\beta}_2$ 为中心的区间，即

$$\hat{\beta}_2 - \delta \leqslant \beta_2 \leqslant \hat{\beta}_2 + \delta \tag{2.8.7}$$

见图 2.17。其中，δ 是一个正数；β_2 是总体参数，是一个未知的常数，不是随机变量，或者说是一个真实的、未知的常数。这个区间是什么意思？这个区间表明：希望真实的 β_2 在这个区间内。那么到底在不在呢？

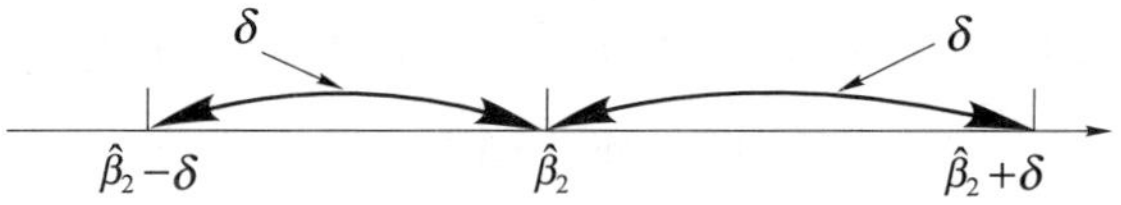

图 2.17 置信区间的构造

第二，给定一个很小的正数α，$0<\alpha<1$。使

$$P(\hat{\beta}_2-\delta\leqslant\beta_2\leqslant\hat{\beta}_2+\delta)=1-\alpha \tag{2.8.8}$$

这就是说，这个人为地构造的区间能够包含β_2的概率为$1-\alpha$，或者讲，β_2真的存在于这个区间，即被这个区间找到的概率是$1-\alpha$。但并不意味着：β_2落入这个区间的概率为$1-\alpha$。为什么？因为β_2是一个常数，不是随机变量。打个比喻：套圈游戏。β_2相当于被套的标的物，是一个常量，是不动的，它不会主动去找圆环来被套。只有一种情况，就是用圆环去套这个不动的标的物。用圆环去套β_2，圆环就相当于以$\hat{\beta}_2$为中心的人为构造的区间。每一次实验，就相当于一个具体的样本，能不能套中标的物结果只有两个：或者套中，或者套不中，这就相当于或者找到了β_2，或者没找到β_2。但是，我们假设在大量的重复实验中，能够套中的概率为$1-\alpha$。即假设重复实验了 100 次，有$(1-\alpha)\times100$次套中。

第三，如果这样的区间存在，那么，就把这个区间叫做β_2的**置信区间**（confidence interval）；$1-\alpha$叫做**置信系数**（confidence coefficient）或**置信概率**或**置信度**或**置信水平**（confidence level）；α叫做**显著（性）水平**（level of significance）；$\hat{\beta}_2-\delta$称为**置信下限**（lower confidence limit），$\hat{\beta}_2+\delta$称为**置信上限**（upper confidence limit）。α和$1-\alpha$常用百分数形式表示。

很显然，通过置信区间来估计总体参数的估计量叫做**区间估计量**（interval estimator），这些区间完全是构造出来的**随机区间**（random interval）。

现在来构造回归系数的置信区间。还是先要复习一下标准正态分布的有关性质。

如果随机变量z服从标准正态分布，即$z\sim N(0,1)$，给定一个正数α，$0<\alpha<1$，若$P(|z|>z_{\alpha/2})=\alpha$，则$P(|z|\leqslant z_{\alpha/2})=1-\alpha$。其中$z_{\alpha/2}$称为标准正态分布的**临界值**。概率$P(|z|>z_{\alpha/2})=\alpha$可分解为$P(z>z_{\alpha/2})=\alpha/2$和$P(z<-z_{\alpha/2})=\alpha/2$之和（标准正态分布关于纵轴对称，临界值$z_{\alpha/2}$为正值），而概率$P(|z|\leqslant z_{\alpha/2})=1-\alpha$也可写成：

$$P(-z_{\alpha/2}\leqslant z\leqslant z_{\alpha/2})=1-\alpha \tag{2.8.9}$$

式（2.8.9）告诉我们，如果把z看成估计量（参数为零），那么由此构成的区间$[-z_{\alpha/2},z_{\alpha/2}]$就是置信区间。见图 2.18。

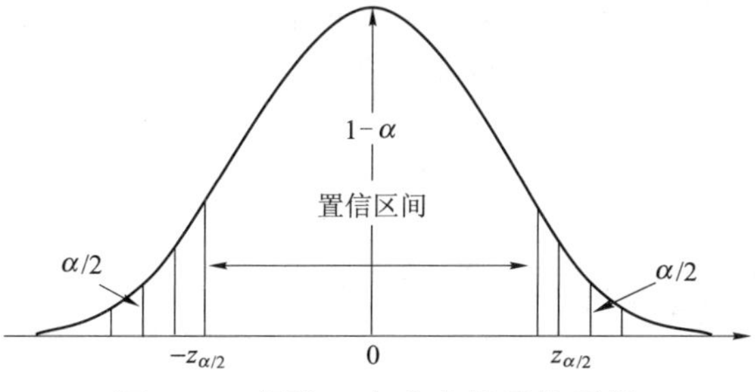

图 2.18 标准正态分布的置信区间

所以，只要把 OLS 估计量 $\hat{\beta}_1$ 和 $\hat{\beta}_2$ 标准化，就可以构造出参数 β_1 和 β_2 的置信区间。

当 σ^2 已知，$\hat{\beta}_1$ 和 $\hat{\beta}_2$ 服从正态分布并标准化为：

$$z_1=\frac{\hat{\beta}_1-\beta_1}{SE(\hat{\beta}_1)}\sim N(0,1) \tag{2.8.3}$$

$$z_2=\frac{\hat{\beta}_2-\beta_2}{SE(\hat{\beta}_2)}\sim N(0,1) \tag{2.8.4}$$

则在给定显著性水平 α 的条件下，有

$$P(|z_1|\leqslant z_{\alpha/2})=P\left(\left|\frac{\hat{\beta}_1-\beta_1}{SE(\hat{\beta}_1)}\right|\leqslant z_{\alpha/2}\right)=1-\alpha$$

和

$$P(|z_2|\leqslant z_{\alpha/2})=P\left(\left|\frac{\hat{\beta}_2-\beta_2}{SE(\hat{\beta}_2)}\right|\leqslant z_{\alpha/2}\right)=1-\alpha$$

从而构造出置信度为 $1-\alpha$ 的置信区间分别为：

$$[\hat{\beta}_1-\mathrm{z}_{\alpha/2}\cdot SE(\hat{\beta}_1),\hat{\beta}_1+\mathrm{z}_{\alpha/2}\cdot SE(\hat{\beta}_1)] \tag{2.8.10}$$

和

$$[\hat{\beta}_2-\mathrm{z}_{\alpha/2}\cdot SE(\hat{\beta}_2),\hat{\beta}_2+\mathrm{z}_{\alpha/2}\cdot SE(\hat{\beta}_2)] \tag{2.8.11}$$

在给定显著性水平 α 的条件下，标准正态分布的临界值 $\mathrm{z}_{\alpha/2}$ 可以查附表 1 得到。

例如，如果给定 $\alpha=0.05$，查表得 $z_{0.025}=1.96$，把这个数值代入式（2.8.10）和式（2.8.11）就可以得到回归系数在置信度为 95%条件下的置信区间。

需要注意的一件事情：在构造参数估计区间的时候，有一个估计量与被估计参数之间顺序问题，即不等式（或区间）

$$\left|\frac{\hat{\beta}_2-\beta_2}{SE(\hat{\beta})}\right|\leqslant z_{\alpha/2} \text{ 与 } \hat{\beta}_2-\mathrm{z}_{\alpha/2}\cdot SE(\hat{\beta}_2)\leqslant\beta_2\leqslant\hat{\beta}_2+\mathrm{z}_{\alpha/2}\cdot SE(\hat{\beta}_2)$$

之间的转换问题。这恰好说明：所得到的区间是以估计量 $\hat{\beta}_2$ 为中心而构造的置信区间，而不是以参数 β_2 为中心的概率分布区间（β_2 与 $\hat{\beta}_2$ 之间的距离是相等的，但两者之差的方向是相反的）。

当 σ^2 未知，需要用无偏估计量 $\hat{\sigma}^2$ 来替代 σ^2。在大样本条件下，$\hat{\beta}_1$ 和 $\hat{\beta}_2$ 仍被看成服从正态分布，因此，可以用同样的方法去确定置信区间。但是，在小样本条件下，$\hat{\beta}_1$ 和 $\hat{\beta}_2$ 标准化后将服从自由度为 $n-2$ 的 t 分布，即

$$t_1=\frac{\hat{\beta}_1-\beta_1}{\hat{SE}(\hat{\beta}_1)}\sim t(n-2) \tag{2.8.5}$$

$$t_2=\frac{\hat{\beta}_2-\beta_2}{\hat{SE}(\hat{\beta}_2)}\sim t(n-2) \tag{2.8.6}$$

则在给定显著性水平 α 的条件下，有

$$P(|t_1| \leqslant t_{\alpha/2}) = P\left(\left|\frac{\hat{\beta}_1 - \beta_1}{\hat{SE}(\hat{\beta}_1)}\right| \leqslant t_{\alpha/2}\right) = 1-\alpha$$

和

$$P(|t_2| \leqslant t_{\alpha/2}) = P\left(\left|\frac{\hat{\beta}_2 - \beta_2}{\hat{SE}(\hat{\beta}_2)}\right| \leqslant t_{\alpha/2}\right) = 1-\alpha$$

从而得出置信度为$1-\alpha$的置信区间为：

$$[\hat{\beta}_1 - t_{\alpha/2} \cdot \hat{SE}(\hat{\beta}_1), \hat{\beta}_1 + t_{\alpha/2} \cdot \hat{SE}(\hat{\beta}_1)] \qquad (2.8.12)$$

和

$$[\hat{\beta}_2 - t_{\alpha/2} \cdot \hat{SE}(\hat{\beta}_2), \hat{\beta}_2 + t_{\alpha/2} \cdot \hat{SE}(\hat{\beta}_2)] \qquad (2.8.13)$$

还可以写成如下的形式：

$$\hat{\beta}_1 \pm t_{\alpha/2} \cdot \hat{SE}(\hat{\beta}_1) \text{ 和 } \hat{\beta}_2 \pm t_{\alpha/2} \cdot \hat{SE}(\hat{\beta}_2)$$

临界值 $t_{\alpha/2}$ 可以查附表 2 获得。根据例 2.2 和例 2.3 中数据和结果得，$\hat{\beta}_2 = 0.509091$，$\hat{SE}(\hat{\beta}_2) = \frac{\hat{\sigma}}{\sqrt{\sum x_i^2}} = \frac{259.7201}{\sqrt{52800000}} = 0.0357428$。若给定 $\alpha = 0.05$，已知自由度为 10−2＝8，查 t 分布表，得 $t_{0.025}(8) = 2.306$。将所需数据代入式（2.8.13）得出 β_2 的置信区间为：

$$\begin{aligned}
&P[\hat{\beta}_2 - t_{\alpha/2} \cdot \hat{SE}(\hat{\beta}_2) \leqslant \beta_2 \leqslant \hat{\beta}_2 + t_{\alpha/2} \cdot \hat{SE}(\hat{\beta}_2)] \\
&= P[0.509091 - 2.306 \times 0.0357428 \leqslant \beta_2 \leqslant 0.509091 + 2.306 \times 0.0357428] \\
&= P[0.4267 \leqslant \beta_2 \leqslant 0.5915] \\
&= 95\%
\end{aligned}$$

二、回归系数的假设检验

（一）两类错误

假设检验（hypothesis testing）是一个统计判断过程。由于主客观等各种原因，人们对事物的判断总会出现错误。当然，我们希望这种判断上发生错误的概率越小越好，那么，如何能够保证这一点？那就是采取一个反向思维的方法，假设我们不希望看到的事件存在或成立，然后利用“小概率事件在一次实验或抽取中几乎不可能发生”的原理来否定假设的成立，从而排除掉不希望看到的事件的存在。这就是假设检验的基本思想。任何一个判断都存在正反两个方面，我们把不希望看到的事情存在或成立的假设，叫做**虚拟假设**或**原假设**或**零假设**（null hypothesis），记作 H_0；而与此对应的反向假设，叫做**对立假设**或**选择性假设**或**备择假设**（alternative hypothesis），记作 H_1。

我们来看一个例子。假设你是一起谋杀案的陪审团成员，你的责任就是要判断被告是有罪还是无罪。那么，现在来看看你会在判断中犯了什么错误？

原假设 H_0：被告是无罪的

备择假设 H_1：被告是有罪的

如果你认为被告是有罪的，那你就可能犯下一个错误，其结果就是错误地把无辜者送进了监狱。为什么会这样？原因很简单，就是因为原假设在正确的情况下（如果“被告是无罪的”是真命题）被你给拒绝了。也就是说，你拒绝了一个真命题，这叫做“弃真错误”，也叫做**第一类错误**（Type Ⅰ error）。假设在这样的条件下，你犯第一类错误的概率为α，那么，你接受了原假设的正确判断的概率就是$1-\alpha$。

类似地，你还会犯下**第二类错误**（Type Ⅱ error）。那就是你接受了原假设，认为被告是无辜的，但是，你还是犯了错误，其结果就是把有罪者释放了，逃避了法律的制裁。为什么？因为原假设很有可能是伪命题（如果“被告是无罪的”是假命题），而你却信以为真地接受了，这叫做“取伪错误”，或第二类错误。假设在这样的条件下，你犯第二类错误的概率为α'，那么，你拒绝原假设的正确判断的概率就是$1-\alpha'$。见表 2.7。

表 2.7　　　　两类错误概率

命　题	接受 H_0（拒绝 H_1）	拒绝 H_0（接受 H_1）
H_0 为真（H_1 为伪）	$1-\alpha$（正确判断）	α（弃真错误）
H_0 为伪（H_1 为真）	α'（取伪错误）	$1-\alpha'$（正确判断）

显然，人们希望犯两类错误的概率都越小越好，然而，实际上，这是不可能的，因为，如果减小犯第一类错误概率，就会增大犯第二类错误概率；反之亦然。比如：更少的被告被送进监狱，就会有更多的被告逃避法律制裁；反之，被法律制裁的人越多，被无罪释放的人就越少。一般情况下，把犯第一类错误的概率α作为控制目标，一个主要的原因是原假设通常是明确的，而备择假设往往是模糊的。（有趣的思考：有罪推定与无罪推定）

（二）回归系数的假设检验

原假设 H_0：$\beta_2=\beta_2^*$；备择假设 H_1：$\beta_2\neq\beta_2^*$。

其中，β_2^*为常数。现在用参数β_2的估计量$\hat{\beta}_2$来检验上面的假设。

（1）如果σ^2已知，$\hat{\beta}_2$服从正态分布，且标准化为：

$$z_2=\frac{\hat{\beta}_2-\beta_2^*}{SE(\hat{\beta}_2)}\sim N(0,1) \tag{2.8.14}$$

在给定的显著性水平α的条件下，置信水平为$100\times(1-\alpha)\%$的置信区间为：

$$[\beta_2^*-z_{\alpha/2}\cdot SE(\hat{\beta}_2),\beta_2^*+z_{\alpha/2}\cdot SE(\hat{\beta}_2)] \tag{2.8.15}$$

如果$\hat{\beta}_2$落入这个区间之内，就说明我们有$100\times(1-\alpha)\%$置信度不拒绝原假设 H_0；反之，如果$\hat{\beta}_2$落在这个区间之外，就说明我们构造的置信区间不能包含$\hat{\beta}_2$，因此，就拒绝原假设 H_0。见图 2.19。

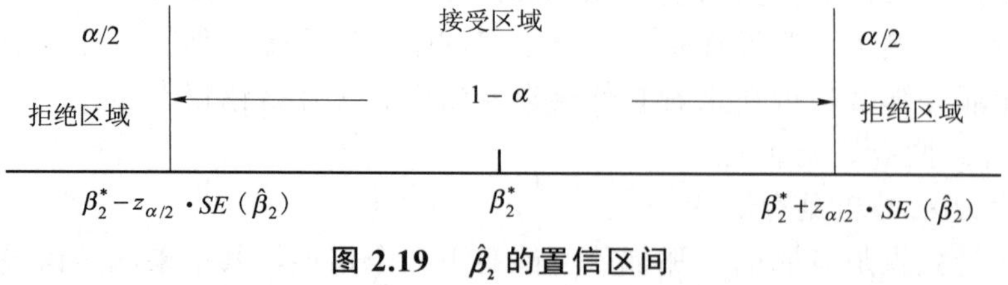

图 2.19　$\hat{\beta}_2$ 的置信区间

拒绝原假设 H_0 是我们真正希望看到的结果，为什么呢？因为，通常情况下，我们把不拒绝原假设的区域，即置信区间，叫做**接受区域**（region of acceptance），在原假设 H_0 下，$\hat{\beta}_2$ 落入该区域是一个大概率事件；而把拒绝原假设的区域，即置信区间之外，叫做**拒绝区域**（region of rejection）或**临界区域**（critical region）。在原假设 H_0 下，$\hat{\beta}_2$ 落入该区域是一个小概率事件（为什么？）。小概率事件原理告诉我们："小概率事件在一次实验或抽取中几乎不可能发生"。可是现在我们只得到一个样本估计值 $\hat{\beta}_2$，却竟然发现其落入了小概率事件的拒绝区域内，所以，小概率事件的假设无法令人信服，从而拒绝原假设。

需要指出的是：置信区间（2.8.15）与（2.8.11）是不同的，前者是用样本去估计未知的总体参数，后者是假设总体参数已知时用样本来判断。因此，在给定显著性水平 α 和原假设 H_0: $\beta_2=\beta_2^*$ 条件下，可以认为样本估计值 $\hat{\beta}_2$ 落入置信区间即接受区域的概率为 $100\times(1-\alpha)\%$，而落入拒绝区域的概率为 $100\times\alpha\%$（为什么？因为估计量为随机变量）。

置信区间（2.8.15）完全可以通过（2.8.14）转换为标准正态分布的对应关系。

$$P\left(\left|\frac{\hat{\beta}_2-\beta_2^*}{SE(\hat{\beta}_2)}\right|\leqslant z_{\alpha/2}\right)=1-\alpha \tag{2.8.16}$$

即在给定显著性水平 α 的条件下，令 $z_2=\dfrac{\hat{\beta}_2-\beta_2^*}{SE(\hat{\beta}_2)}$，若 $|z_2|\leqslant z_{\alpha/2}$，不拒绝原假设 H_0；若 $|z_2|> z_{\alpha/2}$，拒绝原假设 H_0，而不拒绝备择假设 H_1。见图 2.20。

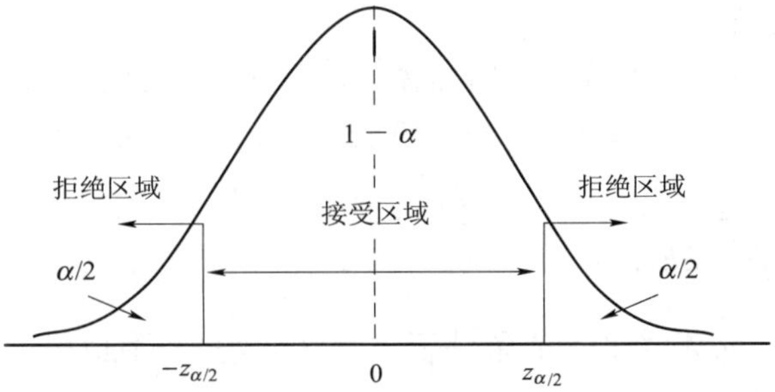

图 2.20 标准正态分布的接受区域与拒绝区域

（2）如果 σ^2 未知，就要用 $\hat{\sigma}^2$ 去代替 σ^2，在大样本条件下，$\hat{\beta}_2$ 仍看作正态分布并进行标准化转换，假设检验的过程同上，不再赘述。在小样本条件下，我们可以得到如下的 t 分布：

$$t_2=\frac{\hat{\beta}_2-\beta_2^*}{\hat{SE}(\hat{\beta}_2)}\sim t(n-2) \tag{2.8.17}$$

在给定显著性水平 α 的条件下，可以构造出 $\hat{\beta}_2$ 的置信区间为：

$$[\beta_2^*-t_{\alpha/2}\cdot\hat{SE}(\hat{\beta}_2),\beta_2^*+t_{\alpha/2}\cdot\hat{SE}(\hat{\beta}_2)] \tag{2.8.18}$$

或者写成

$$P\left(\left|\frac{\hat{\beta}_2-\beta_2^*}{\hat{SE}(\hat{\beta}_2)}\right|\leqslant t_{\alpha/2}\right)=1-\alpha \tag{2.8.19}$$

如果 $\hat{\beta}_2$ 落入这个区间之内，不拒绝原假设 H_0： $\beta_2=\beta_2^*$；反之，如果 $\hat{\beta}_2$ 落在这个区间之外，就拒绝原假设 H_0： $\beta_2=\beta_2^*$，不拒绝备择假设 H_1： $\beta_2\neq\beta_2^*$。

或者，令 $t_2=\dfrac{\hat{\beta}_2-\beta_2^*}{\hat{SE}(\hat{\beta}_2)}$，若 $|t_2|\leqslant t_{\alpha/2}$，则不拒绝原假设 H_0： $\beta_2=\beta_2^*$；若 $|t_2|>t_{\alpha/2}$，则拒绝原假设 H_0： $\beta_2=\beta_2^*$，不拒绝备择假设 H_1： $\beta_2\neq\beta_2^*$。

例如，根据例 2.3 中的结果：$\hat{\beta}_2=0.509091$，$\hat{SE}(\hat{\beta}_2)=0.0357428$，$df=8$，$t_{0.025}(8)=2.306$。若取 $\alpha=0.05$，原假设 H_0: $\beta_2=\beta_2^*=0.3$；备择假设 H_1: $\beta_2\neq 0.3$。得出置信区间：$P[0.2176\leqslant\hat{\beta}_2\leqslant 0.3824]$=95%。说明 $\hat{\beta}_2=0.509091$ 没有落入这个接受区域内，而是落在了拒绝区域内，从而拒绝原假设 H_0: $\beta_2=0.3$，不拒绝备择假设 H_1: $\beta_2\neq 0.3$。而根据（2.8.19）直接计算得

$$|t_2|=|\frac{\hat{\beta}_2-\beta_2^*}{\hat{SE}(\hat{\beta}_2)}|=\left|\frac{0.509091-0.3}{0.0357428}\right|=5.85>2.306$$

也说明 t 值落入拒绝区域内，从而拒绝原假设 H_0： $\beta_2=0.3$，不拒绝备择假设 H_1： $\beta_2\neq 0.3$。

类似地，可以对总体参数 β_1 进行检验。

利用正态分布进行的检验叫做 z 检验，利用 t 分布进行的检验叫做 t 检验，依此类推，还有 F 检验和 χ^2 检验等。

（3）模型检验。是指对简单线性回归模型的总体参数 β_2 进行的 t 检验中的一个特殊情况，即当“原假设 H_0： $\beta_2=0$；备择假设 H_1： $\beta_2\neq 0$”时，有

$$t=\frac{\hat{\beta}_2-\beta_2}{\hat{SE}(\hat{\beta}_2)}=\frac{\hat{\beta}_2}{\hat{SE}(\hat{\beta}_2)}\sim t(n-2) \tag{2.8.20}$$

令 $t=\dfrac{\hat{\beta}_2}{\hat{SE}(\hat{\beta}_2)}$，在给定显著水平 α 的条件下，若 $|t|\leqslant t_{\alpha/2}$，不拒绝原假设 H_0： $\beta_2=0$；若 $|t|>t_{\alpha/2}$，拒绝原假设 H_0： $\beta_2=0$，不拒绝备择假设 H_1： $\beta_2\neq 0$。

例如，例 2.3 中，计算得知，

$$|t|=|\frac{\hat{\beta}_2}{\hat{SE}(\hat{\beta}_2)}|=\frac{0.509091}{0.0357428}=14.2>2.306$$

因此，拒绝原假设 H_0: $\beta_2=0$，不拒绝备择假设 H_1： $\beta_2\neq 0$。

上述检验为什么叫模型检验呢？我们知道参数 β_2 叫做回归系数，也叫做斜率系数，其真实经济意义是反映解释变量对被解释变量的解释，即解释变量每变动一个单位会引起被解释变量变动 β_2 个单位。对于简单线性回归模型 $\beta_2=0$ 就意味着模型是不存在的，从而无法通过解释变量来解释被解释变量，因此，也不存在任何经济意义。这是一个非常重要的 t 检验。以后我们还会证明对于简单线性回归模型来说，F 检验和 t 检验是同一件事情。

其实，假设检验只是有理由去拒绝原假设，而在无法拒绝原假设的条件下，我们只能说不拒绝，而不是接受，因为也没有充分的理由去肯定。同样，在拒绝原假设的同时，接受备择假设的理由也不是十分充分的，所以，也只能是不拒绝备择假设。另外，利用小概率事件来进行假设检验，只是一个统计意义上的检验，并非是确定事件的推论。

需要说明的几点：

（1）在统计学中，当拒绝原假设时，就可以说找到了**统计上显著性**或**在统计上是显著的**（statistically significant）。反之，便认为**在统计上没有显著性**（not statistically significant）。因此，t 检验也叫做**显著性检验方法**（test-of-significance approach），它是用样本结果来证实一个原假设真伪的检验过程。也就是说，如果一个统计量的具体数值落入拒绝区域，那么这个统计量就是统计上显著的，就可以拒绝原假设；反之，如果一个统计量的具体数值落入接受区域，那么它就是统计上不显著的，就可以不拒绝原假设。比如，对模型的检验，如果拒绝原假设 $H_0: \beta_2 = 0$，不拒绝备择假设 $H_1: \beta_2 \neq 0$。就可以说，模型是显著的，或者说，解释变量对被解释变量的影响是显著的；反之，如果不拒绝原假设 $H_0: \beta_2 = 0$，就可以说，模型是不显著的，或者说，解释变量对被解释变量的影响是不显著的。

（2）除了 t 检验方法之外，实际上，我们还可以直接用样本估计量所构建的置信区间去检验总体参数，即当总体参数落入置信区间之内，就不拒绝原假设；反之，如果总体参数落入置信区间之外，就拒绝原假设。比如，在例 2.3 中，我们得知 β_2 的置信区间为：$P[\hat{\beta}_2 - \delta \leqslant \beta_2 \leqslant \hat{\beta}_2 + \delta] = P[0.4267 \leqslant \beta_2 \leqslant 0.5915] = 95\%$。如果原假设 $H_0: \beta_2 = \beta_2^* = 0.3$；备择假设 $H_1: \beta_2 \neq 0.3$。那么，很显然，在给定显著水平 $\alpha = 0.05$ 条件下，$\beta_2 = 0.3$ 落在这个区间之外，所以，拒绝原假设 $H_0: \beta_2 = \beta_2^* = 0.3$，不拒绝备择假设 $H_1: \beta_2 \neq 0.3$。这与 t 检验的结果是一样的。

（3）假设检验的结果与给定的显著性水平有很大的关系，在不同的显著性水平下，会有完全不一样的结果。按照惯例 α 取 0.05 或更小的 0.01，即便如此，也会有截然不同的结果。比如，$H_0: \beta_2 = 0$，$n = 30$，$t^* = 2.6$，在 α 取 0.05 和 0.01 的条件下，分别有 $t_{0.025}(28) = 2.048$ 和 $t_{0.005}(28) = 2.763$。因此，在 $\alpha = 0.05$ 的条件下，拒绝原假设；在 $\alpha = 0.01$ 条件下，不拒绝原假设。那么，如何解决这个问题？见图 2.21。

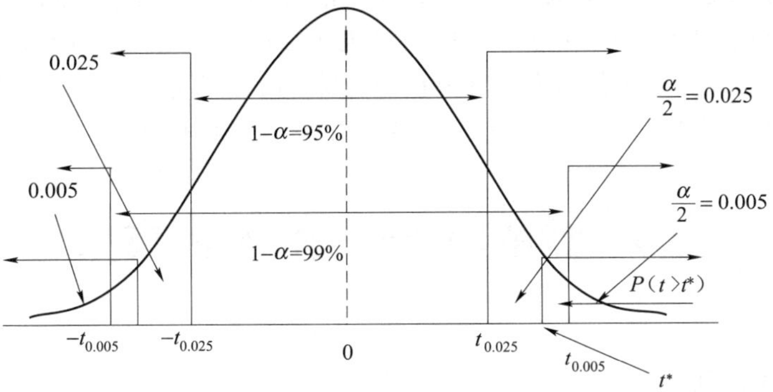

图 2.21　*P* 值图示

从图 2.21 可以看到，如果设 t 的估计值 $t^* = 2.6$（此处 $t^* > 0$），那么有，$t_{0.025} < t^* < t_{0.005}$。我们的目的是想让 t^* 值大于 $t_{\alpha/2}$，无论给定的 α 多么小。从上图可以知道，t^* 值与其对

应的概率 $P(t>t^*)$ 是成反向关系（假设只看右侧 $t>0$），如果两侧都看，就是 $|t^*|$ 与其对应的概率 $P(|t|>|t^*|)$ 是成反向关系，即 $|t^*|$ 越大，概率 $P(|t|>|t^*|)$ 越小（对应的概率密度曲线与横轴之间的面积）。所以，反过来，如果 $|t^*|$ 所对应的概率 $P(|t|>|t^*|)$ 的二分之一（即右侧部分）小于任意给定的 α 的二分之一，那么一定有 $t^*>t_{\alpha/2}$；或者说，如果 $P(|t|>|t^*|)<\alpha$，则一定有 $|t^*|>t_{\alpha/2}$。从而，在进行 t 检验的时候，如果有 $\alpha>P(|t|>|t^*|)$ 成立，那么，一定有 $|t^*|>t_{\alpha/2}$，从而拒绝原假设，反之，就不能拒绝原假设。这个检验方法就是 P 值检验，$P(|t|>|t^*|)$ 称为 P **值**（P value，probability value）。如果只定义右侧部分 $P(t>t^*)$，$t^*>0$，为 P 值，那么 $\frac{\alpha}{2}>P$ 时，拒绝原假设；反之，$\frac{\alpha}{2}<P$ 时，不拒绝原假设。

（4）截距系数的估计值往往不能真实反映经济情况，甚至有时候与实际情况不相符合。另外，有截距系数和没有截距系数的模型是不同的，并且变量所使用的度量单位不同对截距系数也有影响。本书不去专门研究这些问题（见第九章习题 9.3）。我们所讲的简单线性回归模型是有截距系数的，即截距系数不为零。

对于给定不同的总体参数和不同的显著水平进行检验，得出的结论也许是相同的，也许是不同的。比如，我们谈到的 P 值检验，就是解决不同显著水平下得出不同结论的问题，即寻找到给定 t 值下，大于 t 的最小概率（犯第一类错误的最小概率）。但是，如果给定两个不等的总体参数值且检验的结论都是不拒绝的时候，那么我们选取哪个参数值会更可靠呢？这就要结合实际的经济理论来做出判断。本书也不做专门讨论。我们最关心的是其中的一种特殊情况，即斜率系数为零的 t 检验，即模型的 t 检验，这是因为只有在原假设被拒绝的情况下，模型才有意义。

（5）在假设检验中，无论是 z 检验，还是 t 检验，到目前为止，我们所讨论的假设，如，原假设 H_0: $\beta_2=\beta_2^*$，备择假设 H_1: $\beta_2\neq\beta_2^*$；或者，原假设 H_0: $\beta_2=0$，备择假设 H_1: $\beta_2\neq 0$ 都是**双侧检验**（two-sided hypothesis）。把双侧检验分拆开来，就是两个**单侧检验**（one-sided hypothesis）。例如，“原假设 H_0：$\beta_2\leqslant 0$，备择假设 H_1：$\beta_2>0$”或者“原假设 H_0：$\beta_2\geqslant 0$，备择假设 H_1：$\beta_2<0$”都是单侧检验或**单尾检验**（one-tail test）。

（6）大家仔细看一下 t 分布表，会发现一个规律：给定显著性水平，自由度越大，临界值越小。比如，给定 $\alpha=0.05$，当自由度大于 20，临界值都不超过 2.1。因此，一般情况下，根本不需要去查 t 分布表，只要计算出来的 t 值不小于 2.1，就可以拒绝原假设。当自由度小于 20，必须查表，但 t 值大于 3 一定能拒绝原假设。

§2.9 简单线性回归模型的预测①

一、均值预测

根据表 1.1 的数据，利用 EViews 软件可以得到如下的样本回归函数：

① 请根据具体情况选择教学内容。

$$\hat{Y}_t = 374.6882 + 0.350334X_t \quad (1.3.5)$$

假设 2012 年人均国内生产总值为 $X_0 = 36000$ 元，代入方程（1.3.5）得到：

$$\hat{Y}_{2012} = 374.6882 + 0.350334 \times 36000 = 12986.71 \text{（元）}$$

即预测 2012 年居民消费水平为 12986.71 元。

这就是点预测，但是这个点是真实的居民消费水平的预测值吗？理论上不是，它是真实的居民消费水平的均值估计，为什么？

因为样本回归值 $\hat{Y}_i$ 是 Y_i 的均值 $E(Y \mid X_i)$ 的估计值（无偏估计量）。所以，给定 X_0，就可以得到预测值 Y_0 的均值的估计值 $\hat{Y}_0$。

除了点预测外，还可以进行区间预测，即构造均值的置信区间。

假设 $\hat{Y}_0$ 服从均值为 $E(\hat{Y}_0)$，方差为 $Var(\hat{Y}_0)$ 的正态分布（$\hat{\beta}_1$，$\hat{\beta}_2$ 服从正态分布，则它们的线性组合也服从正态分布）。那么有，

$$E(\hat{Y}_0) = E(\hat{\beta}_1 + \hat{\beta}_2 X_0) = E(\hat{\beta}_1) + X_0 E(\hat{\beta}_2) = \beta_1 + \beta_2 X_0 \quad (2.9.1)$$

同样，可以得到 $\hat{Y}_0$ 的方差为（具体推导过程见附录 2.6）：

$$Var(\hat{Y}_0) = \sigma^2 \left[\frac{1}{n} + \frac{(X_0 - \bar{X})^2}{\sum x_i^2} \right] \quad (2.9.2)$$

用无偏估计量 $\hat{\sigma}^2$ 替代 σ^2，可以构造 t 统计量为：

$$t = \frac{\hat{Y}_0 - (\beta_1 + \beta_2 X_0)}{\hat{SE}(\hat{Y}_0)} \sim t(n-2) \quad (2.9.3)$$

其中，$\hat{SE}(\hat{Y}_0) = \hat{\sigma}\sqrt{\frac{1}{n} + \frac{(X_0 - \bar{X})^2}{\sum x_i^2}}$。在给定 α 条件下，置信度为 $1-\alpha$ 的置信区间为：

$$[\hat{Y}_0 - t_{\alpha/2} \cdot S\hat{E}(\hat{Y}_0), \hat{Y}_0 + t_{\alpha/2} \cdot S\hat{E}(\hat{Y}_0)] \text{或} \hat{Y}_0 \pm t_{\alpha/2} \cdot S\hat{E}(\hat{Y}_0) \quad (2.9.4)$$

二、个别值预测

一般情况下，把 $\hat{Y}_0$ 看作均值 $E(Y \mid X_0)$ 的预测值。而实际上，$Y_0 = \hat{Y}_0 + e_0$，即 $e_0 = Y_0 - \hat{Y}_0$，均值 $E(e_0) = 0$，即 $\hat{Y}_0$ 也是 Y_0 的无偏估计量，从而，$\hat{Y}_0$ 也可以看成 Y_0 的点预测值。

现在来构造个别值 Y_0 的估计区间。

$$\begin{aligned} E(\hat{Y}_0) &= E(\hat{\beta}_1 + \hat{\beta}_2 X_0) = E(\hat{\beta}_1 + \hat{\beta}_2 X_0) + E(e_0) \\ &= E(\hat{\beta}_1 + \hat{\beta}_2 X_0 + e_0) = E(Y_0) = Y_0 \end{aligned}$$

类似式（2.9.2）可以证明（证明与附录 2.6 类似，比较繁琐，本书不证明）：

$$Var(e_0) = Var(Y_0 - \hat{Y}_0) = \sigma^2 \left[1 + \frac{1}{n} + \frac{(X_0 - \bar{X})^2}{\sum x_i^2} \right] \quad (2.9.5)$$

用 $\hat{\sigma}^2$ 替代 σ^2，并构造 t 统计量为：

$$t = \frac{Y_0 - \hat{Y}_0}{S\hat{E}(Y_0 - \hat{Y})} \sim t(n-2) \quad (2.9.6)$$

其中，$\hat{SE}(Y_0 - \hat{Y}_0) = \hat{\sigma}\sqrt{1 + \frac{1}{n} + \frac{(X_0 - \bar{X})^2}{\sum x_i^2}}$。

在给定α条件下，置信度为$1-\alpha$的置信区间为：

$$[\hat{Y}_0 - t_{\alpha/2} \bullet \hat{SE}(Y_0-\hat{Y}_0), \hat{Y}_0 + t_{\alpha/2} \bullet \hat{SE}(Y_0-\hat{Y}_0)] \text{或} \hat{Y}_0 \pm t_{\alpha/2} \bullet \hat{SE}(Y_0-\hat{Y}_0) \quad (2.9.7)$$

对每个X值都可以求得总体函数$E(Y|X)$的95%的置信区间，将区间端点连接起来可以得到关于总体回归函数$E(Y|X)$的**置信带**（confidence band）。同样，对每个X值都可以求得Y的个别值的95%的置信区间，将区间端点连接起来可以得到关于个别值Y的**置信带**。

可以看出，样本容量越大，预测的精度越高。当样本容量确定的时候，置信带在X均值处最窄；置信带越宽，预测的精度越低。很显然，样本对个别值Y预测的方差大于对均值$E(Y|X)$预测的方差，因此，Y的个别值的置信带比均值$E(Y|X)$置信带要宽。见图2.22。

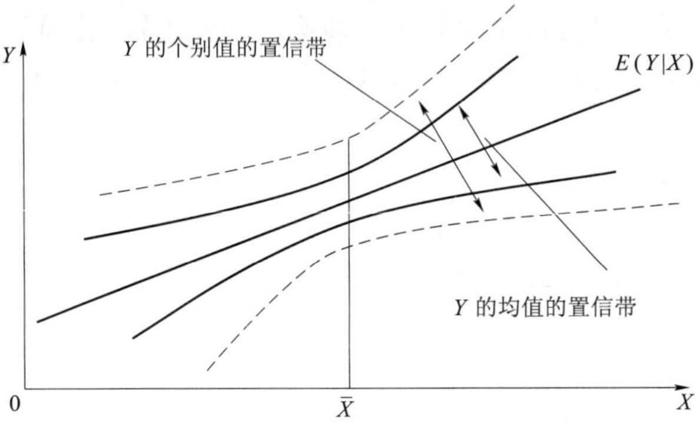

图 2.22　Y 的均值与 Y 的个别值的置信带

例 2.4　根据表1.1中的数据，利用EViews软件进行预测。

第一步　**文件创建**。File→ New→ Workfile → Dated-regular frequency → Annual → Start date 1978；End date 2011→save 起名：1978—2011年中国人均国内生产总值与居民消费水平的样本回归（时间序列数据）。

第二步　**数据输入**。Quick→Empty Group→输入数据 X，Y→输入完毕，记名 name →group01。

第三步　**样本回归**。Quick → Estimate Equation → Y C X (选 LS)→模型建立完毕，记名 name→eq01，得到如下结果，见表2.8。

表 2.8　　**表 1.1 数据回归结果**

Dependent Variable: Y
Method: Least Squares
Date: 01/13/13　Time: 18:00
Sample: 1978 2011
Included observations: 34

Variable	Coefficient	Std. Error	t-Statistic	Prob.
C	374.6882	68.89593	5.438466	0.0000
X	0.350334	0.005699	61.47054	0.0000
R-squared	0.991602	Mean dependent var		3132.618
Adjusted R-squared	0.99134	S.D. dependent var		3276.094
S.E. of regression	304.8703	Akaike info criterion		14.33467
Sum squared resid	2974269	Schwarz criterion		14.42446
Log likelihood	–241.6894	Hannan-Quinn criter.		14.36529
F-statistic	3778.627	Durbin-Watson stat		0.108803
Prob(F-statistic)	0.000000			

回归结果的读解：

第一行 Dependent Variable: Y→被解释变量（因变量）Y

第二行 Method: Least Squares→最小二乘法

第三行 Date: 01/13/13 Time: 18:00→创建时间

第四行 Sample: 1978 2011→样本起始年 1978 2011

第五行 Included observations: 34→观测数据对数 34 (n = 34)

第六行 Variable/变量；Coefficient /回归系数；Std. Error/标准差；t-Statistic/t 值；Prob./P 值。

第七行 C→截距系数；$\hat{\beta}_1 = 374.6882$；$\hat{SE}(\hat{\beta}_1) = 68.89593$；$t_1 = 5.438466$；P = 0.0000

第八行 X→斜率系数；$\hat{\beta}_2 = 0.350334$；$\hat{SE}(\hat{\beta}_2) = 0.005699$；$t_2 = 61.47054$；P = 0.0000

注意回归系数、标准差和 t 值之间的关系：t 值 = 回归系数/标准差

P 值与给定显著性水平的关系：$\alpha > P$ →模型显著，反之，模型不显著。

第九行 R-squared→ $R^2 = 0.991602$

第十行 Adjusted R-squared→ $\bar{R}^2 = 0.991340$

第十一行 S.E. of regression→回归标准差 $\hat{\sigma} = 304.8703$

第十二行 Sum squared resid→残差平方和 $\sum e_i^2 = 2974269$

在所建文件窗口的上端两行 Range: 1978 2011 34 obs 和 Sample: 1978 2011 34 obs 中，双击 Range，弹出 Workfile Structure 窗口，把 End date 改为 2012，确定。双击序列 X 或 group01，在 2012 的 X 位置输入 36000，关闭保存；双击 eq01，在 Equation 窗口内点击 Forecast，在 Forecast name 项键入“Y0”，确定。再回到所建文件窗口（见图 2.23），双击 Y0，在 2012 位置出现 12986.70，这就是预测的均值。

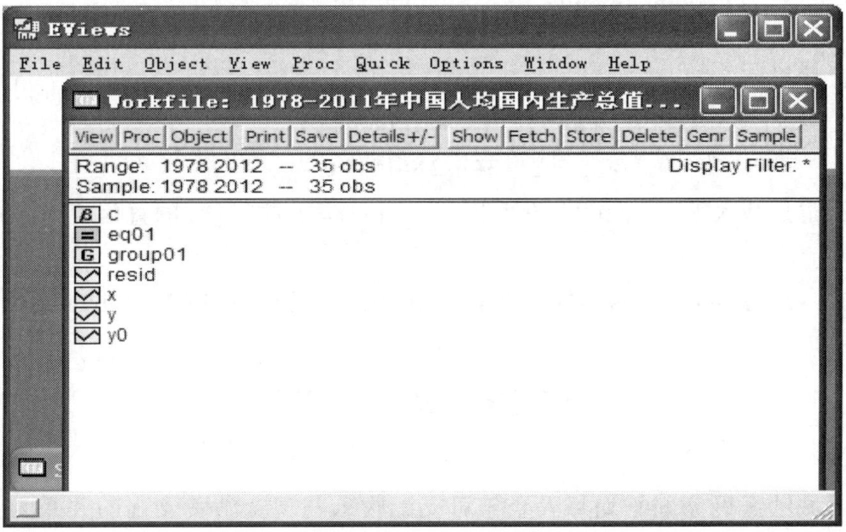

图 2.23 Workfile 窗口

点击 Quick → Group Statistics → Descriptive Statistics → Common Sample，弹出窗口 Series List，键入“X Y”，点击 OK。出现下表，见表 2.9。

表 2.9　　X 和 Y 的统计描述结果

	X	Y
Mean	7872.294	3132.618
Median	4545	2094
Maximum	35181	12272
Minimum	381	184
Std. Dev.	9312.007	3276.094
Skewness	1.466197	1.218419
Kurtosis	4.252903	3.631631
Jarque-Bera	14.40566	8.977618
Probability	0.000744	0.011234
Sum	267658	106509
Sum Sq. Dev.	2.86E+09	3.54E+08
Observations	34	34

表 2.9 中第二行 Mean 是平均值，第六行 Std. Dev.是标准差，从而有，

$$\sum x_i^2 = \sum (X-\bar{X})^2 = (n-1)\sigma_X^2 = (34-1)\times 9\,312.007^2 = 2861544654$$

$$(X_0-\bar{X})^2 = (36000-7872.294)^2 = 791\,167844.8$$

$$\hat{SE}(\hat{Y}_0) = \sqrt{\hat{\sigma}^2\left[\frac{1}{n}+\frac{(X_0-\bar{X})^2}{\sum x_i^2}\right]} = 304.8703\times\sqrt{\frac{1}{34}+\frac{791\,167844.8}{2861\,544654}} = 168.616857$$

给定 5%显著水平，$t_{0.025}(32)=2.037$，Y_0 的均值的置信度为 95%的置信区间为：

$\hat{Y}_0 \pm t_{\alpha/2}\cdot \hat{SE}(\hat{Y}_0) = 12986.70 \pm 2.037\times 168.6168$，即[12643.23，13330.17]。

同样地，计算得

$$\hat{SE}(Y_0-\hat{Y}_0) = 304.8703\times\sqrt{1+\frac{1}{34}+\frac{791\,167844.8}{2\,861544\,654}} = 348.3928$$

从而，在给定显著水平 $\alpha=0.05$ 的条件下，$t_{0.025}(32)=2.037$，Y_0 的置信度为 95%的置信区间为：

$\hat{Y}_0 \pm t_{\alpha/2}\cdot \hat{SE}(Y_0-\hat{Y}_0) = 12986.70 \pm 2.037\times 348.3928$，即[12277.02，13696.38]。

§2.10　案　　例

以中国城镇居民家庭平均每人全年可支配收入与现金消费支出的关系为例，来建立消费函数模型。表 2.10 给出了 2011 年中国内地 31 个省区的相关数据（这是一组截面数据）。

表 2.10 各地区城镇居民平均每人全年家庭可支配收入与现金消费支出 单位：元

地区	可支配收入 X	现金消费支出 Y	地区	可支配收入 X	现金消费支出 Y
北京	32903.03	21984.37	湖北	18373.87	13163.77
天津	26920.86	18424.09	湖南	18844.05	13402.87
河北	18292.23	11609.29	广东	26897.48	20251.82
山西	18123.87	11354.30	广西	18854.06	12848.37
内蒙古	20407.57	15878.07	海南	18368.95	12642.75
辽宁	20466.84	14789.61	重庆	20249.70	14974.49
吉林	17796.57	13010.63	四川	17899.12	13696.30
黑龙江	15696.18	12054.19	贵州	16495.01	11352.88
上海	36230.48	25102.14	云南	18575.62	12248.03
江苏	26340.73	16781.74	西藏	16195.56	10398.91
浙江	30970.68	20437.45	陕西	18245.23	13782.75
安徽	18606.13	13181.46	甘肃	14988.68	11188.57
福建	24907.40	16661.05	青海	15603.31	10955.46
江西	17494.87	11747.21	宁夏	17578.92	12896.04
山东	22791.84	14560.67	新疆	15513.62	11839.40
河南	18194.80	12336.47			

资料来源：《中国统计年鉴》2012，http://www.stats.gov.cn/tjsj/ndsj/2012/indexch.htm

1. 建立模型

设 X 代表可支配收入，Y 代表现金消费支出，所建简单线性回归模型为：

$$Y_i = \beta_1 + \beta_2 X_i + u_i$$

利用 EViews 软件，根据表 2.10 中的数据进行回归分析，并得到回归结果，见表 2.11。把表 2.11 中的回归结果写成下面的报告形式或称为规范的形式：

$$\hat{Y}_i = 1104.871 + 0.643842 X_i$$

$$SE = (628.39) \quad (0.0295)$$

$$t = (1.7582) \quad (21.7949)$$

$$R^2 = 0.942463, \quad F = 475.0196, \quad n = 31$$

其中，SE 对应的括号内的数值是相应参数估计的标准差，t 对应的括号内的数值是相应参数的 t 检验值，R^2 是判定系数，n 是样本容量，F 检验值在第三章会讲到。

表 2.11 回归结果

Dependent Variable: Y
Method: Least Squares
Date: 02/06/13 Time: 09:09
Sample: 1 31
Included observations: 31

Variable	Coefficient	Std. Error	t-Statistic	Prob.
C	1104.871	628.3917	1.758253	0.0893
X	0.643842	0.029541	21.79494	0.0000

R-squared	0.942463	Mean dependent var	14372.75
Adjusted R-squared	0.940479	S.D. dependent var	3556.656
S.E. of regression	867.7184	Akaike info criterion	16.43195
Sum squared resid	21835121	Schwarz criterion	16.52447
Log likelihood	−252.6953	Hannan-Quinn criter.	16.46211
F-statistic	475.0196	Durbin-Watson stat	1.641341
Prob(F-statistic)	0.000000		

2. 模型检验

从图形上看，可以得到三张图，一张是散点图，一张是残差图，一张是回归线图。

获取散点图：操作顺序：Quick → Graph → Series List → 键入 X Y →点击 OK →Graph Options → 选择 Scatter → 确定。可记名为：name → graph01。见图 2.24。

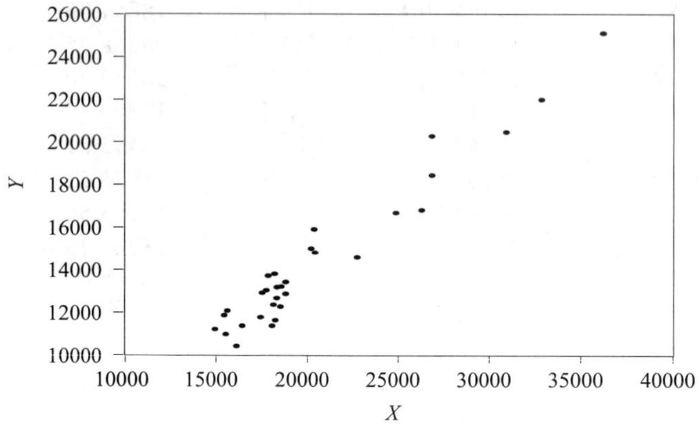

图 2.24 表 2.10 数据的散点图

从散点图看，城镇居民家庭平均每人全年可支配收入与现金消费支出大致呈线性关系。

获取残差图：操作顺序：在所建文件窗口中，双击回归方程 eq01，在 Equation 窗口内，直接点击 Resids 即可得到残差图。见图 2.25。

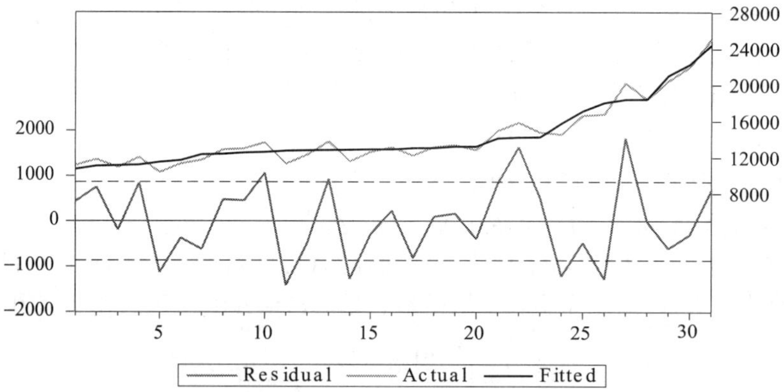

图 2.25 表 2.10 数据的残差图

其中，Residual 表示残差，Actual 表示实际值，Fitted 表示拟合值。从图上看拟合效果还不错。

获取回归线：操作顺序：与获取散点图操作顺序相同，但在 Fit lines 一项选择 regression line（对散点图，此项为默认值 none），然后点击 OK 即可。见图 2.26。

从检验数据上看，判定系数 $R^2 = 0.942463$，表明城镇居民人均全年现金消费支出变化的 94.25%可以由人均可支配收入来解释，即模型拟合得不错。从 t 检验看，自由度为 $n-2=29$，在给定 5%显著性水平下，查表 $t_{0.025}(29)=2.045$（其实，不用查 t 分布表，为什么？）。由回归结果知，斜率系数的 t 检验值为 21.7949 远大于临界值，因此，模型的 t

检验是显著的。另外，从 P 值检验看，斜率系数的 P 值 $=0$，也说明模型检验是显著的。同时，0<0.643842<1，符合凯恩斯消费函数理论对边际消费倾向的要求，从而，可以得出结论：城镇居民家庭平均每人全年可支配收入对现金消费支出有显著影响，就是说，可支配收入每增加 1 元，平均而言，人均现金消费支出增加 0.64 元。

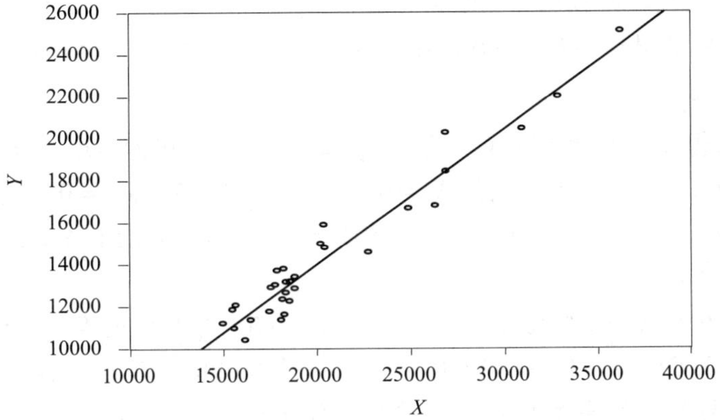

图 2.26 表 2.10 数据的回归线图

3. 预测

假设 2011 年城镇居民家庭平均每人全年可支配收入在 50000 元这一挡，现预测其现金消费支出为：

$$\hat{Y}_0 = 1104.871 + 0.643842 \times 50000 = 33296.971 \text{（元）}$$

利用 EViews 预测结果为 33297 元。同时，可获得有关统计数据为（上节已经讲过如何通过 EViews 软件获取这些数据）：

$$\bar{X} = 20607.33,\quad \sigma_X = 5362.833,\quad \hat{\sigma} = 867.7184$$

由于 $\sum x_i^2 = (n-1)\sigma_X^2$，所以，在 95%置信度下，均值 $E(Y \mid X_0)$ 的置信区间：

$$33297 \pm 2.045 \times 867.7184 \times \sqrt{\frac{1}{31} + \frac{(50000 - 20607.33)^2}{(31-1) \times 5362.833^2}} = 33297 \pm 1804.0207$$

即[31492.98，35101.02]。

同样，可以得到 95%置信度下的个别值置信区间：

$$33297 \pm 2.045 \times 867.7184 \times \sqrt{1 + \frac{1}{31} + \frac{(50000 - 20607.33)^2}{(31-1) \times 5362.833^2}} = 33297 \pm 2\,530.4713$$

即[30766.53，35827.47]。

本章习题

2.1 简述随机干扰项产生的原因。

2.2 简述简单线性回归模型的基本假设。

2.3 指出下列计量经济学模型哪些是正确的，哪些是错误的。

（1）$Y_i = \beta_1 + \beta_2 X_i$ （2）$Y_i = \beta_1 + \beta_2 X_i + u_i$

（3）$Y_i = \hat{\beta}_1 + \hat{\beta}_2 X_i + u_i$ （4）$Y_i = \hat{\beta}_1 + \hat{\beta}_2 X_i$

（5）$Y_i = \hat{\beta}_1 + \hat{\beta}_2 X_i + e_i$ （6）$\hat{Y}_i = \hat{\beta}_1 + \hat{\beta}_2 X_i + e_i$

（7）$\hat{Y}_i = \hat{\beta}_1 + \hat{\beta}_2 X_i$ （8）$\hat{Y}_i = \hat{\beta}_1 + \hat{\beta}_2 X_i + u_i$

2.4 在简单线性回归模型中，设 $\hat{\beta}_2$ 为 Y 对 X 的回归中的斜率系数的OLS估计值；$\hat{\alpha}_2$ 为 X 对 Y 的回归中的斜率系数的 OLS 估计值，r 为 X 与 Y 之间的相关系数，请证明：

$$\hat{\alpha}_2 \hat{\beta}_2 = r^2$$

2.5 设简单线性回归模型为 $Y_i = \hat{\beta}_1 + \hat{\beta}_2 X_i + e_i$，在 OLS 条件下，证明下列各式：

（1）$\sum e_i = 0$ （2）$\sum e_i X_i = 0$ （3）$\sum(\hat{y}_i e_i) = 0$

2.6 表 2.12 给出 1995—2011 年中国居民消费价格指数 CPI 与工业生产者出厂价格指数 PPI 的数据。要求：

（1）请利用 EViews 软件做出散点图，直观上 CPI 与 PPI 是否存在线性关系？

（2）分别建立 CPI 对 PPI 和 PPI 对 CPI 的简单线性回归模型。根据回归结果，能否指出哪个模型更好？其斜率系数的经济意义是什么？

表 2.12 1995—2011 年中国居民消费价格指数 CPI 与工业生产者出厂价格指数 PPI

年度	居民消费价格指数 CPI	工业生产者出厂价格指数 PPI
1995	117.1	114.9
1996	108.3	102.9
1997	102.8	99.7
1998	99.2	95.9
1999	98.6	97.6
2000	100.4	102.8
2001	100.7	98.7
2002	99.2	97.8
2003	101.2	102.3
2004	103.9	106.1
2005	101.8	104.9
2006	101.5	103.0
2007	104.8	103.1
2008	105.9	106.9
2009	99.3	94.6
2010	103.3	105.5
2011	105.4	106.0

资料来源：《中国统计年鉴》2012，http://www.stats.gov.cn/tjsj/ndsj/2012/indexch.htm

2.7 设家庭每月消费支出为被解释变量 Y，每月可支配收入为解释变量 X。现有某社区 10 个家庭每月消费与收入的有关数据如下（单位：元）：

$$\sum(X_i - \bar{X})^2 = 52800000，\bar{X} = 6800，\sum(Y_i - \bar{Y})^2 = 19220640，\bar{Y} = 4604$$

$$\sum(X_i - \bar{X})(Y_i - \bar{Y}) = 30416000$$

（1）用 OLS 方法求简单线性回归方程，并解释斜率系数的经济意义；

（2）求回归标准差和判定系数；

（3）对模型进行显著性水平为 5%的显著性检验；

（4）假定家庭月可支配收入为 20000 元，预测家庭月消费支出，并给出置信度为 95%的消费支出的置信区间。

2.8 表 2.13 给出 1990—2011 年中国货币供应量和国民总收入的数据。要求：

（1）请利用 EViews 软件分别建立国民总收入 GNP 对货币供应量 M2，M1，MO 的回归模型；

（2）在给定显著性水平为 5%的条件下，对模型进行检验，并说明斜率系数的经济意义；

（3）分析哪个模型能更好地解释国民总收入。

表 2.13 **1990—2011 年中国货币供应量和国民总收入** 单位：亿元

年度	M2	M1	M0	国民总收入 GNP
1990	15293.4	6950.7	2644.4	18718.3
1991	19349.9	8633.3	3177.8	21826.2
1992	25402.2	11731.5	4336.0	26937.3
1993	34879.8	16280.4	5864.7	35260.0
1994	46923.5	20540.7	7288.6	48108.5
1995	60750.5	23987.1	7885.3	59810.5
1996	76094.9	28514.8	8802.0	70142.5
1997	90995.3	34826.3	10177.6	78060.9
1998	104498.5	38953.7	11204.2	83024.3
1999	119897.9	45837.3	13455.5	88479.2
2000	134610.3	53147.2	14652.7	98000.5
2001	158301.9	59871.6	15688.8	108068.2
2002	185007.0	70881.8	17278.0	119095.7
2003	221222.8	84118.6	19745.9	134977.0
2004	254107.0	95969.7	21467.3	159453.6
2005	298755.7	107278.8	24031.7	183617.4
2006	345603.6	126035.1	27072.6	215904.4
2007	403442.2	152560.1	30375.2	266422.0
2008	475166.6	166217.1	34219.0	316030.3
2009	606225.0	220001.5	38246.0	340320.0
2010	725851.8	266621.5	44628.2	399759.5
2011	851590.9	289847.7	50748.5	472115.0

资料来源：《中国统计年鉴》2012，http://www.stats.gov.cn/tjsj/ndsj/2012/indexch.htm

2.9 表 2.14 给出 1990—2011 年中国财政收入与国内生产总值的数据。要求：

（1）请利用 EViews 软件建立财政收入 Y 对国内生产总值 X 的简单线性回归模型；

（2）给定显著水平为 5%的条件下，对模型进行检验，并解释斜率系数的经济意义；

（3）给定显著水平为 5%的条件下，假设 2012 年国内生产总值为 520000 亿元，求 2012 年财政收入的点预测和区间预测。

表 2.14　　1990—2011 年中国财政收入与国内生产总值　　单位：亿元

年份	国内生产总值 X	财政收入 Y
1990	18667.8	2937.1
1991	21781.5	3149.5
1992	26923.5	3483.4
1993	35333.9	4349.0
1994	48197.9	5218.1
1995	60793.7	6242.2
1996	71176.6	7408.0
1997	78973.0	8651.1
1998	84402.3	9876.0
1999	89677.1	11444.1
2000	99214.6	13395.2
2001	109655.2	16386.0
2002	120332.7	18903.6
2003	135822.8	21715.3
2004	159878.3	26396.5
2005	184937.4	31649.3
2006	216314.4	38760.2
2007	265810.3	51321.8
2008	314045.4	61330.4
2009	340902.8	68518.3
2010	401512.8	83101.5
2011	472881.6	103874.4

资料来源：《中国统计年鉴》2012，http://www.stats.gov.cn/tjsj/ndsj/2012/indexch.htm

2.10　表 2.15 给出了 2009 年各国国际旅游收入与入境旅游人数数据。要求：

（1）请建立国际旅游收入对入境旅游人数的简单线性回归模型，并利用 EViews 软件求样本回归模型；

（2）对模型进行 t 检验，并分析回归结果；

（3）表 2.15 中数据显示美国入境旅游人数为 5488 万人，国际旅游收入为 1476 亿美元，与其他数据相比有什么差别？会对模型有影响吗？

（4）除了入境旅游人数外，其他因素是否也会对国际旅游收入有影响，比如，交通便利情况、服务质量以及当地经济发展情况等？如何更好地建立回归模型呢？

表 2.15 **2009 年各国国际旅游收入与入境旅游人数数据** 单位：万人；亿美元

国家与地区	Country or Area	入境旅游人数	国际旅游收入
中国	China	5088	426
中国香港	Hong Kong, China	1693	209
中国澳门	Macao, China	1040	179
孟加拉国	Bangladesh	27	1
文莱	Brunei Darussalam	16	3
柬埔寨	Cambodia	205	13
印度	India	511	115
印度尼西亚	Indonesia	632	68
以色列	Israel	232	43
日本	Japan	679	125
哈萨克斯坦	Kazakhstan	312	12
韩国	Korea, Rep.	782	129
老挝	Laos	124	3
马来西亚	Malaysia	2365	172
蒙古	Mongolia	41	3
菲律宾	Philippines	302	28
新加坡	Singapore	749	92
斯里兰卡	Sri Lanka	45	8
泰国	Thailand	1415	194
越南	Viet Nam	375	31
埃及	Egypt	1191	118
南非	South Africa	993	87
加拿大	Canada	1574	156
墨西哥	Mexico	2145	123
美国	United States	5488	1476
阿根廷	Argentina	433	45
巴西	Brazil	480	56
委内瑞拉	Venezuela	62	9
捷克	Czech Rep.	603	74
法国	France	7680	585
德国	Germany	2422	475
意大利	Italy	4324	419
荷兰	Netherlands	992	179
波兰	Poland	1189	99
西班牙	Spain	5223	586
土耳其	Turkey	2551	246
乌克兰	Ukraine	2080	43
英国	United Kingdom	2820	385
澳大利亚	Australia	558	279
新西兰	New Zealand	242	44

资料来源：世界银行 WDI 数据库，
http://www.stats.gov.cn/tjsj/qtsj/gjsj/2011/t20120712_402817747.htm

附录2.1

简单线性回归模型 OLS 估计量 $\hat{\beta}_1$ 和 $\hat{\beta}_2$ 的方差推导过程

（1）由 $\hat{\beta}_2=\frac{\sum x_i y_i}{\sum x_i^2}=\frac{\sum x_i(Y_i-\bar{Y})}{\sum x_i^2}=\frac{\sum x_iY_i-\bar{Y}\sum x_i}{\sum x_i^2}=\frac{\sum x_iY_i}{\sum x_i^2}=\sum\frac{x_i}{\sum x_i^2}Y_i$

得 $\hat{\beta}_2=\sum k_iY_i$，其中，$\sum x_i=\sum(X_i-\bar{X})=0$，设 $\frac{x_i}{\sum x_i^2}=k_i$，$k_i$ 为一组常数，且满足 $\sum k_i=0$，$\sum k_iX_i=1$ 的性质。（因为 $\sum k_i=\sum\frac{x_i}{\sum x_i^2}=\frac{\sum x_i}{\sum x_i^2}=0$，$\sum k_iX_i=\sum\frac{x_i}{\sum x_i^2}X_i=\frac{\sum x_iX_i}{\sum x_i^2}=\frac{\sum x_i(x_i+\bar{X})}{\sum x_i^2}=\frac{\sum x_i^2+\bar{X}\sum x_i}{\sum x_i^2}=1$。）从而

$$Var(\hat{\beta}_2)=Var(\sum k_iY_i)=\sum k_i^2Var(Y_i)=\sum k_i^2Var(\beta_1+\beta_2X_i+u_i)$$

$$=\sum k_i^2Var(u_i)=\sigma^2\sum\left(\frac{x_i}{\sum x_i^2}\right)^2=\frac{\sigma^2}{\sum x_i^2}$$

（2）由 $\hat{\beta}_1=\bar{Y}-\hat{\beta}_2\bar{X}=\bar{Y}-\bar{X}\sum k_iY_i=\sum\left(\frac{1}{n}-\bar{X}k_i\right)Y_i$

得 $\hat{\beta}_1=\sum w_iY_i$，设 $\frac{1}{n}-\bar{X}k_i=w_i$，且满足 $\sum w_i=1$，$\sum w_iX_i=0$。

（因为 $\sum w_i=\sum\left(\frac{1}{n}-\bar{X}k_i\right)=1-\bar{X}\sum k_i=1$，

$\sum w_iX_i=\sum\left(\frac{1}{n}-\bar{X}k_i\right)X_i=\frac{1}{n}\sum X_i-\bar{X}\sum k_iX_i=\bar{X}-\bar{X}=0$）从而

$$Var(\sum w_iY_i)=\sum w_i^2Var(\beta_1+\beta_2+u_i)=\sum w_i^2Var(u_i)$$

$$=\sigma^2\sum\left(\frac{1}{n}-\bar{X}k_i\right)^2=\sigma^2\sum\left[\left(\frac{1}{n}\right)^2-2\frac{1}{n}\bar{X}k_i+\bar{X}^2k_i^2\right]$$

$$=\sigma^2\left[\frac{1}{n}-2\frac{1}{n}\bar{X}\sum k_i+\bar{X}^2\sum\left(\frac{x_i}{\sum x_i^2}\right)^2\right]$$

$$=\sigma^2\left(\frac{1}{n}+\frac{\bar{X}^2}{\sum x_i^2}\right)=\frac{\sum x_i^2+n\bar{X}^2}{n\sum x_i^2}\sigma^2=\frac{\sum X_i^2}{n\sum x_i^2}\sigma^2$$

注意：上述证明过程利用了方差的运算性质，即当 $Cov(u_i,u_j)=0$ 时，有

$Var(\sum c_iu_i)=\sum c_i^2Var(u_i)$，$c_i$ 为常数。

附录2.2

简单线性回归模型 OLS 估计量 $\hat{\beta}_1$ 和 $\hat{\beta}_2$ 的有效性证明

设 β_2 的任意线性估计量为 $\beta_2^* = \sum \delta_i Y_i$，则

$$
\begin{aligned}
E(\beta_2^*) &= E(\sum \delta_i Y_i) \\
&= E[\sum \delta_i(\hat{\beta}_1 + \hat{\beta}_2 X_i + u_i)] \\
&= \hat{\beta}_1 \sum \delta_i + \hat{\beta}_2 \sum \delta_i X_i + \sum E(\delta_i u_i) \\
&= \hat{\beta}_1 \sum \delta_i + \hat{\beta}_2 \sum \delta_i X_i
\end{aligned}
$$

若使 β_2^* 为无偏估计量，必须有 $\sum \delta_i = 0$，$\sum \delta_i X_i = 1$，从而

$$
\begin{aligned}
Var(\beta_2^*) &= Var(\sum \delta_i Y_i) = \sum \delta_i^2 Var(Y_i) \\
&= \sigma^2 \sum \delta_i^2 = \sigma^2 \sum (\delta_i - k_i + k_i)^2 \\
&= \sigma^2 \sum (\delta_i - k_i)^2 + \sigma^2 \sum k_i^2 + 2\sigma^2 \sum (\delta_i - k_i) k_i
\end{aligned}
$$

而

$$
\begin{aligned}
\sum (\delta_i - k_i) k_i &= \sum \delta_i k_i - \sum k_i^2 = \sum \delta_i \frac{x_i}{\sum x_i^2} - \sum \left(\frac{x_i}{\sum x_i^2}\right)^2 \\
&= \frac{\sum \delta_i x_i}{\sum x_i^2} - \frac{1}{\sum x_i^2} = \frac{\sum \delta_i X_i - \bar{X} \sum \delta_i}{\sum x_i^2} - \frac{1}{\sum x_i^2} = 0
\end{aligned}
$$

$$
\sigma^2 \sum k_i^2 = \sigma^2 \sum \left(\frac{x_i}{\sum x_i^2} \right)^2 = \frac{\sigma^2}{\sum x_i^2}
$$

因此

$$
Var(\beta_2^*) = \sigma^2 \sum (\delta_i - k_i)^2 + \sigma^2 \sum k_i^2 = \sigma^2 \sum (\delta_i - k_i)^2 + \frac{\sigma^2}{\sum x_i^2}
$$

上式后项是大于零的常数，只有当前项为零时，取最小值，即

当 $\delta_i = k_i$ 时，$Var(\beta_2^*) = \dfrac{\sigma^2}{\sum x_i^2} = Var(\hat{\beta}_2)$

所以 $Var(\beta_2^*) \geqslant Var(\hat{\beta}_2)$

同理，可以证明 $\hat{\beta}_1$ 是 β_1 的方差最小的线性无偏估计量。

附录2.3

$\hat{\sigma}^2$ 是 OLS 估计量的证明（无偏性证明）

设 $Y_i = \beta_1 + \beta_2 X_i + u_i$

则有 $\bar{Y} = \beta_1 + \beta_2 \bar{X} + \bar{u}$，写成离差形式为:

$$y_i = Y_i - \overline{Y} = \beta_1 + \beta_2 X_i + u_i - (\beta_1 + \beta_2 \overline{X} + \overline{u})$$
$$= (u_i - \overline{u}) + \beta_2 x_i$$

且有

$$\hat{y}_i = \hat{Y}_i - \overline{Y} = \hat{\beta}_1 + \hat{\beta}_2 X_i - (\hat{\beta}_1 + \hat{\beta}_2 \overline{X})$$
$$= \hat{\beta}_2 x_i$$

因此，有

$$e_i = Y_i - \hat{Y}_i = y_i - \hat{y}_i = (u_i - \overline{u}) - (\hat{\beta}_2 - \beta_2) x_i$$

$$\sum e_i^2 = \sum [(u_i - \overline{u}) - (\hat{\beta}_2 - \beta_2) x_i]^2$$
$$= \sum (u_i - \overline{u})^2 + \sum (\hat{\beta}_2 - \beta_2)^2 x_i^2 - 2\sum (u_i - \overline{u})(\hat{\beta}_2 - \beta_2) x_i$$

取期望，有

$$E(\sum e_i^2) = E[\sum (u_i - \overline{u})^2] + \sum x_i^2 E(\hat{\beta}_2 - \beta_2)^2 - 2E[\sum (u_i - \overline{u})(\hat{\beta}_2 - \beta_2) x_i]$$

其中，各项推导过程如下：

$$E[\sum (u_i - \overline{u})^2] = E[\sum u_i^2 - n\overline{u}^2] = \sum E(u_i^2) - \frac{1}{n} E(\sum u_i)^2$$
$$= n\sigma^2 - \frac{1}{n} E(\sum u_i^2 + 2\sum_{i \neq j} u_i u_j)$$
$$= n\sigma^2 - \frac{1}{n} [\sum E(u_i^2) + 2\sum_{i \neq j} E(u_i u_j)]$$
$$= n\sigma^2 - \frac{1}{n} n\sigma^2 = (n-1)\sigma^2$$

$$\sum x_i^2 E(\hat{\beta}_2 - \beta_2)^2 = Var(\hat{\beta}_2) \sum x_i^2 = \frac{\sigma^2}{\sum x_i^2} \sum x_i^2 = \sigma^2$$

$$-2E[\sum (u_i - \overline{u})(\hat{\beta}_2 - \beta_2) x_i] = -2E[(\hat{\beta}_2 - \beta_2) \sum (u_i - \overline{u}) x_i]$$

由于

$$\hat{\beta}_2 - \beta_2 = \sum k_i u_i$$
$$\sum (u_i - \overline{u}) x_i = \sum (u_i x_i) - \overline{u} \sum x_i = \sum (u_i x_i)$$

则

$$-2E[\sum (u_i - \overline{u})(\hat{\beta}_2 - \beta_2) x_i] = -2E[\sum (k_i u_i) \sum (u_i x_i)]$$
$$= -2E[\sum (k_i u_i^2 x_i)] = -2\sigma^2 \sum k_i x_i = -2\sigma^2$$

上式利用了 u_i 无自相关，即 $E(u_i u_j) = 0$，以及 $\sum k_i x_i = 1$。

所以

$$E(\sum e_i^2) = (n-1)\sigma^2 + \sigma^2 - 2\sigma^2 = (n-2)\sigma^2$$

如果定义

$$\hat{\sigma}^2=\frac{\sum e_i^2}{n-2}$$

那么它的期望值

$$E(\hat{\sigma}^2)=\frac{E(\sum e_i^2)}{n-2}=\sigma^2$$

这就说明 $\hat{\sigma}^2$ 是 σ^2 的一个无偏估计量。

附录2.4

$\hat{\beta}_1$ 和 $\hat{\beta}_2$ 的相互依赖关系（协方差的推导）

设 $\hat{\beta}_1$ 和 $\hat{\beta}_2$ 为无偏 OLS 估计量，即

$$E(\hat{\beta}_1)=\beta_1，\quad E(\hat{\beta}_2)=\beta_2，\quad \hat{\beta}_1=\bar{Y}-\hat{\beta}_2\bar{X}，\quad E(\hat{\beta}_1)=\bar{Y}-\beta_2\bar{X}$$

则

$$\hat{\beta}_1-E(\hat{\beta}_1)=-(\hat{\beta}_2-\beta_2)\bar{X}$$

从而

$$\begin{aligned}Cov(\hat{\beta}_1,\hat{\beta}_2)&=E\left\{[\hat{\beta}_1-E(\hat{\beta}_1)][(\hat{\beta}_2-E(\hat{\beta}_2)]\right\}\\&=-\bar{X}E(\hat{\beta}_2-\beta_2)^2=-\bar{X}Var(\hat{\beta}_2)\\&=-\bar{X}\frac{\sigma^2}{\sum x_i^2}\end{aligned}$$

当 $\bar{X}$ 取正值时，$Cov(\hat{\beta}_1,\hat{\beta}_2)$ 为负值，即 $\hat{\beta}_1$ 和 $\hat{\beta}_2$ 之间负相关，如果斜率系数被过低估计，截距系数就被过高估计；反之，斜率系数被高估，截距系数就被低估。

附录2.5

数理统计学中的常见分布

（1）设相互独立的随机变量 $X_i \sim N(0,1)$，$i=1,2,,,n$。则

$$Y=\sum_{i=1}^{n}X_i^2\sim\chi^2(n)$$

称为服从自由度为 n 的 χ^2 分布（卡方分布）。

（2）设相互独立的随机变量 $X\sim N(0,1)$，$Y\sim\chi^2(n)$，则

$$T=\frac{X}{\sqrt{Y/n}}\sim t(n)$$

称为服从自由度为 n 的 t 分布（students）。

（3）设相互独立的随机变量 $X\sim\chi^2(m)$，$Y\sim\chi^2(n)$，则

$$F=\frac{X/m}{Y/n}=\frac{X}{Y}\bullet\frac{n}{m}\sim F(m,n)$$

称为服从第一自由度为 m，第二自由度为 n 的 F 分布。

附录2.6

回归线 $\hat{Y}_i$ 的方差的推导过程

设 $\hat{Y}_i=\hat{\beta}_1+\hat{\beta}_2X_i$ 为随机变量，X_i 为给定的值，则有

$$\begin{aligned}Var(\hat{Y}_i)&=Var(\hat{\beta}_1+\hat{\beta}_2X_i)=Var(\hat{\beta}_1)+Var(\hat{\beta}_2X_i)+2Cov(\hat{\beta}_1,\hat{\beta}_2X_i)\\&=Var(\hat{\beta}_1)+X_i^2Var(\hat{\beta}_2)+2X_i\operatorname{Cov}(\hat{\beta}_1,\hat{\beta}_2)\end{aligned}$$

由附录 2.4 得，

$$\begin{aligned}Var(\hat{Y}_i)&=\frac{\sigma^2\sum X_i^2}{n\sum x_i^2}+\frac{\sigma^2X_i^2}{\sum x_i^2}-\frac{2\sigma^2\bar{X}X_i}{\sum x_i^2}\\&=\frac{\sigma^2\sum(\bar{X}+x_i)^2}{n\sum x_i^2}+\frac{\sigma^2X_i^2}{\sum x_i^2}-\frac{2\sigma^2\bar{X}X_i}{\sum x_i^2}\\&=\frac{\sigma^2(\sum\bar{X}^2+\sum x_i^2)}{n\sum x_i^2}+\frac{\sigma^2X_i^2}{\sum x_i^2}-\frac{2\sigma^2\bar{X}X_i}{\sum x_i^2}\\&=\sigma^2\left(\frac{1}{n}+\frac{\bar{X}^2}{\sum x_i^2}+\frac{X_i^2}{\sum x_i^2}-\frac{2\bar{X}X_i}{\sum x_i^2}\right)\\&=\sigma^2\left[\frac{1}{n}+\frac{(X_i-\bar{X})^2}{\sum x_i^2}\right]\end{aligned}$$

第三章

多元线性回归模型

我们已经学习了简单线性回归模型，但是，实际上，一个变量往往会受到多个变量的影响，例如，家庭消费支出除了受可支配收入的影响之外，还受到诸如家庭拥有的财富、替代品价格、家庭成员的年龄结构、宗教文化、个人偏好，甚至是银行利率、物价水平、广告和就业状况等多因素的影响。因此，就要建立一个被解释变量依赖于两个或两个以上的解释变量的回归模型。从数学上讲，就是多元线性函数问题；从计量经济学上讲，就是**多元线性回归模型**问题。

需要说明的是：对多元线性回归模型研究所使用的思想和方法与简单线性回归模型基本一致；因此，从这个角度上讲，多元线性回归模型就是简单线性回归模型的扩展；或者说，多元线性回归模型是一般形式，简单线性回归模型只不过是多元线性回归模型中的一个特例。所以，在高级计量经济学中，没有必要去专门研究简单线性回归模型。但是，作为初级计量经济学，本着从简单到一般研究问题的思路，我们必须从简单线回归模型讲起，从而扩展到一般情况。反过来，多元线性回归模型又具有其独特的研究问题的方法。例如，我们在研究多元线性回归模型时，大量使用了线性代数中的**矩阵方法**；多元线性回归模型必须涉及**多重共线性**问题等。

§3.1 多元线性回归模型及基本假定

一、多元线性回归模型

（一）多元线性回归模型的定义

定义**多元线性回归模型**（multiple linear regression model）为

$$Y=\beta_1+\beta_2X_2+\beta_3X_3+\cdots+\beta_kX_k+u \tag{3.1.1}$$

其中，$X_2,X_3,\cdots,X_k$ 为 $k-1$ 个解释变量；$\beta_1,\beta_2,\cdots,\beta_k$ 称为**偏回归系数**（partial regression coefficients）。或者，β_1 称为**截距系数**，$\beta_2,\beta_3,\cdots,\beta_k$ 称为**偏斜率系数**（partial slope coefficients）。方程（3.1.1）称为 $k-1$ **元线性回归模型**，也称为**总体回归函数的随机设定**

形式。u 为随机干扰项。

在给定解释变量 $X_2,X_3,\cdots,X_k$ 条件下，被解释变量 Y 的条件期望（均值）：

$$E(Y|X_2,X_3,\cdots,X_k)=\beta_1+\beta_2X_2+\beta_3X_3+\cdots\beta_kX_k \tag{3.1.2}$$

也称为**总体回归函数**。

偏回归系数可记作 $\beta_j,\ j=1,2,\cdots,k$。偏斜率系数可记作 $\beta_j,\ j=2,3,\cdots,k$，它的经济意义是：在其他解释变量不变的情况下，解释变量 X_j 每变动一个单位时，引起被解释变量 Y 的均值 $E(Y)$ 的变化大小。

给定 n 组观测值 $(Y_i;X_{2i},X_{3i},\cdots,X_{ki}),i=1,2,\cdots,n$，多元线性回归模型可写成

$$Y_i=\beta_1+\beta_2X_{2i}+\beta_3X_{3i}+\cdots+\beta_kX_{ki}+u_i \tag{3.1.3}$$

总体回归函数可表示为

$$E(Y_i|X_{2i},X_{3i},\cdots,X_{ki})=\beta_1+\beta_2X_{2i}+\beta_3X_{3i}+\cdots+\beta_kX_{ki} \tag{3.1.4}$$

样本回归函数可表示为

$$\hat{Y}_i=\hat{\beta}_1+\hat{\beta}_2X_{2i}+\hat{\beta}_3X_{3i}+\cdots+\hat{\beta}_kX_{ki} \tag{3.1.5}$$

$$Y_i=\hat{\beta}_1+\hat{\beta}_2X_{2i}+\hat{\beta}_3X_{3i}+\cdots+\hat{\beta}_kX_{ki}+e_i \tag{3.1.6}$$

方程（3.1.6）为**样本回归函数随机设定形式**，e_i 为**残差或剩余项**。

需要说明的是：

（1）多元线性回归模型的线性性是指参数或偏回归系数 β_j 对被解释变量 Y 而言是线性的，解释变量 X_j 对被解释变量 Y 不一定是线性的。例如，$Y=\beta_1+\beta_2X_2+\beta_3X_3^2+u$，$Y=\beta_1+\beta_2X_2+\beta_3\dfrac{1}{X_3}+u$，解释变量 X_3 对被解释变量 Y 都不是线性的，但偏回归系数 β_1，β_2，β_3 对被解释变量 Y 都是线性的。

（2）解释变量 X_k 对被解释变量 Y 不是线性的，可以转化成线性的形式，因此，我们只研究解释变量对被解释变量是线性的形式。例如，

设 $X_3^*=X_3^2$，模型 $Y=\beta_1+\beta_2X_2+\beta_3X_3^2+u$ 可转化成 $Y=\beta_1+\beta_2X_2+\beta_3X_3^*+u$；

设 $X_3^*=\dfrac{1}{X_3}$，模型 $Y=\beta_1+\beta_2X_2+\beta_3\dfrac{1}{X_3}+u$ 可转化成 $Y=\beta_1+\beta_2X_2+\beta_3X_3^*+u$。

（3）把 $Y=\beta_1+\beta_2X_2+\beta_3X_3+\cdots+\beta_kX_k$ 看作多元函数，Y 对自变量 X_j 的偏导数就是偏斜率系数 β_j。注意：我们这里所指的偏回归系数包括了 β_1，而偏斜率系数不含 β_1。不同教材定义不同，有的把 β_1 所对应的解释变量定义为虚拟变量 $X_1=1$，因此，β_1 也被看成偏导数。本书明确把 β_1 叫做截距系数。显然，偏斜率系数 β_j 的含义直接来自于偏导数的意思。

（二）多元线性回归模型矩阵表示形式

使用矩阵方法可以使表达和运算更加简便。对于给定的 n 组观测值（$Y_i;X_i$）的简单线性回归模型可写成

$$\begin{aligned}Y_1&=\beta_1+\beta_2X_1+u_1\\Y_2&=\beta_1+\beta_2X_2+u_2\\&\vdots\\Y_n&=\beta_1+\beta_2X_n+u_n\end{aligned} \tag{3.1.7}$$

用矩阵表示为

$$\mathbf{Y}=\begin{bmatrix}Y_1\\Y_2\\\vdots\\Y_n\end{bmatrix}=\begin{bmatrix}1 & X_1\\1 & X_2\\\vdots & \vdots\\1 & X_n\end{bmatrix}\begin{bmatrix}\beta_1\\\beta_2\end{bmatrix}+\begin{bmatrix}u_1\\u_2\\\vdots\\u_n\end{bmatrix} \tag{3.1.8}$$

令

$$\mathbf{X}=\begin{bmatrix}1 & X_1\\1 & X_2\\\vdots & \vdots\\1 & X_n\end{bmatrix},\quad \boldsymbol{\beta}=\begin{bmatrix}\beta_1\\\beta_2\end{bmatrix},\quad \mathbf{u}=\begin{bmatrix}u_1\\u_2\\\vdots\\u_n\end{bmatrix}$$

则

$$\mathbf{Y}=\mathbf{X}\boldsymbol{\beta}+\mathbf{u} \tag{3.1.9}$$

$\mathbf{Y}$ 是 $n\times1$ 阶矩阵，$\mathbf{X}$ 是 $n\times2$ 阶矩阵，$\boldsymbol{\beta}$ 是 2×1 阶矩阵，$\mathbf{u}$ 是 $n\times1$ 阶矩阵。矩阵表示的变量也叫做向量，$\mathbf{X}$ 叫做**数据矩阵**或**设计矩阵**。方程（3.1.9）就是简单线性回归模型的矩阵表示形式。类似地，总体回归函数的矩阵表示为

$$E(\mathbf{Y}\mid\mathbf{X})=\mathbf{X}\boldsymbol{\beta} \tag{3.1.10}$$

样本回归函数的矩阵表示为

$$\hat{\mathbf{Y}}=\mathbf{X}\hat{\boldsymbol{\beta}} \tag{3.1.11}$$

$$\mathbf{Y}=\mathbf{X}\hat{\boldsymbol{\beta}}+\mathbf{e} \tag{3.1.12}$$

其中，$\hat{\mathbf{Y}}=\begin{bmatrix}\hat{Y}_1\\\hat{Y}_2\\\vdots\\\hat{Y}_n\end{bmatrix}$，$\hat{\boldsymbol{\beta}}=\begin{bmatrix}\hat{\beta}_1\\\hat{\beta}_2\end{bmatrix}$，$\mathbf{e}=\begin{bmatrix}e_1\\e_2\\\vdots\\e_n\end{bmatrix}$。

同样，对于给定的 n 组观测值（$Y_i;X_{2i},\cdots,X_{ki}$）的多元线性回归模型可写成

$$\begin{aligned}Y_1&=\beta_1+\beta_2X_{21}+\beta_3X_{31}+\cdots+\beta_kX_{k1}+u_1\\Y_2&=\beta_1+\beta_2X_{22}+\beta_3X_{32}+\cdots+\beta_kX_{k2}+u_2\\&\vdots\\Y_n&=\beta_1+\beta_2X_{2n}+\beta_3X_{3n}+\cdots+\beta_kX_{kn}+u_n\end{aligned} \tag{3.1.13}$$

令

$$\mathbf{Y}=\begin{bmatrix}Y_1\\Y_2\\\vdots\\Y_n\end{bmatrix},\quad \mathbf{X}=\begin{bmatrix}1 & X_{21} & X_{31} & \cdots & X_{k1}\\1 & X_{22} & X_{32} & \cdots & X_{k2}\\\vdots & \vdots & \vdots & \vdots & \vdots\\1 & X_{2n} & X_{3n} & \cdots & X_{kn}\end{bmatrix},\quad \boldsymbol{\beta}=\begin{bmatrix}\beta_1\\\beta_2\\\vdots\\\beta_k\end{bmatrix},\quad \mathbf{u}=\begin{bmatrix}u_1\\u_2\\\vdots\\u_n\end{bmatrix}$$

可以得到

$$\mathbf{Y}=\mathbf{X}\boldsymbol{\beta}+\mathbf{u} \tag{3.1.9}$$

$$E(\mathbf{Y}\,|\,\mathbf{X}) = \mathbf{X}\boldsymbol{\beta} \tag{3.1.10}$$

类似地，令

$$\hat{\mathbf{Y}} = \begin{bmatrix} \hat{Y}_1 \\ \hat{Y}_2 \\ \vdots \\ \hat{Y}_n \end{bmatrix}, \quad \hat{\boldsymbol{\beta}} = \begin{bmatrix} \hat{\beta}_1 \\ \hat{\beta}_2 \\ \vdots \\ \hat{\beta}_k \end{bmatrix}, \quad \mathbf{e} = \begin{bmatrix} e_1 \\ e_2 \\ \vdots \\ e_n \end{bmatrix}$$

可以得到样本回归函数的矩阵表示

$$\hat{\mathbf{Y}} = \mathbf{X}\hat{\boldsymbol{\beta}} \tag{3.1.11}$$

$$\mathbf{Y} = \mathbf{X}\hat{\boldsymbol{\beta}} + \mathbf{e} \tag{3.1.12}$$

由此看到，矩阵表示把简单线性回归模型与多元线性回归模型完全统一起来。其中，$\mathbf{Y}$ 是 $n\times1$ 阶矩阵，$\mathbf{X}$ 是 $n\times k$ 阶矩阵，$\boldsymbol{\beta}$ 是 $k\times1$ 阶矩阵，$\mathbf{u}$ 是 $n\times1$ 阶矩阵。k 为偏回归系数的个数且大于等于2，当 $k=2$ 时，就是简单线性回归模型的情形。解释变量的个数为 $k-1$，观测值对数为 n，一般为样本容量。

（三）多元线性回归模型的 OLS 估计量

同简单线性回归模型一样，OLS 方法就是让残差平方和为最小，即使

$$\sum e_i^2 = \sum (Y_i - \hat{Y}_i)^2 = \sum [Y_i - (\hat{\beta}_1 + \hat{\beta}_2 X_{2i} + \hat{\beta}_3 X_{3i} + \cdots + \hat{\beta}_k X_{ki})]^2$$

为最小。对上式求偏导数，并令其为零，即

$$\frac{\partial \sum e_i^2}{\partial \hat{\beta}_j} = 0 \qquad (\ j = 1,2,\cdots,k\ )$$

得到方程组为

$$\begin{aligned} -2\sum [Y_i - (\hat{\beta}_1 + \hat{\beta}_2 X_{2i} + \hat{\beta}_3 X_{3i} + \cdots + \hat{\beta}_k X_{ki})] &= -2\sum e_i = 0 \\ -2\sum [Y_i - (\hat{\beta}_1 + \hat{\beta}_2 X_{2i} + \hat{\beta}_3 X_{3i} + \cdots + \hat{\beta}_k X_{ki})] &= -2\sum e_i X_{2i} = 0 \\ &\vdots \\ -2\sum [Y_i - (\hat{\beta}_1 + \hat{\beta}_2 X_{2i} + \hat{\beta}_3 X_{3i} + \cdots + \hat{\beta}_k X_{ki})] &= -2\sum e_i X_{ki} = 0 \end{aligned}$$

用矩阵形式表示为

$$\begin{bmatrix} \sum e_i \\ \sum e_i X_{2i} \\ \vdots \\ \sum e_i X_{ki} \end{bmatrix} = \begin{bmatrix} 1 & 1 & \cdots & 1 \\ X_{21} & X_{22} & \cdots & X_{2n} \\ \vdots & \vdots & \vdots & \vdots \\ X_{k1} & X_{k2} & \cdots & X_{kn} \end{bmatrix} \begin{bmatrix} e_1 \\ e_2 \\ \vdots \\ e_n \end{bmatrix} = \mathbf{X}'\mathbf{e} = \mathbf{0} \tag{3.1.14}$$

对方程（3.1.12）两边左乘以 $\mathbf{X}$ 的转置矩阵 $\mathbf{X}'$ 得

$$\mathbf{X}'\mathbf{Y} = \mathbf{X}'\mathbf{X}\hat{\boldsymbol{\beta}} + \mathbf{X}'\mathbf{e} = \mathbf{X}'\mathbf{X}\hat{\boldsymbol{\beta}} \tag{3.1.15}$$

假设 $(\mathbf{X}'\mathbf{X})^{-1}$ 存在，并左乘以方程（3.1.15）两边得

$$\hat{\boldsymbol{\beta}} = (\mathbf{X}'\mathbf{X})^{-1}\mathbf{X}'\mathbf{Y} \tag{3.1.16}$$

这就是多元线性回归模型偏回归系数的 OLS 估计值的矩阵表达式。

对于只有两个解释变量的二元线性回归模型 $Y_i=\beta_1+\beta_2X_{2i}+\beta_3X_{3i}+u_i$，其偏回归系数的 OLS 估计值为

$$\hat{\beta}_3=\frac{\sum y_ix_{3i}\sum x_{2i}^2-\sum y_ix_{2i}\sum x_{2i}x_{3i}}{\sum x_{2i}^2\sum x_{3i}^2-(\sum x_{2i}x_{3i})^2} \tag{3.1.17}$$

$$\hat{\beta}_2=\frac{\sum y_ix_{2i}\sum x_{3i}^2-\sum y_ix_{3i}\sum x_{2i}x_{3i}}{\sum x_{2i}^2\sum x_{3i}^2-(\sum x_{2i}x_{3i})^2} \tag{3.1.18}$$

$$\hat{\beta}_1=\bar{Y}-\hat{\beta}_2\bar{X}_2-\hat{\beta}_3\bar{X}_3 \tag{3.1.19}$$

其中，$x_{2i}=X_{2i}-\bar{X}_2$，$x_{3i}=X_{3i}-\bar{X}_3$，$y_i=Y_i-\bar{Y}$。

从上述的推导过程看到，$k\times k$ 阶方阵 $\mathbf{X'X}$ 的逆矩阵 $(\mathbf{X'X})^{-1}$ 的存在是求解 OLS 估计值的充分条件。另外，手工计算 $(\mathbf{X'X})^{-1}$ 是很繁琐的，因此，最好的办法还是使用 EViews 软件或其他统计软件。

多元线性回归模型的 OLS 估计量的纯数据性质与简单线性回归模型是一样的，在此，不再赘述和证明。

二、多元线性回归模型的基本假定

与简单线性回归模型一样，我们回顾一下经典线性模型的高斯假定：

（一）对模型的假定

（1）假定模型是线性模型。即回归模型对于参数而言是线性的。

（2）假定模型不存在**设定误差**。即模型设定是正确的。

（3）观测次数 n 必须大于待估计的参数个数或者解释变量的个数。

（二）对解释变量的假定

（1）假定解释变量是非随机变量。

（2）解释变量与随机干扰项不相关。

（3）解释变量的取值不可以全部相同，且没有异常。也就是说解释变量的方差是有限的正数，且解释变量的取值对于其余观测值不能过大或过小。

（三）对随机干扰项的假定

（1）随机干扰项的均值为零。

（2）随机干扰项具有同方差性（homoscedasticity）。

（3）随机干扰项无自相关（no autocorrelation）。

同样，我们认为多元线性回归模型满足上述假定。

将与随机干扰项有关的假定单列出来，并增加两条新的假定，可以得到多元线性回归模型的基本假定：

假定 1 随机干扰项的均值为零。即 $E(u_i)=0$。

假定 2 随机干扰项具有同方差。即 $Var(u_i)=\sigma^2$。

假定 3 随机干扰项无自相关。即 $Cov(u_i,u_j)=0$，$i\neq j$。实际上，当 $i=j$ 时，

$$Cov(u_i,u_i)=E\{[u_i-E(u_i)][u_i-E(u_i)]\}=E(u_i^2)=Var(u_i)=\sigma^2$$

因此，假定 2 和假定 3 可以合并成一个假定。

假定 4 随机干扰项与解释变量不相关。即

$$Cov(X_{ji},u_i)=0,\quad j=2,3,\cdots,k;\quad i=1,2,\cdots,n$$

假定 5 解释变量 X_{ji}（$j=2,3,\cdots,k$；$i=1,2,\cdots,n$）之间不存在严格线性关系，也称为**无多重共线性**（no-multicollinearity）。

假定 6 随机干扰项服从正态分布。即 $u_i \sim N(0,\sigma^2)$。

关于无多重共线性的解释：

如果存在不全为零的实数 λ_1，λ_2，…，λ_k，使得

$$\lambda_1+\lambda_2 X_{2i}+\lambda_3 X_{3i}+\cdots+\lambda_k X_{ki}=0 \tag{3.1.20}$$

就说解释变量之间存在完全线性相关，或者说，存在**完全多重共线性**。如果不是这样，那么所有的 λ 都为零，这种情况就叫做**无多重共线性**。由线性代数矩阵有关知识，如果矩阵 $\mathbf{X}$ 中，至少存在一个列向量可以用其余的列向量线性表示，即说明解释变量之间存在完全多重共线性，此时矩阵 $\mathbf{X}$ 的秩数 $Rank(\mathbf{X})<k$。反之，如果不存在多重共线性，矩阵 $\mathbf{X}$ 为列满秩 $Rank(\mathbf{X})=k$。

此时方阵 $\mathbf{X'X}$ 也是满秩的，即 $(\mathbf{X'X})^{-1}$ 存在。这恰好为 OLS 方法提供了条件。

另外，无多重共线性要求解释变量之间不存在严格线性关系，但并不涉及非线性关系。因此，解释变量之间存在非线性关系，并不违背无多重共线性的假定。

例如，设模型为 $Y_i=\beta_1+\beta_2 X_{2i}+\beta_3 X_{3i}+u_i$，若 $X_{3i}=X_{2i}^2$，这是一个非线性关系，因此不存在多重共线性。若 $X_{2i}+4X_{3i}=0$，则存在多重共线性，那么

$$\begin{aligned}Y_i&=\beta_1-4\beta_2 X_{3i}+\beta_3 X_{3i}+u_i=\beta_1+(\beta_3-4\beta_2)X_{3i}+u_i\\&=\beta_1+\beta_2^* X_{3i}+u_i\end{aligned}$$

其中 $\beta_2^*=\beta_3-4\beta_2$，这样，二元线性回归模型可转化成简单线性回归模型。

§3.2 多元线性回归模型的参数估计

一、多元线性回归模型 OLS 估计量的统计性质

（1）线性性。由方程（3.1.16）知，$\hat{\boldsymbol{\beta}}=(\mathbf{X'X})^{-1}\mathbf{X'Y}$。即 OLS 估计量 $\hat{\boldsymbol{\beta}}$ 是 $\mathbf{Y}$ 的线性函数。

（2）无偏性。

$$\begin{aligned}\hat{\boldsymbol{\beta}}&=(\mathbf{X'X})^{-1}\mathbf{X'Y}=(\mathbf{X'X})^{-1}\mathbf{X'}(\mathbf{X}\boldsymbol{\beta}+\mathbf{u})\\&=(\mathbf{X'X})^{-1}\mathbf{X'X}\boldsymbol{\beta}+(\mathbf{X'X})^{-1}\mathbf{X'u}\\&=\boldsymbol{\beta}+(\mathbf{X'X})^{-1}\mathbf{X'u}\end{aligned} \tag{3.2.1}$$

因此 $\quad E(\hat{\boldsymbol{\beta}})=\boldsymbol{\beta}+(\mathbf{X'X})^{-1}\mathbf{X'}E(\mathbf{u})=\boldsymbol{\beta}$

其中，$E(\mathbf{u})$=0，所以，OLS 估计量 $\hat{\boldsymbol{\beta}}$ 是 $\boldsymbol{\beta}$ 的无偏估计。

（3）有效性。

首先，定义方差-协方差矩阵为

$$Var-Cov(\hat{\boldsymbol{\beta}})=E\{[\hat{\boldsymbol{\beta}}-E(\hat{\boldsymbol{\beta}})][\hat{\boldsymbol{\beta}}-E(\hat{\boldsymbol{\beta}})]'\} \tag{3.2.2}$$

方差-协方差矩阵为对称矩阵，矩阵的对角线上元素为方差，其他位置上元素为协方差。

由 $Var\text{−}Cov(\mathbf{u})=E(\mathbf{u}\bullet\mathbf{u}')=\sigma^2\mathbf{I}$，$\hat{\boldsymbol{\beta}}=(\mathbf{X}'\mathbf{X})^{-1}\mathbf{X}'\mathbf{Y}=\boldsymbol{\beta}+(\mathbf{X}'\mathbf{X})^{-1}\mathbf{X}'\mathbf{u}$，

$[(\mathbf{X}'\mathbf{X})^{-1}]'=[(\mathbf{X}'\mathbf{X})']^{-1}=(\mathbf{X}'\mathbf{X})^{-1}$ 得，

$$\begin{aligned}Var-Cov(\hat{\boldsymbol{\beta}})&=E\{[\hat{\boldsymbol{\beta}}-E(\hat{\boldsymbol{\beta}})][\hat{\boldsymbol{\beta}}-E(\hat{\boldsymbol{\beta}})]'\}\\&=E[(\hat{\boldsymbol{\beta}}-\boldsymbol{\beta})(\hat{\boldsymbol{\beta}}-\boldsymbol{\beta})']\\&=E[(\mathbf{X}'\mathbf{X})^{-1}\mathbf{X}'\mathbf{u}\mathbf{u}'\mathbf{X}(\mathbf{X}'\mathbf{X})^{-1}]\\&=(\mathbf{X}'\mathbf{X})^{-1}\mathbf{X}'E(\mathbf{u}\mathbf{u}')\mathbf{X}(\mathbf{X}'\mathbf{X})^{-1}\\&=(\mathbf{X}'\mathbf{X})^{-1}\mathbf{X}'\sigma^2\mathbf{I}\mathbf{X}(\mathbf{X}'\mathbf{X})^{-1}\\&=\sigma^2(\mathbf{X}'\mathbf{X})^{-1}\end{aligned} \tag{3.2.3}$$

所以，OLS 估计量 $\hat{\beta}_j$ 的方差和标准差为

$$Var(\hat{\beta}_j)=\sigma^2 c_{jj} \tag{3.2.4}$$

$$SE(\hat{\beta}_j)=\sigma\sqrt{c_{jj}} \tag{3.2.5}$$

其中，c_{jj} 为矩阵 $(\mathbf{X}'\mathbf{X})^{-1}$ 对角线上的元素，即第 j 行第 j 列位置上的元素。

在基本假定条件下，$\hat{\beta}_j, j=1,2,\cdots,n$。服从正态分布，即

$$\hat{\beta}_j \sim N(\beta_j,\sigma^2 c_{jj}) \tag{3.2.6}$$

其次，可以证明 $\hat{\boldsymbol{\beta}}$ 为 $\boldsymbol{\beta}$ 所有无偏估计量中其方差最小，证明见附录 3.1。

从而，在基本假定条件下，多元线性回归模型的 OLS 估计量为**最佳线性无偏估计量**（BLUE）。

类似地，可以得到随机干扰项 u_i 的方差 σ^2 的无偏估计量（证明见附录 3.2）：

$$\hat{\sigma}^2=\frac{\sum e_i^2}{n-k} \tag{3.2.7}$$

$$\hat{\sigma}=\sqrt{\frac{\sum e_i^2}{n-k}} \tag{3.2.8}$$

$\hat{\sigma}^2$ **称为回归估计的方差**，$\hat{\sigma}$ **称为回归标准差**或**回归估计的标准误差**。偏回归系数的 OLS 估计量 $\hat{\beta}_j$（j=1，2，…，k）的方差 $Var(\hat{\beta}_j)$ 和标准差 $SE(\hat{\beta}_j)$ 可由下列式子估计：

$$\hat{Var}(\hat{\beta}_j)=\hat{\sigma}^2 c_{jj} \tag{3.2.9}$$

$$\hat{SE}(\hat{\beta}_j)=\hat{\sigma}\sqrt{c_{jj}} \tag{3.2.10}$$

二、多元线性回归模型的参数区间估计

可以证明下列统计量服从自由度为 $n-k$ 的 t 分布，即

$$t=\frac{\hat{\beta}_j-\beta_j}{\hat{SE}(\hat{\beta}_j)}\sim t(n-k) \tag{3.2.11}$$

给定显著水平α，查t分布表得临界值$t_{\alpha/2}(n-k)$，有

$$P\left[\left|\frac{\hat{\beta}_j-\beta_j}{\hat{SE}(\hat{\beta}_j)}\right|\leqslant t_{\alpha/2}(n-k)\right]=1-\alpha \tag{3.2.12}$$

即

$$P[\hat{\beta}_j-t_{\alpha/2}(n-k)\cdot\hat{SE}(\hat{\beta}_j)\leqslant\beta_j\leqslant\hat{\beta}_j+t_{\alpha/2}(n-k)\cdot\hat{SE}(\hat{\beta}_j)]=1-\alpha$$

也就是偏回归系数β_j的置信度为$(1-\alpha)\times100\%$的置信区间为

$$[\hat{\beta}_j-t_{\alpha/2}(n-k)\cdot\hat{SE}(\hat{\beta}_j),\hat{\beta}_j+t_{\alpha/2}(n-k)\cdot\hat{SE}(\hat{\beta}_j)] \tag{3.2.13}$$

或

$\hat{\beta}_j\pm t_{\alpha/2}(n-k)\cdot\hat{SE}(\hat{\beta}_j)$，其中，$j=1$，2，…，$k$。

§3.3 多元线性回归模型的假设检验

一、拟合优度检验

在第二章中已经讲过度量样本拟合优度的判定系数R^2完全适合于多元线性回归模型。这里仅作一个简单的推导：

记$TSS=\sum(Y_i-\bar{Y})^2=\sum y_i^2$，称为**总离差平方和或总变差或总平方和**；

记$ESS=\sum(\hat{Y}_i-\bar{Y})^2=\sum\hat{y}_i^2$，称为**回归平方和或解释平方和**；

记$RSS=\sum(Y_i-\hat{Y}_i)^2=\sum e_i^2$，称为**残差平方和或剩余平方和**。

$$\begin{aligned}TSS&=\sum(Y_i-\bar{Y})^2\\&=\sum[(Y_i-\hat{Y}_i)+(\hat{Y}_i-\bar{Y})]^2\\&=\sum(Y_i-\hat{Y}_i)^2+\sum(\hat{Y}_i-\bar{Y})^2+2\sum(Y_i-\hat{Y}_i)(\hat{Y}_i-\bar{Y})\end{aligned}$$

其中

$$\begin{aligned}&2\sum(Y_i-\hat{Y}_i)(\hat{Y}_i-\bar{Y})\\&=2\sum e_i(\hat{\beta}_1+\hat{\beta}_2X_{2i}+\hat{\beta}_3X_{3i}\cdots+\hat{\beta}_kX_{ki}-\bar{Y})\\&=2(\hat{\beta}_1\sum e_i+\hat{\beta}_2\sum e_iX_{2i}+\hat{\beta}_3\sum e_iX_{3i}+\cdots+\hat{\beta}_k\sum e_iX_{ki}-\bar{Y}\sum e_i)\\&=0\end{aligned}$$

所以

$$\begin{aligned}TSS&=\sum(Y_i-\hat{Y}_i)^2+\sum(\hat{Y}_i-\bar{Y})^2\\&=ESS+RSS\end{aligned} \tag{3.3.1}$$

其中，$TSS=\sum(Y_i-\bar{Y})^2$的自由度为$n-1$；$ESS=\sum(\hat{Y}_i-\bar{Y})^2$的自由度为$k-1$；$RSS=\sum(Y_i-\hat{Y}_i)^2$的自由度为$n-k$。

类似地，**多重判定系数或可决系数** R^2 为

$$R^2 = \frac{ESS}{TSS} = \frac{\sum(\hat{Y}_i - \bar{Y})^2}{\sum(Y_i - \bar{Y})^2} = \frac{\sum \hat{y}_i^2}{\sum y_i^2} \tag{3.3.2}$$

或

$$R^2 = 1 - \frac{RSS}{TSS} = 1 - \frac{\sum(Y_i - \hat{Y}_i)^2}{\sum(Y_i - \bar{Y})^2} = 1 - \frac{\sum e_i^2}{\sum y_i^2} \tag{3.3.3}$$

调整可决系数或修正判定系数 $\bar{R}^2$ 为

$$\bar{R}^2 = 1 - \frac{RSS/(n-k)}{TSS/(n-1)} = 1 - \frac{n-1}{n-k}\frac{\sum e_i^2}{\sum(Y_i - \bar{Y})^2} \tag{3.3.4}$$

或

$$\bar{R}^2 = 1 - \frac{n-1}{n-k}(1 - R^2) \tag{3.3.5}$$

需要说明的是：（1）多元线性回归模型的判定系数 R^2 的含义是：解释变量联合起来对被解释变量观测值的解释程度，即由解释变量所构成的样本回归平方和占总变差的比例，这个比例越大，剩余平方和或残差平方和占总变差的比例就越小，就是说，解释的程度就越好，那么，样本回归线对被解释变量观测值拟合的程度也越好。（2）解释变量个数增加，多重判定系数 R^2 值会变大。这就会出现解释变量个数越多，模型就越好的不准确的判断。同时，解释变量个数的增加会造成被估计的参数增加，从而会损失自由度。因此，引进修正可决系数 $\bar{R}^2$。（3）可决系数 R^2 的取值介于 0 与 1 之间，而修正可决系数 $\bar{R}^2$ 小于可决系数 R^2，并且会取负值，此时规定为零。（4）修正可决系数 $\bar{R}^2$ 实际上与参数的个数 k 有密切关系，当样本容量 n 一定时，参数的个数 k（解释变量的个数为 $k-1$）越大（解释变量也越多），修正可决系数 $\bar{R}^2$ 就越小。这个结论说明 R^2 和 $\bar{R}^2$ 对参数的个数 k 的增加有相反的解释。（5）理论上，$\bar{R}^2$ 优于 R^2，但是，实际上，究竟达到多少算是好的，并没有标准，因此，人们习惯上，把两个数值同时列出来。（6）判定系数 R^2 只是度量样本的拟合优度，并非能够完全解释解释变量对被解释变量的影响程度，即参数估计的可靠性（t 检验）。所以，得到高的 R^2，自然是很好，但是，得到低的 R^2，不一定模型就差。另外，我们可以得出 R^2 检验与 F 检验对模型显著性具有相同效果的结论。

二、多元线性回归模型的显著性 *F* 检验

对多元线性回归模型整体进行检验，就是对模型是否成立进行假设检验，也可以看成是对整体模型的**线性性检验**，或者叫做模型的**显著性检验**。现给出以下假设：

原假设 H_0：$\beta_2 = \beta_3 = \cdots = \beta_k = 0$

备择假设 H_1：β_j（$j = 2,3,\cdots,n$）不全为零

由数理统计学（方差分析）可知，在原假设 H_0 成立条件下，

$$F = \frac{ESS/(k-1)}{RSS/(n-k)} \sim F(k-1, n-k) \tag{3.3.6}$$

即统计量 F 服从第一自由度为 $k-1$，第二自由度为 $n-k$ 的 F 分布（证明省略）。因此，给定显著水平 α，查 F 分布表得临界值 $F_{\alpha}(k-1,n-k)$，根据样本计算出方程（3.3.6）F 统计量的数值，如果

$$F > F_{\alpha}(k-1,n-k)$$

则拒绝原假设 H_0：$\beta_2=\beta_3=\cdots=\beta_k=0$；即模型检验显著，或模型线性关系显著，或解释变量联合起来对被解释变量有显著影响。如果

$$F \leqslant F_{\alpha}(k-1,n-k)$$

则不拒绝原假设 H_0：$\beta_2=\beta_3=\cdots=\beta_k=0$；即模型检验不显著。

我们来看一下 F 检验与 R^2 检验以及简单线性回归模型的 t 检验的关系。

$$F=\frac{ESS/(k-1)}{RSS/(n-k)}=\frac{n-k}{k-1}\bullet\frac{ESS/TSS}{RSS/TSS}=\frac{n-k}{k-1}\bullet\frac{R^2}{1-R^2} \tag{3.3.7}$$

显然，在样本容量 n 和参数个数 k 确定条件下，R^2 越大，F 也越大。$R^2=0$ 时，$F=0$；$R^2=1$ 时，$F=+\infty$。这说明 R^2 检验与 F 检验方向一致，即从 R^2 取值于 0 到 1 的区间映射到 F 的取值于 0 到$+\infty$的区间；这就是说，$R^2=0$ 的检验，相当于在原假设 H_0：$\beta_2=\beta_3=\cdots=\beta_k=0$ 下的 F 检验。R^2 检验没有准确的标准，即拟合优度为多少算是通过检验，并没有统一规定。但是，F 检验在给定显著水平 α 条件下，具有严格意义上统计学结论。

当 $k=2$ 时，模型变成简单线性回归模型，此时，统计量 F 为

$$F=\frac{ESS/(2-1)}{RSS/(n-2)}=\frac{n-2}{2-1}\bullet\frac{ESS}{RSS}=\frac{\sum\hat{y}_i^2}{\sum e_i^2/(n-2)} \tag{3.3.8}$$

$$=\frac{\hat{\beta}_2^2\sum x_i^2}{\hat{\sigma}^2}=\frac{\hat{\beta}_2^2}{\hat{\sigma}^2/\sum x_i^2}=\left[\frac{\hat{\beta}_2}{\hat{SE}(\hat{\beta}_2)}\right]^2=t^2$$

即 F 统计量等于 t 统计量的平方。这说明简单线性回归模型中对参数 β_2 的显著性 t 检验与对整体上的模型显著性 F 检验是等价的。

三、回归参数的显著性 t 检验

多元线性回归模型的回归参数的显著性 t 检验，就是对偏回归系数 β_j（$j=1,2,\cdots,n$）进行的 t 检验。

原假设 $H_0:\beta_j=0$

备择假设 $H_1:\beta_j\neq 0\ (j=1,2,\cdots,n)$

可以证明，在原假设 H_0 成立条件下，

$$t=\frac{\hat{\beta}_j}{\hat{SE}(\hat{\beta}_j)}\sim t(n-k) \tag{3.3.9}$$

即统计量 t 服从自由度为 $n-k$ 的 t 分布（证明省略）。因此，给定显著性水平 α，查 t 分布表得临界值 $t_{\alpha/2}(n-k)$。由方程（3.3.9）计算 t 统计量数值，当

$$|t|=|\frac{\hat{\beta}_j}{\hat{SE}(\hat{\beta}_j)}|>t_{\alpha/2}(n-k),$$

拒绝原假设 H_0，即在其他变量不变的情况下，解释变量 X_j 对被解释变量 Y 有显著影响。当

$$|t|=|\frac{\hat{\beta}_j}{\hat{SE}(\hat{\beta}_j)}|\leqslant t_{\alpha/2}(n-k),$$

不拒绝原假设 H_0，即在其他变量不变的情况下，解释变量 X_j 对被解释变量 Y 没有显著影响。

四、多元线性回归模型的其他检验

为了检验解释变量个数不同的多元线性回归模型，对模型施加了惩罚标准。常见有：

赤池信息准则（Akaike information criterion，AIC），AIC 定义为

$$AIC=e^{2k/n}\frac{RSS}{n} \tag{3.3.10}$$

或

$$\ln AIC=\frac{2k}{n}+\ln\left(\frac{RSS}{n}\right) \tag{3.3.11}$$

施瓦茨准则（Schwarz criterion，SC），SC 定义为

$$\mathrm{SC}=n^{k/n}\frac{RSS}{n} \tag{3.3.12}$$

或

$$\ln\mathrm{SC}=\frac{k}{n}\ln(n)+\ln\left(\frac{RSS}{n}\right) \tag{3.3.13}$$

AIC 值或 SC 值越低的模型越好，即要求增加的解释变量能够减小 AIC 值或 SC 值才在模型中增加该解释变量。

例 3.1 §2.10 案例中，表 2.10 给出了 2011 年中国内地 31 个省区城镇居民家庭平均每人全年可支配收入与现金消费支出的数据。居民消费水平具有一定的惯性，即居民当年的消费支出会受到上一年的消费支出的影响，因此，我们引入 2010 年城镇居民家庭平均每人全年消费支出作为第二个解释变量 X_3，而 2011 年城镇居民家庭平均每人全年可支配收入作为第一个解释变量 X_2。2011 年城镇居民家庭平均每人全年现金消费支出作为被解释变量 Y。具体数据见表 3.1。

这样，我们就可以构建一个二元线性回归模型为

$$Y_i=\beta_1+\beta_2X_{2i}+\beta_3X_{3i}+u_i$$

利用 EViews 软件，得到回归结果见表 3.2，样本回归方程为

$$\hat{Y}_i=639.7117+0.06721X_{2i}+0.96712X_{3i} \tag{3.3.14}$$

表 3.1　　各地区城镇居民平均每人全年家庭可支配收入与现金消费支出　　单位：元

地区	2010 年消费支出 X_3	可支配收入 X_2	现金消费支出 Y	地区	2010 年消费支出 X_3	可支配收入 X_2	现金消费支出 Y
北京	19934.5	32903.0	21984.4	湖北	11451.0	18373.9	13163.8
天津	16561.8	26920.9	18424.1	湖南	11825.3	18844.1	13402.9
河北	10318.3	18292.2	11609.3	广东	18489.5	26897.5	20251.8
山西	9792.7	18123.9	11354.3	广西	11490.1	18854.1	12848.4
内蒙古	13994.6	20407.6	15878.1	海南	10926.7	18369.0	12642.8
辽宁	13280.0	20466.8	14789.6	重庆	13335.0	20249.7	14974.5
吉林	11679.0	17796.6	13010.6	四川	12105.1	17899.1	13696.3
黑龙江	10683.9	15696.2	12054.2	贵州	10058.3	16495.0	11352.9
上海	23200.4	36230.5	25102.1	云南	11074.1	18575.6	12248.0
江苏	14357.5	26340.7	16781.7	西藏	9685.5	16195.6	10398.9
浙江	17858.2	30970.7	20437.5	陕西	11821.9	18245.2	13782.8
安徽	11512.6	18606.1	13181.5	甘肃	9895.4	14988.7	11188.6
福建	14750.0	24907.4	16661.1	青海	9613.8	15603.3	10955.5
江西	10618.7	17494.9	11747.2	宁夏	11334.4	17578.9	12896.0
山东	13118.2	22791.8	14560.7	新疆	10197.1	15513.6	11839.4
河南	10838.5	18194.8	12336.5				

资料来源：《中国统计年鉴》2011，2012，http://www.stats.gov.cn/tjsj/ndsj/2012/indexch.htm

表 3.2　　居民消费支出二元回归结果

Dependent Variable: Y
Method: Least Squares
Date: 02/20/13 Time: 20:08
Sample: 1 31
Included observations: 31

Variable	Coefficient	Std. Error	t-Statistic	Prob.
C	639.7117	203.2025	3.148148	0.0039
X2	0.067210	0.037317	1.801043	0.0825
X3	0.967121	0.060546	15.97335	0.0000

R-squared	0.994310	Mean dependent var	14372.75
Adjusted R-squared	0.993904	S.D. dependent var	3556.656
S.E. of regression	277.6970	Akaike info criterion	14.18270
Sum squared resid	2159238	Schwarz criterion	14.32148
Log likelihood	–216.8319	Hannan-Quinn criter.	14.22794
F-statistic	2446.552	Durbin-Watson stat	1.832901
Prob（F-statistic）	0.00000		

从表 3.2 中的回归结果可以看出，两个斜率系数都是介于 0 到 1 之间的正数。现在对模型进行检验，并与§2.10 案例中的结果进行比较。

首先，R^2 从§2.10 案例中的 0.94246 增加到 0.99431，这说明拟合的效果更好。

其次，根据赤池信息准则和施瓦茨准则 AIC 值和 SC 值分别从 16.4319 和 16.5244

减小为 14.1827 和 14.3214，说明新增加的解释变量 X_3 在模型中。

F 检验：在给定显著水平 $\alpha = 0.05$，查表得，$F_{0.05}(2,28) = 3.34 < F = 2446.552$，所以，拒绝原假设 H_0：$\beta_2 = \beta_3 = 0$，模型 F 检验显著，即解释变量联合起来对被解释变量有显著影响。

t 检验：在给定显著水平 $\alpha = 0.05$，查表得 $t_{0.025}(28) = 2.048$，由表 3.2 知，斜率系数估计值 $\hat{\beta}_2$ 和 $\hat{\beta}_3$（或者可以说解释变量 X_2 和 X_3）所对应的 t 值分别为：

$t_2 = 1.8010 < t_{0.025}(28) = 2.048$，$t_3 = 15.9733 > t_{0.025}(28) = 2.048$，所以，对参数 β_2，不拒绝原假设 H_0：β_2=0，t 检验不显著，同时，从 P 值看，$P = 0.0825 > 0.05$ 也不通过检验。即解释变量 X_2 对被解释变量 Y 没有显著影响。对参数 β_3，拒绝原假设 H_0：β_3=0，t 检验显著。即解释变量 X_3 对被解释变量 Y 有显著影响。另外，截距系数通过 t 检验。

从上述回归结果中，我们看到一个很奇怪的现象，解释变量 X_2 单独对被解释变量 Y 进行简单回归时，模型 t 检验显著；但是在增加了解释变量 X_3 之后，X_2 和 X_3 联合起来的模型 F 检验显著，而解释变量 X_2 的 t 检验不显著。这是什么原因造成的？我们再看 X_3 单独对被解释变量 Y 进行简单回归的情况：斜率系数为 1.0726，判定系数为 0.99365，模型 t 检验显著。虽然模型拟合效果非常好，模型显著性检验也通过，但是斜率系数大于 1，这说明消费惯性对居民的消费支出影响更大。上述问题有待于进一步研究（见第四章习题 4.7）。

§3.4 可转化为多元线性回归模型

多元线性回归模型的线性性并非是指解释变量对被解释变量是线性的，而是指偏回归系数对被解释变量是线性的关系。因此，允许模型中解释变量对被解释变量存在非线性关系。比如，解释变量与被解释变量之间的非线性关系可以具体列出以下几种：

1. **柯布-道格拉斯生产函数**（Cobb-Douglas production function）

$$Y_i = \beta_1 X_{2i}^{\beta_2} X_{3i}^{\beta_3} e^{u_i} \tag{3.4.1}$$

其中，Y=产出；X_2=劳动投入；X_3=资本投入；u=随机干扰项；e=自然对数的底；β_2=产出对劳动投入的弹性；β_3=产出对资本投入的弹性。总和 $\beta_2 + \beta_3$ 是关于**规模报酬**（returns to scale）的信息。总和 $\beta_2 + \beta_3$=1，为**规模报酬不变**（constant returns to scale）；总和 $\beta_2 + \beta_3 > 1$，为**规模报酬递增**（increasing returns to scale）；总和 $\beta_2 + \beta_3$<1，为**规模报酬递减**（decreasing returns to scale）。

将指数回归模型（exponential regression model）（3.4.1）的柯布-道格拉斯生产函数转化为对数形式（log-linear）为

$$\ln Y_i = \ln \beta_1 + \beta_2 \ln X_{2i} + \beta_3 \ln X_{3i} + u_i$$

设 $\ln \beta_1 = \beta_1^*$，则

$$\ln Y_i = \beta_1^* + \beta_2 \ln X_{2i} + \beta_3 \ln X_{3i} + u_i \tag{3.4.2}$$

令 $\ln Y_i = Y_i^*$， $\ln X_{2i} = X_{2i}^*$， $\ln X_{3i} = X_{3i}^*$， 则

$$Y_i^* = \beta_1^* + \beta_2 X_{2i}^* + \beta_3 X_{3i}^* + u_i \tag{3.4.3}$$

2. 多项式回归模型（polynomial regression model）

二阶多项式回归模型为

$$Y_i = \beta_1 + \beta_2 X_i + \beta_3 X_i^2 + u_i \tag{3.4.4}$$

k 阶多项式回归模型为

$$Y_i = \beta_1 + \beta_2 X_i + \beta_3 X_i^2 + \cdots + \beta_{k+1} X_i^k u_i \tag{3.4.5}$$

令 $X_i = X_{2i}^*, X_i^2 = X_{3i}^*, \cdots, X_i^k = X_{(k+1)i}^*$， 则

$$Y_i = \beta_1 + \beta_2 X_{2i}^* + \beta_3 X_{3i}^* + \cdots + \beta_{k+1} X_{(k+1)i}^* + u_i \tag{3.4.6}$$

3. 倒数回归模型（reciprocal regression model）

$$Y_i = \beta_1 + \beta_2 \frac{1}{X_i} + \beta_3 \frac{1}{\sqrt{X_i}} + u_i \tag{3.4.7}$$

令 $X_{2i}^* = \dfrac{1}{X_i}, X_{3i}^* = \dfrac{1}{\sqrt{X_i}}$， 则

$$Y_i = \beta_1 + \beta_2 X_{2i}^* + \beta_3 X_{3i}^* + u_i \tag{3.4.8}$$

对于上述各类型组合的回归模型，都可以转化成以参数对被解释变量是线性的模型形式。

§3.5　多元线性回归模型的预测

一、均值预测

根据例 3.1，假设 2011 年城镇居民家庭平均每人全年可支配收入在 50000 元这一档，2010 年城镇居民家庭平均每人全年消费支出为 30000 元，现预测 2011 年其现金消费支出为：

$$\hat{Y}_0 = 639.7117 + 0.06721 \times 50000 + 0.96712 \times 30000 = 33013.842 \text{（元）}$$

同第二章讲的简单线性回归模型的预测问题一样，这就是点预测值。

现在来构造均值 $E(Y_0)$ 的预测区间。

$$E(\hat{Y}_0) = E(\mathbf{X}_0\hat{\boldsymbol{\beta}}) = \mathbf{X}_0 E(\hat{\boldsymbol{\beta}}) = \mathbf{X}_0\boldsymbol{\beta} = E(Y_0)$$

$$\begin{aligned} Var(\hat{Y}_0) &= Var(\mathbf{X}_0\hat{\boldsymbol{\beta}}) = E[(\mathbf{X}_0\hat{\boldsymbol{\beta}} - \mathbf{X}_0\boldsymbol{\beta})(\mathbf{X}_0\hat{\boldsymbol{\beta}} - \mathbf{X}_0\boldsymbol{\beta})'] \\ &= E\{[\mathbf{X}_0(\hat{\boldsymbol{\beta}} - \boldsymbol{\beta})][(\mathbf{X}_0\hat{\boldsymbol{\beta}} - \mathbf{X}_0\boldsymbol{\beta})']\} = E[\mathbf{X}_0(\hat{\boldsymbol{\beta}} - \boldsymbol{\beta})(\hat{\boldsymbol{\beta}} - \boldsymbol{\beta})'\mathbf{X}_0'] \\ &= \mathbf{X}_0 E[(\hat{\boldsymbol{\beta}} - \boldsymbol{\beta})(\hat{\boldsymbol{\beta}} - \boldsymbol{\beta})']\mathbf{X}_0' = \mathbf{X}_0 Var(\hat{\boldsymbol{\beta}})\mathbf{X}_0' = \sigma^2 \mathbf{X}_0(\mathbf{X}'\mathbf{X})^{-1}\mathbf{X}_0' \end{aligned} \tag{3.5.1}$$

从而有

$$\hat{Y}_0 \sim N(\mathbf{X}_0\boldsymbol{\beta},\ \sigma^2\mathbf{X}_0(\mathbf{X}'\mathbf{X})^{-1}\mathbf{X}_0')$$

用无偏估计量 $\hat{\sigma}^2$ 替代 σ^2，可以构造 t 统计量为：

$$t=\frac{\hat{Y}_0-E(Y_0)}{\hat{SE}(\hat{Y}_0)}=\frac{\hat{Y}_0-E(Y_0)}{\hat{\sigma}\sqrt{\mathbf{X}_0(\mathbf{X}'\mathbf{X})^{-1}\mathbf{X}_0'}}\sim t(n-k)$$

在给定 α 条件下，得到置信度为 $1-\alpha$ 的置信区间为：

$$[\hat{Y}_0-t_{\alpha/2}\cdot\hat{SE}(\hat{Y}_0),\hat{Y}_0+t_{\alpha/2}\cdot\hat{SE}(\hat{Y}_0)]\text{ 或 }\hat{Y}_0\pm t_{\alpha/2}\cdot\hat{SE}(\hat{Y}_0)$$

二、个别值预测

样本估计值 $\hat{Y}_0$ 是实际观测值 Y_0 的无偏估计，且 $e_0=Y_0-\hat{Y}_0$，可证明

$$\begin{aligned}E(e_0)&=E(Y_0-\hat{Y}_0)=E(\mathbf{X}_0\boldsymbol{\beta}+u_0-\mathbf{X}_0\hat{\boldsymbol{\beta}})\\&=E[u_0-\mathbf{X}_0(\hat{\boldsymbol{\beta}}-\boldsymbol{\beta})]\\&=E[u_0-\mathbf{X}_0(\mathbf{X}'\mathbf{X})^{-1}\mathbf{X}'\mathbf{u}]\\&=0\end{aligned}$$

$$\begin{aligned}Var(e_0)&=Var(Y_0-\hat{Y}_0)=Var(Y_0)+Var(\hat{Y}_0)\\&=\sigma^2+\sigma^2\mathbf{X}_0(\mathbf{X}'\mathbf{X})^{-1}\mathbf{X}_0'\\&=\sigma^2[1+\mathbf{X}_0(\mathbf{X}'\mathbf{X})^{-1}\mathbf{X}_0']\end{aligned}\qquad(3.5.2)$$

e_0 服从正态分布，即 $e_0\sim N\{0,\ \sigma^2[1+\mathbf{X}_0(\mathbf{X}'\mathbf{X})^{-1}\mathbf{X}_0']\}$

用无偏估计量 $\hat{\sigma}^2$ 替代 σ^2，可以构造 t 统计量为：

$$t=\frac{Y_0-\hat{Y}_0}{\hat{SE}(e_0)}=\frac{e_0}{\hat{\sigma}\sqrt{1+\mathbf{X}_0(\mathbf{X}'\mathbf{X})^{-1}\mathbf{X}_0'}}\sim t(n-k)$$

在给定 α 条件下，得到置信度为 $1-\alpha$ 的置信区间为：

$$[\hat{Y}_0-t_{\alpha/2}\cdot\hat{SE}(e_0),\ \hat{Y}_0+t_{\alpha/2}\cdot\hat{SE}(e_0)]\text{ 或 }\hat{Y}_0\pm t_{\alpha/2}\cdot\hat{SE}(e_0)$$

§3.6 有关公式使用说明

多元线性回归模型的参数估计和区间估计都需要使用公式，与简单线性回归模型不同，多元线性回归模型每增加一个参数或解释变量都使得在确定参数估计值和区间估计时计算工作更加繁琐。正是由于这个原因，本章到目前为止，除了使用 EViews 软件进行回归分析，几乎没有涉及具体的计算问题。现在对多元线性回归模型中关键的计算问题做一个简单说明。

我们知道，在 OLS 条件下，参数估计值为

$$\hat{\boldsymbol{\beta}}=(\mathbf{X}'\mathbf{X})^{-1}\mathbf{X}'\mathbf{Y}\qquad(3.1.16)$$

因此，在具体运算中，我们要计算出 $(\mathbf{X}'\mathbf{X})^{-1}$ 和 $\mathbf{X}'\mathbf{Y}$。这就要涉及转置矩阵、矩阵的乘积

和矩阵的逆运算等，而逆矩阵的运算又要涉及行列式、代数余子式等。若不借助软件，这些运算工作不仅量大而且繁琐。

首先要计算 $\mathbf{X'X}$，这是一个对称矩阵，具体运算结果为

$$\mathbf{X'X}=\begin{bmatrix}1 & 1 & 1 & \cdots & 1\\ X_{21} & X_{22} & X_{23} & \cdots & X_{2n}\\ \vdots & \vdots & \vdots & \vdots & \vdots\\ X_{k1} & X_{k2} & X_{k3} & \cdots & X_{kn}\end{bmatrix}\begin{bmatrix}1 & X_{21} & X_{31} & \cdots & X_{k1}\\ 1 & X_{22} & X_{32} & \cdots & X_{k2}\\ \vdots & \vdots & \vdots & \vdots & \vdots\\ 1 & X_{2n} & X_{3n} & \cdots & X_{kn}\end{bmatrix}$$

$$=\begin{bmatrix}n & \sum X_{2i} & \cdots & \sum X_{ki}\\ \sum X_{2i} & \sum X_{2i}^2 & \cdots & \sum X_{2i}X_{ki}\\ \vdots & \vdots & \vdots & \vdots\\ \sum X_{ki} & \sum X_{ki}X_{2i} & \cdots & \sum X_{ki}^2\end{bmatrix}$$

由线性代数知识，方阵 $\mathbf{A}$ 可逆，则有

$$\mathbf{A}^{-1}=\frac{1}{|\mathbf{A}|}\mathbf{A}^*$$

其中，$\mathbf{A}^*$ 为伴随方阵，它是由行列式 $|\mathbf{A}|$ 的各个元素的代数余子式所构成的方阵。因此，要计算 $\mathbf{X'X}$ 的逆矩阵，还需要计算行列式和伴随阵。显然，计算量大，也很繁琐。使用软件就简单多了。如在本章例 3.1 中，直接使用 EViews 软件得出参数估计值。

在对多元线性回归模型进行区间预测时，我们首先需要计算的是

$$Var(\hat{Y}_0)=\sigma^2\mathbf{X}_0(\mathbf{X'X})^{-1}\mathbf{X}_0'$$

其实这个问题又转为 $(\mathbf{X'X})^{-1}$ 的计算。现介绍使用 EXCEL 软件来计算。

第一步，通过上述方法计算出 $\mathbf{X'X}$ 或者使用 EXCEL 软件来计算。通过复制的方法，选择“转置”，就可以得到 $\mathbf{X}$ 的转置矩阵 $\mathbf{X'}$；选取 k 阶方阵区域作为计算结果区域，然后选择矩阵乘积运算函数 MMULT，在 Array1 数组项选取 $\mathbf{X'}$ 所在单位格区域，在 Array2 数组项选取 $\mathbf{X}$ 所在单位格区域，键入 Ctrl+Shift+Enter，就可以得到 k 阶方阵 $\mathbf{X'X}$。

第二步，选取 k 阶方阵区域作为计算结果区域，然后选择逆矩阵运算函数 MINVERSE，键入 Ctrl+Shift+Enter，就可以得到 k 阶方阵 $(\mathbf{X'X})^{-1}$。$\mathbf{X}_0(\mathbf{X'X})^{-1}\mathbf{X}_0'$ 的计算可以继续选择矩阵乘积函数进行。而 σ 用 EViews 回归的结果 $\hat{\sigma}$ 来替代。

§3.7 案　　例

我们来考虑中国税收收入问题。理论上讲，税收收入会受到以下因素影响：整体经济增长、体现为财政支出的财政需求、物价水平、税收政策等。现给出 1990 年到 2011 年中国税收收入、财政支出、国内生产总值和商品零售价格指数等相关数据。见表 3.3。这是一组时间序列数据。

表 3.3 **中国税收、财政支出、国内生产总值和商品零售价格指数** 单位：亿元；%

年份	税收收入 Y	国内生产总值 X_2	财政支出 X_3	商品零售价格指数 X_4
1990	2821.86	18667.8	3083.59	102.1
1991	2990.17	21781.5	3386.62	102.9
1992	3296.91	26923.5	3742.20	105.4
1993	4255.30	35333.9	4642.30	113.2
1994	5126.88	48197.9	5792.62	121.7
1995	6038.04	60793.7	6823.72	114.8
1996	6909.82	71176.6	7937.55	106.1
1997	8234.04	78973.0	9233.56	100.8
1998	9262.80	84402.3	10798.18	97.4
1999	10682.58	89677.1	13187.67	97.0
2000	12581.51	99214.6	15886.50	98.5
2001	15301.38	109655.2	18902.58	99.2
2002	17636.45	120332.7	22053.15	98.7
2003	20017.31	135822.8	24649.95	99.9
2004	24165.68	159878.3	28486.89	102.8
2005	28778.54	184937.4	33930.28	100.8
2006	34804.35	216314.4	40422.73	101.0
2007	45621.97	265810.3	49781.35	103.8
2008	54223.79	314045.4	62592.66	105.9
2009	59521.59	340902.8	76299.93	98.8
2010	73210.79	401512.8	89874.16	103.1
2011	89738.39	472881.6	109247.79	104.9

资料来源：《中国统计年鉴》2012，http://www.stats.gov.cn/tjsj/ndsj/2012/indexch.htm

1. 建立模型

设 Y 代表税收收入，X_2 代表国内生产总值，X_3 代表财政支出，X_4 代表商品零售物价指数，则可以考虑把模型设为线性的，即

$$Y_t = \beta_1 + \beta_2 X_{2t} + \beta_3 X_{3t} + \beta_4 X_{4t} + u_t$$

利用 EViews 软件得到回归结果，见表 3.4。从回归结果看，解释变量 X_4 没有通过 t 检验。为什么？这可能有 3 个原因：一是模型设定错误；二是解释变量确实不在模型中；三是所选取的样本数据不能很好地解释模型。

表 3.4 **表 3.3 数据回归结果 1**

Dependent Variable: Y
Method: Least Squares
Date: 03/18/13 Time: 04:39
Sample: 1990 2011
Included observations: 22

Variable	Coefficient	Std. Error	t-Statistic	Prob.
C	−8966.772	4504.375	−1.990681	0.06190
X2	0.068181	0.018189	3.748428	0.00150
X3	0.532475	0.077463	6.873911	0.00000
X4	71.26654	41.86563	1.702269	0.10590
R-squared	0.998229	Mean dependent var		24328.19
Adjusted R-squared	0.997934	S.D. dependent var		24983.84
S.E. of regression	1135.563	Akaike info criterion		17.0706
Sum squared resid	23211070	Schwarz criterion		17.2690
Log likelihood	−183.7767	Hannan-Quinn criter.		17.1173
F-statistic	3382.394	Durbin-Watson stat		1.18268
Prob（F-statistic）	0.00000			

若模型设定有错误，则重新设定为下列对数形式（回归结果，见表 3.5）：

$$\ln Y_t = \beta_1 + \beta_2 \ln X_{2t} + \beta_3 \ln X_{3t} + \beta_4 X_{4t} + u_t$$

表 3.5 **表 3.3 数据回归结果 2**

Dependent Variable: LNY
Method: Least Squares
Date: 03/18/13 Time: 04:36
Sample: 1990 2011
Included observations: 22

Variable	Coefficient	Std. Error	t-Statistic	Prob.
C	−0.327972	0.264571	−1.239636	0.23100
LNX2	0.001015	0.067645	0.01501	0.98820
LNX3	0.980341	0.057906	16.92982	0.00000
X4	0.003355	0.001577	2.126528	0.04750
R-squared	0.998849	Mean dependent var		9.57837
Adjusted R-squared	0.998657	S.D. dependent var		1.08090
S.E. of regression	0.039607	Akaike info criterion		−3.456648
Sum squared resid	0.028237	Schwarz criterion		−3.258276
Log likelihood	42.02312	Hannan-Quinn criter.		−3.409917
F-statistic	5207.402	Durbin-Watson stat		1.00271
Prob（F-statistic）	0.00000			

从回归结果看，解释变量 X_4 通过 t 检验。但是，解释变量 $\ln X_2$ 没有通过 t 检验。并且大家可以看到，在两种模型的设定下，截距系数估计值也都没有通过 t 检验。所以，在现有样本数据情况下，我们不能认为解释变量 X_4 在模型中，从而剔除解释变量 X_4，再次建立线性回归模型为

$$Y_t = \beta_1 + \beta_2 X_{2t} + \beta_3 X_{3t} + u_t$$

利用 EViews 得到回归结果，见表 3.6。

表 3.6 **表 3.3 数据回归结果 3**

Dependent Variable: Y
Method: Least Squares
Date: 03/18/13 Time: 04:50
Sample: 1990 2011
Included observations: 22

Variable	Coefficient	Std. Error	t-Statistic	Prob.
C	−1372.062	650.0614	−2.110665	0.04830
X2	0.063128	0.01882	3.354249	0.00330
X3	0.551646	0.080376	6.863277	0.00000
R-squared	0.997944	Mean dependent var		24328.19
Adjusted R-squared	0.997728	S.D. dependent var		24983.84
S.E. of regression	1190.924	Akaike info criterion		17.12897
Sum squared resid	26947689	Schwarz criterion		17.27775
Log likelihood	−185.4187	Hannan-Quinn criter.		17.16402
F-statistic	4611.542	Durbin-Watson stat		1.237335
Prob（F-statistic）	0.00000			

2. 模型检验

（1） 拟合优度：判定系数 $R^2=0.997944$，修正判定系数 $\bar{R}^2=0.997728$，这说明模型对样本观测值拟合得很好。

（2） F 检验：设原假设 H_0: $\beta_2=\beta_3=0$；备择假设 H_1： β_2 和 β_3 不全为零。

在给定显著性水平 $\alpha=0.05$ 条件下，查 F 分布的自由度为 $k-1=2$ 和 $n-k=19$ 的临界值为 $F(2,19)=3.52$。由表 3.6 得 $F=4611.542>F(2,19)=3.52$，从而拒绝原假设 H_0：$\beta_2=\beta_3=0$，即财政支出和国内生产总值联合起来对税收收入有显著影响。

（3） t 检验：在给定显著性水平 $\alpha=0.05$ 条件下，查 t 分布的自由度为 $n-k=19$ 的临界值为 $t_{0.025}(19)=2.093$。由表 3.6 得相应参数的 t 值分别为–2.110665、3.354249、6.863277，即对所有参数估计值有 $|t|>t_{0.025}(19)=2.093$，从而拒绝原假设 H_0： $\beta_j=0$，（$j=1,2,3$），也就是说，在其他解释变量不变的情况，财政支出和国内生产总值分别对税收收入有显著影响。

另外，参数估计值 $\hat{\beta}_2$ 和 $\hat{\beta}_3$ 所对应的 P 值分别为 0.00330 和 0.00000 皆小于 $\alpha=0.05$，即 P 值检验也通过。

（4）AIC 和 SC 检验：由表 3.6 得 AIC=17.12897，SC=17.27775。

利用 EViews 软件得到解释变量 X_2 关于被解释变量 Y 的简单线性回归结果，见表 3.7。

表 3.7 **表 3.3 数据回归结果 4**

Dependent Variable: Y
Method: Least Squares
Date: 03/18/13 Time: 04:48
Sample: 1990 2011
Included observations: 22

Variable	Coefficient	Std. Error	t-Statistic	Prob.
C	–4905.013	721.7378	–6.796114	0.00000
X2	0.191565	0.003636	52.68967	0.00000
R-squared	0.992847	Mean dependent var		24328.19
Adjusted R-squared	0.99249	S.D. dependent var		24983.84
S.E. of regression	2165.134	Akaike info criterion		18.28486
Sum squared resid	93756073	Schwarz criterion		18.38405
Log likelihood	–199.1335	Hannan-Quinn criter.		18.30822
F-statistic	2776.201	Durbin-Watson stat		0.247398
Prob（F-statistic）	0.00000			

由表 3.7 得，AIC=18.28486，SC=18.38405，大于表 3.6 相对应的数值，即新增加的解释变量 X_3 在模型中。所以，得到样本回归函数为

$$\hat{Y}_t=-1372.062+0.063128X_{2t}+0.551646X_{3t}$$

截距系数的估计值 $\hat{\beta}_1=-1372.062$，其经济意义的解释不合理，但对模型没有太大影响。

进一步，我们会发现，解释变量 X_2 和 X_3 之间存在高度线性相关性，即模型存在多重共线性（见习题 4.9），这就是第四章要学习的内容。

本章习题

3.1 写出二元线性回归模型表达式：

（1）总体回归函数的表达式；

（2）总体回归函数的随机设定形式；

（3）样本回归函数的表达式；

（4）样本回归函数的随机设定形式；

（5）回归模型的矩阵表达式。

3.2 对多元线性回归模型进行检验时，为什么在做了 F 检验之后还要做 t 检验？

3.3 多元线性回归模型的基本假定与简单线性回归模型的基本假定有什么区别？

3.4 设二元线性回归模型为

$$Y_i = \beta_1 + \beta_2 X_{2i} + \beta_3 X_{3i} + u_i$$

而 Y 分别对 X_2 和 X_3 的简单线性回归模型为 $Y_i = \alpha_1 + \alpha_2 X_{2i} + u_{1i}$ 和 $Y_i = \lambda_1 + \lambda_3 X_{3i} + u_{2i}$。

试证明：当 X_2 和 X_3 相互独立时，有 $\hat{\beta}_2 = \hat{\alpha}_2$，$\hat{\beta}_3 = \hat{\lambda}_3$。

其中，$\hat{\beta}_2$ 和 $\hat{\beta}_3$ 是二元线性回归模型的偏斜率系数 β_2 和 β_3 的 OLS 估计值，而 $\hat{\alpha}_2$ 和 $\hat{\lambda}_3$ 分别是简单线性回归模型的斜率系数 α_2 和 λ_3 的 OLS 估计值。

3.5 表 3.8 给出了二元线性回归模型 $Y_i = \beta_1 + \beta_2 X_{2i} + \beta_3 X_{3i} + u_i$ 的方差分析的部分结果。

表 3.8　　二元线性回归模型的方差分析

方差来源	平方和 SS	自由度 df	方差
来自回归	ESS=65000		
来自残差			
来自总变差	TSS=66000	16	

（1）请问样本容量 n，残差平方和 RSS，回归平方和 ESS 和残差平方和 RSS 的自由度各为多少？

（2）请问可决系数 R^2 和修正可决系数 $\bar{R}^2$ 各为多少？

（3）请对模型进行检验。

3.6 各类教材对多元线性回归模型的数学表示方式在符号的使用上会有不一致，比如，常常见到如下的表示方式

$$Y_i = \beta_0 + \beta_1 X_{1i} + \beta_2 X_{2i} + \cdots + \beta_k X_{ki} + u_i$$

（1）请问 TSS、ESS 和 RSS 的自由度各是多少？

（2）请问 $\hat{\sigma}^2$ 和 F 检验的公式如何表达？

3.7 表 3.9 给出 1998—2011 年中国房地产有关数据。要求：

（1）请利用 EViews 软件建立商品房销售收入 Y 对每平方米销售价格 X_2 和本年完成投资 X_3 的二元线性回归模型；

（2）在给定显著性水平 5%条件下，对模型进行检验，并分析模型的经济意义。

表 3.9 **中国房地产有关数据** 单位：亿元；每平方米元

年度	商品房销售收入 Y/亿元	销售价格 X_2/每平方米元	本年完成投资 X_3/亿元
1998	2408.41	2063	3614.23
1999	2555.02	2053	4103.20
2000	3896.82	2112	4984.05
2001	4729.42	2170	6344.11
2002	6145.80	2250	7790.92
2003	8153.69	2359	10153.80
2004	11752.20	2778	13158.25
2005	13316.77	3168	15909.25
2006	16621.36	3367	19422.92
2007	21604.21	3864	25288.84
2008	24394.12	3800	31203.19
2009	32507.83	4681	36241.81
2010	40585.33	5032	48259.40
2011	41697.91	5357	61796.89

资料来源：《中国统计年鉴》2012，http://www.stats.gov.cn/tjsj/ndsj/2012/indexch.htm

3.8 设中国 1990—2011 年货币需求函数为：

$$M_t = AY_t^{\beta_1} r_t^{\beta_2} e^{u_t}$$

其中 M＝货币供应量 M_2（亿元）；Y＝国内生产总值 GDP（亿元）；r＝利率，取一年期法定存款利率的年内每次调整利率的简单算术平均数，由各年度统计数据计算获得。

现建立计量经济学模型为：$\ln M_t = \beta_1 + \beta_2 \ln Y_t + \beta_3 \ln r_t + u_t$，其中 $\beta_1 = \ln A$。利用 EViews 软件得到回归分析结果为：

$$\hat{M}_t = -1.521165 + 1.174571 \ln Y_t - 0.165528 \ln r_t$$

$$se = (0.1658) \qquad (0.0126) \qquad (0.0187)$$

$$R^2 = 0.999073, \ \bar{R}^2 = 0.998976, \ F = 10242.19$$

（1）给定显著性水平 $\alpha = 0.05$，请进行模型整体的显著性检验；

（2）给定显著性水平 $\alpha = 0.05$，请对偏回归系数 β_2 和 β_3 进行 t 检验；

（3）请对模型的经济意义进行解释。

附录3.1

多元线性回归模型参数估计向量$\hat{\boldsymbol{\beta}}$的有效性证明

设 $\hat{\boldsymbol{\beta}}$ 是多元线性回归模型参数 $\boldsymbol{\beta}$ 的 OLS 估计向量，$\boldsymbol{\beta}^*$ 为任意 $\boldsymbol{\beta}$ 的线性无偏估计向量，且 $\boldsymbol{\beta}^* = \mathbf{AY}$，$\mathbf{A}$ 为常数矩阵，则一定满足条件 $\mathbf{AX} = \mathbf{I}$，因为

$$E(\boldsymbol{\beta}^*)=E(\mathbf{AY})=E[\mathbf{A}(\mathbf{X}\boldsymbol{\beta}+\mathbf{u})]=E(\mathbf{AX}\boldsymbol{\beta})+\mathbf{A}E(\mathbf{u})=\mathbf{AX}E(\boldsymbol{\beta})=\boldsymbol{\beta}$$

由 $\boldsymbol{\beta}^*-\boldsymbol{\beta}=\mathbf{AY}-\boldsymbol{\beta}=\mathbf{A}(\mathbf{X}\boldsymbol{\beta}+\mathbf{u})-\boldsymbol{\beta}=\mathbf{AX}\boldsymbol{\beta}+\mathbf{Au}-\boldsymbol{\beta}=\mathbf{Au}$，得

$$E[(\boldsymbol{\beta}^*-\boldsymbol{\beta})(\boldsymbol{\beta}^*-\boldsymbol{\beta})']=E[(\mathbf{Au})(\mathbf{Au})']=E(\mathbf{Auu'A'})=\mathbf{A}E(\mathbf{uu'})\mathbf{A'}=\sigma^2\mathbf{AA'}$$

由 $E[(\hat{\boldsymbol{\beta}}-\boldsymbol{\beta})(\hat{\boldsymbol{\beta}}-\boldsymbol{\beta})']=\sigma^2(\mathbf{X'X})^{-1}$，得

$$E[(\boldsymbol{\beta}^*-\boldsymbol{\beta})(\boldsymbol{\beta}^*-\boldsymbol{\beta})']-E[(\hat{\boldsymbol{\beta}}-\boldsymbol{\beta})(\hat{\boldsymbol{\beta}}-\boldsymbol{\beta})']=\sigma^2[\mathbf{AA'}-(\mathbf{X'X})^{-1}]$$

令 $\mathbf{B}=\mathbf{A}-(\mathbf{X'X})^{-1}\mathbf{X'}$，由线性代数知识，$\mathbf{BB'}$ 为半正定矩阵，且

$$\begin{aligned}\mathbf{BB'}&=[\mathbf{A}-(\mathbf{X'X})^{-1}\mathbf{X'}][\mathbf{A}-(\mathbf{X'X})^{-1}\mathbf{X'}]'\\&=[\mathbf{A}-(\mathbf{X'X})^{-1}\mathbf{X'}][\mathbf{A'}-\mathbf{X}(\mathbf{X'X})^{-1}]\\&=\mathbf{AA'}-\mathbf{AX}(\mathbf{X'X})^{-1}-(\mathbf{X'X})^{-1}\mathbf{X'A'}+(\mathbf{X'X})^{-1}\mathbf{X'X}(\mathbf{X'X})^{-1}\\&=\mathbf{AA'}-(\mathbf{X'X})^{-1}\geqslant 0\end{aligned}$$

所以

$$E[(\boldsymbol{\beta}^*-\boldsymbol{\beta})(\boldsymbol{\beta}^*-\boldsymbol{\beta})']-E[(\hat{\boldsymbol{\beta}}-\boldsymbol{\beta})(\hat{\boldsymbol{\beta}}-\boldsymbol{\beta})']=\sigma^2[\mathbf{AA'}-(\mathbf{X'X})^{-1}]\geqslant 0$$

半正定矩阵对角线元素为非负，即

$$E[(\beta_j^*-\beta)^2]-E[(\hat{\beta}_j-\beta)]^2\geqslant 0 \qquad (j=1,2,\cdots,k)$$

或 $Var(\beta_j^*)\geqslant Var(\hat{\beta}_j)$。

另一个方法证明

$$\hat{\boldsymbol{\beta}}=(\mathbf{X'X})^{-1}\mathbf{X'Y}=\mathbf{AY}，\quad \boldsymbol{\beta}^*=(\mathbf{A}+\mathbf{M})\mathbf{Y}=\mathbf{AY}+\mathbf{MY}=\hat{\boldsymbol{\beta}}+\mathbf{MY}$$

$$\begin{aligned}E(\boldsymbol{\beta}^*)&=E(\hat{\boldsymbol{\beta}}+\mathbf{MY})=E(\hat{\boldsymbol{\beta}})+E(\mathbf{MY})\\&=\boldsymbol{\beta}+E[\mathbf{M}(\mathbf{X}\boldsymbol{\beta}+\mathbf{u})]=\boldsymbol{\beta}+\mathbf{MX}\boldsymbol{\beta}+\mathbf{M}E(\mathbf{u})\\&=\boldsymbol{\beta}+\mathbf{MX}\boldsymbol{\beta}\end{aligned}$$

由无偏估计量的性质得，$\mathbf{MX}=\mathbf{0}$

$$\begin{aligned}\boldsymbol{\beta}^*-\boldsymbol{\beta}&=(\mathbf{A}+\mathbf{M})\mathbf{Y}-\boldsymbol{\beta}=(\mathbf{A}+\mathbf{M})(\mathbf{X}\boldsymbol{\beta}+\mathbf{u})-\boldsymbol{\beta}\\&=\mathbf{AX}\boldsymbol{\beta}+\mathbf{MX}\boldsymbol{\beta}+(\mathbf{A}+\mathbf{M})\mathbf{u}-\boldsymbol{\beta}\\&=\boldsymbol{\beta}+(\mathbf{A}+\mathbf{M})\mathbf{u}-\boldsymbol{\beta}=(\mathbf{A}+\mathbf{M})\mathbf{u}\end{aligned}$$

$$\begin{aligned}Var(\boldsymbol{\beta}^*)&=E[(\boldsymbol{\beta}^*-\boldsymbol{\beta})(\boldsymbol{\beta}^*-\boldsymbol{\beta})']=E[(\mathbf{A}+\mathbf{M})\mathbf{uu'}(\mathbf{A'}+\mathbf{M'})]\\&=(\mathbf{A}+\mathbf{M})E(\mathbf{uu'})(\mathbf{A'}+\mathbf{M'})=\sigma^2(\mathbf{A}+\mathbf{M})(\mathbf{A'}+\mathbf{M'})\\&=\sigma^2(\mathbf{AA'}+\mathbf{AM'}+\mathbf{MA'}+\mathbf{MM'})\\&=\sigma^2[(\mathbf{X'X})^{-1}+(\mathbf{X'X})^{-1}\mathbf{X'M'}+\mathbf{MX}(\mathbf{X'X})^{-1}+\mathbf{MM'}]\\&=\sigma^2[(\mathbf{X'X})^{-1}+\mathbf{MM'}]\end{aligned}$$

其中，$\mathbf{MX}=\mathbf{X'M'}=\mathbf{0}$。

所以

$$\begin{aligned}Var(\boldsymbol{\beta}^*)&=\sigma^2[(\mathbf{X'X})^{-1}+\mathbf{MM'}]\\&=\sigma^2(\mathbf{X'X})^{-1}+\sigma^2\mathbf{MM'}\\&=Var(\hat{\boldsymbol{\beta}})+\sigma^2\mathbf{MM'}\end{aligned}$$

由于矩阵 $\mathbf{MM'}$ 主对角线上所有元素都是非负的，从而有

$$Var(\boldsymbol{\beta}^*) \geqslant Var(\hat{\boldsymbol{\beta}})$$

附录3.2

多元线性回归方差 σ^2 的无偏估计量推导

$$\begin{aligned}
\mathbf{e} &= \mathbf{Y} - \hat{\mathbf{Y}} = \mathbf{Y} - \mathbf{X}\hat{\boldsymbol{\beta}} \\
&= \mathbf{Y} - \mathbf{X}(\mathbf{X'X})^{-1}\mathbf{X'Y} \\
&= [\mathbf{I} - \mathbf{X}(\mathbf{X'X})^{-1}\mathbf{X'}]\mathbf{Y} \\
&= [\mathbf{I} - \mathbf{X}(\mathbf{X'X})^{-1}\mathbf{X'}](\mathbf{X}\boldsymbol{\beta} + \mathbf{u}) \\
&= \mathbf{X}\boldsymbol{\beta} - \mathbf{X}(\mathbf{X'X})^{-1}\mathbf{X'X}\boldsymbol{\beta} + (\mathbf{I} - \mathbf{X}(\mathbf{X'X})^{-1}\mathbf{X'})\mathbf{u} \\
&= [\mathbf{I} - \mathbf{X}(\mathbf{X'X})^{-1}\mathbf{X'}]\mathbf{u}
\end{aligned}$$

令 $\mathbf{C} = \mathbf{I} - \mathbf{X}(\mathbf{X'X})^{-1}\mathbf{X'}$，且可以证明该矩阵为对称幂等矩阵，即 $\mathbf{e} = \mathbf{Cu}$，$\mathbf{C} = \mathbf{C'}$，$\mathbf{C}^2 = \mathbf{C}$。同时，可以证明该矩阵的迹为

$$tr\mathbf{C} = tr(\mathbf{I} - \mathbf{X}(\mathbf{X'X})^{-1}\mathbf{X'}) = tr(\mathbf{I}) - tr[\mathbf{X}(\mathbf{X'X})^{-1}\mathbf{X'}] = n - k$$

而 $\sum e_i^2 = \mathbf{e'e} = tr(\mathbf{ee'})$，矩阵的迹为对角线上的元素之和。

$$\begin{aligned}
E(\sum e_i^2) &= E(\mathbf{e'e}) = E[tr(\mathbf{ee'})] = tr\{E[(\mathbf{Cu})(\mathbf{Cu})']\} \\
&= tr[E(\mathbf{Cuu'C'})] = tr[\mathbf{C}E(\mathbf{uu'})\mathbf{C'}] \\
&= tr[\mathbf{C}\sigma^2\mathbf{IC'}] = \sigma^2 tr(\mathbf{C}) \\
&= \sigma^2(n-k)
\end{aligned}$$

所以 $\hat{\sigma}^2 = \dfrac{\sum e_i^2}{n-k}$ 为 σ^2 的无偏估计量。

第四章

多重共线性

到目前为止，我们学习了经典正态线性回归模型，并讨论和处理了参数估计和假设检验这两个统计推断问题以及预测问题。但是，我们知道，研究这些问题的前提是模型必须满足基本假设，即

假定 1　随机干扰项的均值为零。

假定 2　随机干扰项具有同方差。

假定 3　随机干扰项无自相关。

假定 4　随机干扰项与解释变量不相关。

假定 5　解释变量之间不存在严格线性关系，也称为**无多重共线性**。

假定 6　随机干扰项服从正态分布。

然而，实际上，模型并不能完全满足上述假设。那么，究竟对假设条件破坏到什么程度？会产生什么严重的后果？采取什么补救办法呢？

首先，需要指出的是：假定 1、假定 4 和假定 6 通常不做深究，为什么？

我们来看一下假定 1 的情况。

设模型为

$$Y_i = \beta_1 + \beta_2 X_{2i} + \beta_3 X_{3i} + \cdots + \beta_k X_{ki} + u_i$$

假定 $E(u_i \mid X_{2i}, X_{3i}, \cdots, X_{ki}) = w$， $w \neq 0$，这相当于设 $u_i = w + v_i$，其中 $E(v_i) = 0$。

从而

$$\begin{aligned} Y_i &= \beta_1 + \beta_2 X_{2i} + \beta_3 X_{3i} + \cdots + \beta_k X_{ki} + u_i \\ &= (w + \beta_1) + \beta_2 X_{2i} + \beta_3 X_{3i} + \cdots + \beta_k X_{ki} + v_i \end{aligned}$$

设 $\beta_0 = w + \beta_1$，也就是说，截距系数有变化，但是，偏斜率系数没有任何变化（在第九、十章会继续讨论这个问题）。我们知道，截距系数对经济意义的解释往往是不准确或相背离的，远远没有偏斜率系数那么重要，这也恰好是模型的经济意义所在。

再来看假定 4 的情况。经典假定已经假定解释变量为非随机的，因此，随机干扰项与解释变量不相关这条假设一般情况下被默认为理所当然的结果。假定 6 的情况更好理解，在随机干扰项不是正态分布的时候，因为 OLS 估计量仍渐进服从正态分布，因此，并不影响对模型的检验。

其次，剩下来就是假定 2、假定 3 和假定 5 被违背的情况，也就是异方差、自相关和多重共线性等问题，这正是第四章、第五章和第六章的内容。

至于解释变量是随机的和模型设定错误等情况将在更稍后的章节中讲解。

§4.1 什么是多重共线性?

一、多重共线性的定义

多重共线性（multi-collinearity）一词是由弗里希（Ragnar Frisch）首先引入，其原意是指一个回归模型中解释变量全部或部分之间存在完全或准确的线性关系。而现在意义上的多重共线性，其含义还包括不完全或近似的线性关系。我们给出如下定义。

对于多元线性回归模型 $Y_i=\beta_1+\beta_2X_{2i}+\beta_3X_{3i}+\cdots+\beta_kX_{ki}+u_i$ ，若把截距系数 β_1 所对应的解释变量看作 $X_1=1$，设存在不全为零的数 $\lambda_1,\lambda_2,\lambda_3,\cdots,\lambda_k$ ，使得

$$\lambda_1X_{1i}+\lambda_2X_{2i}+\lambda_3X_{3i}+\cdots+\lambda_kX_{ki}=0 \qquad (i=1,2,\cdots,n) \qquad (4.1.1)$$

则称解释变量 $X_1,X_2,X_3,\cdots,X_k$ 之间存在**完全多重共线性**（perfect）。如果用矩阵表示，那么数据矩阵 $\mathbf{X}$ 的秩 $Rank(\mathbf{X})<k$ ，即数据矩阵中至少有一个列向量可以用其余的向量线性表示。实际上，当 $\lambda_1=0$ 时，方程（4.1.1）可以写成：

$$\lambda_2X_{2i}+\lambda_3X_{3i}+\cdots+\lambda_kX_{ki}=0 \qquad (i=1,2,\cdots,n) \qquad (4.1.2)$$

其中， $\lambda_2,\lambda_3,\cdots,\lambda_k$ 为不全为零的实数；当 $\lambda_1\neq0$ 时，方程（4.1.1）可以写成：

$$X_{ji}=-\frac{1}{\lambda_j}(\lambda_1+\lambda_2X_{2i}+\lambda_3X_{3i}+\cdots+\lambda_kX_{ki}) \quad (i=1,2,\cdots,n) \qquad (4.1.3)$$

其中， $\lambda_j\neq0$ 。所以，也可以说，在方程（4.1.1） 成立条件下，解释变量 $X_2,X_3,\cdots,X_k$ 之间存在**完全多重共线性**。（为什么？）

完全多重共线性问题可以通过减少解释变量的个数来对模型进行处理。比如二元线性回归模型 $Y_i=\beta_1+\beta_2X_{2i}+\beta_3X_{3i}+u_i$ ，若解释变量之间存在完全线性关系，即设 $X_{3i}=\lambda X_{2i}$ ，则

$$Y_i=\beta_1+\beta_2X_{2i}+\lambda\beta_3X_{2i}+u_i=\beta_1+(\beta_2+\lambda\beta_3)X_{2i}+u_i$$

这样，就把二元线性回归模型转化成一元线性回归模型来处理。换句话说，当模型存在完全多重共线性的时候，新增加的解释变量对模型没有任何影响，或者说，应该减少使模型存在完全多重共线性的解释变量。

因此，我们重点研究的问题不是是否存在多重共线性，而是模型中解释变量之间的线性相关程度到底达到什么程度，是否这种程度造成的危害到了无法忍耐，从而必须采取相应补救方法来处理的问题。

设存在不全为零的实数 $\lambda_1,\lambda_2,\lambda_3,\cdots,\lambda_k$ ，使得

$$\lambda_1X_{1i}+\lambda_2X_{2i}+\lambda_3X_{3i}+\cdots+\lambda_kX_{ki}+v_i=0 \qquad (i=1,2,\cdots,n) \qquad (4.1.4)$$

其中，v_i 是随机干扰项。则称解释变量 $X_1,X_2,X_3,\cdots,X_k$ 之间存在**不完全多重共线性**（less than perfect multi-collinearity）。

我们知道，解释变量之间不存在完全多重共线性，则称为**无多重共线性**（no multi-collinearity）。如果用矩阵表示，那么数据矩阵 **X** 列满秩 $Rank(\mathbf{X})=k$。

严格讲，不完全多重共线性并不违背无多重共线性假定的要求，其数据矩阵 **X** 仍满足 $Rank(\mathbf{X})=k$。它是介于完全多重共线性与无多重共线性之间的一种情况。也就是说，对于任何模型来说，解释变量之间多多少少都存在一定的线性相关关系，我们所讲的不完全多重共线性只不过是针对解释变量之间的线性相关程度比较高，并且近似或接近于完全线性关系的一种情况。因此，把不完全多重共线性归结为多重共线性，或者无多重共线性不涵盖不完全多重共线性等说法，在概念上都是模糊的。

解释变量之间不存在线性关系，即存在非线性关系，当然不会违背无多重共线性的假定。但是，这并非意味着解释变量之间的线性相关程度就不会很高。

用样本相关系数来解释解释变量之间的线性关系，我们可以归结为三种情况。

（1）解释变量之间的相关系数为零，即解释变量之间关系从向量角度来解释，是相互正交的。实际上，在这种情况下，各解释变量可以分别单独建立一元线性回归模型来进行回归分析。

（2）解释变量之间的相关系数的绝对值为 1，此时，解释变量之间是完全线性相关。比如在二元线性回归情况下，模型可以转化为一元线性回归模型来处理；或者我们将会看到在多元线性回归模型的情况下，模型参数将无法确定。

（3）解释变量之间的相关系数的绝对值在 0 和 1 之间，这就是我们常常见到的情况，即解释变量之间多多少少会存在一定的线性相关程度。究竟这种线性相关程度达到什么水平会对模型估计造成严重影响？这就是我们所讲的近似或接近的线性相关程度，或不完全多重共线性问题。

二、多重共线性产生的原因

完全多重共线性或不完全多重共线性产生的原因归结如下：

（1）经济变量之间存在共同变化趋势。对于时间序列数据，很多经济变量往往是随着时间的变化而同时增加或减少。例如，经济繁荣时期，收入、消费、投资和就业等各经济变量都趋于增长；而经济萧条时期，这些经济变量又都趋于下降。因此，当作为解释变量引入模型时，这些解释变量之间就会呈现出高度的线性相关性。

对于截面数据，很多经济变量与发展规模相关，因此，解释变量之间也会呈现共同变化趋势。例如，在建立生产函数模型时，引入产出量作为被解释变量，资本、劳动力和技术作为解释变量。这些解释变量与产出量都是成正比，因此，解释变量之间存在高度线性相关性。

另外，其中一个解释变量对被解释变量的影响因素被另外的解释变量已经涵盖，这个时候，解释变量之间也存在高度线性相关性。例如，农作物收成与施肥量、劳动力投入、灌溉面积、农机设备投入、气候变化情况和资金投入等建立回归模型时，资金投入的影响已经通过施肥量、劳动力投入、灌溉面积和农机设备投入等解释变量体现了，因此，模型回归结果会出现不完全多重共线性问题。

（2）模型中存在滞后变量。例如，对于引入滞后变量的时间序列模型

$$Y_t=\beta_1+\beta_2 Y_{t-1}+\beta_3 X_t+\beta_4 X_{t-1}+\beta_5 X_{t-2}+u_t$$

解释变量$Y_{t-1}, X_t, X_{t-1}, X_{t-2}$之间常常呈现高度线性相关性，从而导致不完全多重共线性问题。

（3）样本数据的限制。我们所收集到的数据都是观测数据而不是实验数据，而现有的数据自身可能就存在某种程度的多重共线性问题。一般情况下，利用时间序列数据建立模型时，往往存在多重共线性问题，而利用截面数据建立模型时，问题不会太大，但仍然会存在多重共线性的问题。

§4.2　多重共线性的后果

一、完全多重共线性产生的后果

（1）参数估计值不确定。在完全多重共线性时，数据矩阵$\mathbf{X}$的秩$Rank(\mathbf{X}) < k$，$(\mathbf{X'X})^{-1}$不存在，模型参数的解不唯一，即参数估计值不确定。例如，对于二元线性回归模型$Y_i = \beta_1 + \beta_2 X_{2i} + \beta_3 X_{3i} + u_i$，如果$X_{3i} = \lambda X_{2i}$，则有

$$Y_i = \beta_1 + \beta_2 X_{2i} + \lambda\beta_3 X_{2i} + u_i = \beta_1 + (\beta_2 + \lambda\beta_3) X_{2i} + u_i$$

即把二元线性回归模型转化为一元线性回归模型，或设$\beta_2 + \lambda\beta_3 = \beta_2^*$，那么，参数估计值为

$$\hat{\beta}_2^* = \frac{\sum x_{2i} y_i}{\sum x_{2i}^2}$$

但是，$\beta_2 + \lambda\beta_3 = \beta_2^*$是一个不确定的方程，存在多解，因此无法确定参数$\beta_1$和$\beta_2$的估计值。

另外，根据方程（3.1.17）和方程（3.1.18）得，

$$\hat{\beta}_3 = \frac{\sum y_i x_{3i} \sum x_{2i}^2 - \sum y_i x_{2i} \sum x_{2i} x_{3i}}{\sum x_{2i}^2 \sum x_{3i}^2 - (\sum x_{2i} x_{3i})^2} = \frac{\sum y_i \lambda x_{2i} \sum x_{2i}^2 - \sum y_i x_{2i} \sum \lambda x_{2i}^2}{\sum x_{2i}^2 \sum \lambda^2 x_{2i}^2 - \lambda^2 (\sum x_{2i}^2)^2} = \frac{0}{0}$$

$$\hat{\beta}_2 = \frac{\sum y_i x_{2i} \sum x_{3i}^2 - \sum y_i x_{3i} \sum x_{2i} x_{3i}}{\sum x_{2i}^2 \sum x_{3i}^2 - (\sum x_{2i} x_{3i})^2} = \frac{\sum y_i x_{2i} \sum \lambda^2 x_{2i}^2 - \lambda \sum y_i x_{2i} \sum \lambda x_{2i}^2}{\sum x_{2i}^2 \sum \lambda^2 x_{2i}^2 - \lambda^2 (\sum x_{2i})^2} = \frac{0}{0}$$

所以，也同样说明参数估计值是不确定的。

（2）参数估计量的方差无限大。$\hat{\boldsymbol{\beta}}$的方差-协方差矩阵为

$$Var - Cov(\hat{\boldsymbol{\beta}}) = (\mathbf{X'X})^{-1}\sigma^2$$

$\hat{\beta}_j$的方差和标准差为

$$Var(\hat{\beta}_j) = \sigma^2 c_{jj}，\quad SE(\hat{\beta}_j) = \sigma\sqrt{c_{jj}} \qquad (j = 1, 2, \cdots, n)$$

其中c_{jj}为矩阵$(\mathbf{X'X})^{-1}$第j行第j列位置上的元素。设$\mathbf{X'X}$的伴随矩阵为$\mathbf{A}^*$

$$(\mathbf{X'X})^{-1} = \frac{1}{|\mathbf{X'X}|}\mathbf{A}^*$$

对于多元线性回归模型$Y_i = \beta_1 + \beta_2 X_{2i} + \beta_3 X_{3i} + \cdots + \beta_k X_{ki} + u_i$，若解释变量之间存在完

全多重共线性，即 $(\mathbf{X'X})^{-1}$ 不存在，则 $|\mathbf{X'X}|=0$，$(\mathbf{X'X})^{-1}$ 对角线上的元素为无限大，从而 $\hat{\beta}_j$ 的方差和标准差也为无限大。例如，对于二元线性回归模型：$Y_i=\beta_1+\beta_2X_{2i}+\beta_3X_{3i}+u_i$，如果 $X_{3i}=\lambda X_{2i}$，则有

$$Var(\hat{\beta}_3)=\frac{\sum x_{2i}^2}{\sum x_{2i}^2\sum x_{3i}^2-(\sum x_{2i}x_{3i})^2}\sigma^2=\frac{\sum x_{2i}^2}{\sum x_{2i}^2\sum \lambda^2x_{2i}^2-(\sum x_{2i}\lambda x_{2i})^2}\sigma^2=\frac{\sum x_{2i}^2}{0}\sigma^2=\infty$$

$$Var(\hat{\beta}_2)=\frac{\sum x_{3i}^2}{\sum x_{2i}^2\sum x_{3i}^2-(\sum x_{2i}x_{3i})^2}\sigma^2=\frac{\lambda^2\sum x_{2i}^2}{\sum x_{2i}^2\sum \lambda^2x_{2i}^2-(\sum x_{2i}\lambda x_{2i})^2}\sigma^2=\frac{\lambda^2\sum x_{2i}^2}{0}\sigma^2=\infty$$

即，在完全多重共线性条件下，参数估计量的方差为无限大。上述 OLS 条件下参数估计量的方差公式的证明过程省略。

二、不完全多重共线性产生的后果

（1）参数估计量的方差增大。在不完全多重共线性条件下，二元线性回归模型的总体参数 OLS 估计量的方差为

$$Var(\hat{\beta}_3)=\frac{\sum x_{2i}^2}{\sum x_{2i}^2\sum x_{3i}^2-(\sum x_{2i}x_{3i})^2}\sigma^2=\frac{\sigma^2}{\sum x_{3i}^2[1-\frac{(\sum x_{2i}x_{3i})^2}{\sum x_{2i}^2\sum x_{3i}^2}]}$$

由 $r_{23}^2=\frac{(\sum x_{2i}x_{3i})^2}{\sum x_{2i}^2\sum x_{3i}^2}$，得 $Var(\hat{\beta}_3)=\frac{\sigma^2}{\sum x_{3i}^2(1-r_{23}^2)}$，同理有 $Var(\hat{\beta}_2)=\frac{\sigma^2}{\sum x_{2i}^2(1-r_{23}^2)}$

其中，r_{23} 为解释变量 X_{2i} 和 X_{3i} 之间的相关系数。对于多元线性回归模型，以参数 β_j 所对应的解释变量 X_j 作为被解释变量对其他解释变量进行回归，称作**辅助回归模型**（auxiliary regression model），并设该回归模型的可决系数为 R_j^2，那么，可以证明（省略）有

$$Var(\hat{\beta}_j)=\frac{\sigma^2}{\sum x_{ji}^2(1-R_j^2)} \tag{4.2.1}$$

定义

$$VIF_j=\frac{1}{1-R_j^2}\qquad (j=1,2,\cdots,n) \tag{4.2.2}$$

为解释变量 X_j 的**方差扩大因子或方差膨胀因子**（variance inflation factor，VIF）。

因此，有

$$Var(\hat{\beta}_j)=\frac{\sigma^2}{\sum x_{ji}^2}VIF_j \tag{4.2.3}$$

显然，R_j^2 取值在 0 和 1 之间，方差膨胀因子 VIF_j 取值范围为 1 到 ∞，当 R_j^2 趋于 1 时，方差膨胀因子 VIF_j 趋于无限大，即解释变量之间多重共线性会引起参数估计量的方差趋于无限大。而在无多重共线性条件下，可决系数为 0，方差膨胀因子为 1。

（2）参数估计区间增大。在不完全多重共线性情况下，参数估计量的方差增大，其标准差也增大，因此，参数估计区间也随之增大。即，在给定显著性水平 α 条件下，随着 R_j^2 增

大，VIF_j 也增大，参数 β_j 的估计区间 $\hat{\beta}_j \pm t_{\alpha/2} \cdot \hat{SE}(\hat{\beta}_j)$ 也增大，其中 $\hat{SE}(\hat{\beta}_j)=\dfrac{\hat{\sigma}}{\sqrt{\sum x_{ji}^2}}\sqrt{VIF_j}$ 。

（3）参数估计量的方差和估计区间增大，使检验容易出现错误判断。在不完全多重共线性情况下，参数估计区间增大，会使得假设检验中参数估计值落入接受区域的概率增大，也就是说，本来应该拒绝原假设反而不拒绝。同样，在对模型参数的 t 检验中，由于参数估计量的标准差增大而使得 t 值变小，结果造成本应该拒绝原假设反而不拒绝，即 t 检验不能通过。

在不完全多重共线性情况下，可决系数 R^2 可能会很高，F 检验也显著，但是，对参数的 t 检验可能不显著，甚至出现偏回归系数的符号与实际经济现象恰好相反的情况，从而得出错误的结论。

如果仅仅是为了预测的目的，不完全多重共线性可能不会成为严重问题，但是，参数估计值的方差变大会造成预测区间不确定，从而使预测失效。

§4.3 多重共线性的检验

检验多重共线性的方法很多，现介绍几种常用的方法。

1. 相关系数检验法

在只有两个解释变量的情况下，利用简单相关系数进行判断。一般而言，在两个解释变量的简单相关系数大于 0.8 的情况下，便认为存在较严重的多重共线性。当解释变量的个数大于 2 的时候，不仅要计算俩俩解释变量的简单相关系数，还要检测偏相关系数。

2. 综合统计检验法

若模型的 R^2 与 F 值较大，各参数估计值的 t 检验值较小，一般认为可能存在不完全多重共线性。

3. 参数估计值的经济意义检验法

偏斜率系数估计值的符号与实际经济现象恰好相反，说明模型可能存在严重的多重共线性。

4. 参数估计值的稳定性检验法

增加或减少解释变量的个数，或者变动样本的容量，都会引起偏回归系数的很大变动，说明模型可能存在严重的多重共线性。

5. 方差扩大因子检验法

一般情况下，如果解释变量 X_j 所对应的方差扩大因子满足 $VIF_j \geqslant 10$ 时，说明模型存在多重共线性。

6. 逐步回归检测法

每次引入解释变量后，都要进行模型的 R^2 检验、F 检验和 t 检验，若引入新的解释变量后，模型检验不显著，则将其剔除；若引入新的解释变量后，原来的解释变量检验不再显著，则将其剔除。这是一个反复筛选的过程，解释变量被选中的顺序不同，结果可能不同；同时，每次筛选过程都要保证新的解释变量引入之前模型中只包含显著的变量，直到既没有显著的解释变量被选入，也没有不显著的解释变量从方程中被剔除为止。逐步回归检测法也是一种补救方法。

§4.4 多重共线性的补救方法

如果检测出模型存在多重共线性，那么就要对模型进行修正。现介绍几种常用的补救方法。

1. 直接删除法

如果检测出多重共线性是由某解释变量引起，可以直接剔除该解释变量。但是，若该解释变量是无关重要的，则不会对模型产生什么严重后果；若该解释变量是非常重要的，则会使模型设定出现错误。此外，剔除了解释变量会使得该解释变量的影响因素归于随机误差项，从而导致异方差和自相关问题，所以，需要对比哪种情况造成的后果更严重。

2. 增加样本容量法

如果多重共线性是由样本观测值引起的，那么可以采取增加样本容量方法来减少因数据原因而引起的多重共线性。

3. 差分法

一般来讲，对于时间序列经济变量的增量之间的线性关系远比总量之间的线性关系弱一些。因此，通过差分的形式可以降低模型的多重共线性。如设多元线性回归模型为

$$Y_t = \beta_1 + \beta_2 X_{2t} + \beta_3 X_{3t} + \cdots + \beta_k X_{kt} + u_t \tag{4.4.1}$$

差分方程为

$$\Delta Y_t = \beta_2 \Delta X_{2t} + \beta_3 \Delta X_{3t} + \cdots + \beta_k \Delta X_{kt} + \Delta u_t \tag{4.4.2}$$

其中，$\Delta Y_t = Y_t - Y_{t-1}$，$\Delta X_{kt} = X_{kt} - X_{k(t-1)}$，$\Delta u_t = u_t - u_{t-1}$。

4. 逐步回归法

该方法不仅可以对多重共线性进行检测，同时也是一种处理多重共线性的有效的补救方法。具体步骤为：（1）用被解释变量对每个解释变量进行简单线性回归，通常将可决系数 R^2（或 $\bar{R}^2$）值最大的回归方程作为第一个基本回归方程。（2）在基本回归方程中分别增加其他解释变量，建立所有可能的二元线性回归方程，对模型进行 R^2 检验、F 检验和 t 检验。将可决系数 R^2（或 $\bar{R}^2$）值改进最大且不影响原有解释变量显著性的回归方程作为第二个基本回归方程。（3）继续重复上述的步骤直到没有显著性解释变量可被选入为止。

在上述的筛选过程中，解释变量是否最终被保留下来的原则是：可决系数 R^2（或 $\bar{R}^2$）改进最大；模型 F 检验和 t 检验显著；没有改变参数估计值的符号。

逐步回归法可能会导致异方差或自相关问题，甚至由于删除了重要的解释变量而导致模型设定错误。

5. 岭回归法或脊回归法（ridge regression）

岭回归法的基本想法是以引入偏倚为代价减少参数估计量的方差。我们知道 OLS 参

数估计向量为

$$\hat{\boldsymbol{\beta}}=(\mathbf{X}'\mathbf{X})^{-1}\mathbf{X}'\mathbf{Y}$$

现引入矩阵 $\mathbf{D}=l\mathbf{I}$，l 为大于零的常数。则有

$$\boldsymbol{\beta}^*=(\mathbf{X}'\mathbf{X}+\mathbf{D})^{-1}\mathbf{X}'\mathbf{Y} \tag{4.4.3}$$

可以证明 $\boldsymbol{\beta}^*$ 是参数 $\boldsymbol{\beta}$ 的一个有偏估计向量，其方差小于 OLS 估计向量 $\hat{\boldsymbol{\beta}}$ 的方差。岭回归参数估计向量 $\boldsymbol{\beta}^*$ 与岭回归系数 l 有关，l 值越大，$\boldsymbol{\beta}^*$ 的方差越小，其偏倚越大。因此，如何确定最小的岭回归系数 l 便成为一个复杂的问题。**霍尔**（Hoerl）与**肯纳德**（Kennard）于 1975 年提出一种估计方法。对模型的解释变量和被解释变量的离差形式进行标准化处理：

$$x_{ki}^*=\frac{x_{ki}}{\sqrt{\sum x_{ki}^2}},\quad y_{ki}^*=\frac{y_{ki}}{\sqrt{\sum y_{ki}^2}} \tag{4.4.4}$$

得到模型：$y_i^*=\beta_2^*x_{2i}^*+\beta_3^*x_{3i}^*+\cdots+\beta_k^*x_{ki}^*+u_i^*$，$i=1,2,\cdots,n$

用 OLS 方法估计该模型，得到参数和随机干扰项方差的估计值 $\hat{\beta}_j^*$ 和 $\hat{\sigma}^2$。选取

$$\hat{l}=\frac{(k-2)\hat{\sigma}^2}{\sum(\hat{\beta}_j^*)^2}\qquad (j=2,3,\cdots,k) \tag{4.4.5}$$

作为岭回归系数的估计值。

几点说明：（1）多重共线性是一种样本现象，即我们假定解释变量是非随机的，并且所获得的数据不是实验数据而是观测数据，在不同样本数据上，同一模型会得出不一样的结果。因此由于样本容量不足而造成的多重共线性问题，也叫做**微数缺测性**（micronumerosity）。（2）多重共线性不是一个存在不存在的问题，而是在于它的不同程度问题。（3）如果仅仅是为了预测，则多重共线性可能不是一个严重的问题。因为可决系数越大，预测越准确。但是，由于参数估计量的方差增大，会造成预测区间增大，从而会使预测不确定性增大。

§4.5 案　　例

表 4.1 给出了 1998—2011 年人民币对美元的汇率以及相关数据，这些相关数据是：进出口差额、实际外商直接投资、居民消费价格指数、商品房价格以及外汇储备，对应地表示为解释变量 X_2、X_3、X_4、X_5、X_6；人民币对美元的汇率表示为被解释变量 Y。

根据相关经济理论，贸易顺差、实际外商直接投资以及外汇储备都会导致人民币升值，即解释变量所对应的偏斜率系数的符号应该是负的；居民消费价格指数和商品房价格都会引起通货膨胀，而通货膨胀对人民币汇率的影响还要看美国的通货膨胀指数与中国通货膨胀指数的比较结果来判定。但是，居民消费价格指数与商品房价格分别作为解释变量与被解释变量人民币对美元的汇率所建立的简单线性回归模型中，斜率系数估计值皆为负的，这也许可以解释为人民币升值所带来的结果。

建立多元线性回归模型为

$$Y_t = \beta_1 + \beta_2 X_{2t} + \beta_3 X_{3t} + \beta_4 X_{4t} + \beta_5 X_{5t} + \beta_6 X_{6t} + u_t$$

表 4.1　　　　1998—2011 年人民币对美元汇率以及相关数据

年度	人民币汇率/100 美元 Y	进出口差额/亿美元 X_2	实际外商直接投资/亿美元 X_3	居民消费价格指数 X_4	商品房价格/每平方米元 X_5	外汇储备/亿美元 X_6
1998	827.91	434.7	454.63	99.2	2063	1449.59
1999	827.83	292.3	403.19	98.6	2053	1546.75
2000	827.84	241.1	407.15	100.4	2112	1655.74
2001	827.70	225.5	468.78	100.7	2170	2121.65
2002	827.70	304.3	527.43	99.2	2250	2864.07
2003	827.70	254.7	535.05	101.2	2359	4032.51
2004	827.68	320.9	606.30	103.9	2778	6099.32
2005	819.17	1020.0	603.25	101.8	3168	8188.72
2006	797.18	1775.2	630.21	101.5	3367	10663.40
2007	760.40	2643.4	747.68	104.8	3864	15282.49
2008	694.51	2981.2	923.95	105.9	3800	19460.30
2009	683.10	1956.9	900.33	99.3	4681	23991.52
2010	676.95	1815.1	1057.35	103.3	5032	28473.38
2011	645.88	1549.0	1160.11	105.4	5357	31811.48

资料来源：《中国统计年鉴》2012，http://www.stats.gov.cn/tjsj/ndsj/2012/indexch.htm

1. 用 OLS 方法估计模型

利用 EViews 软件得到回归结果为

$$\hat{Y}_t = 481.62 - 0.0086X_{2t} + 0.061X_{3t} + 1.747X_{4t} + 0.0845X_{5t} - 0.0165X_{6t}$$

$$t = (3.871)\ (-2.605)\ (0.838)\ \ (1.197)\ \ (6.361)\ \ (-6.556)$$

$$R^2 = 0.9939,\quad \bar{R}^2 = 0.9902,\quad F = 262.4163,\quad n = 14$$

查 t 分布表和 F 分布表分别得 $t_{0.025}(12) = 2.179$，$F_{0.05}(5,8) = 3.69$。因此 $R^2 = 0.9939$，$F = 262.4163 > F_{0.05}(5,8) = 3.69$，说明模型线性关系显著，即解释变量联合起来对模型有显著影响。但是，解释变量 X_3、X_4 所对应的参数估计值未通过 t 检验，并且解释变量 X_3 所对应的参数估计值为正的，其符号的经济意义不合理。所以，我们可以认为，模型中可能存在严重的多重共线性。

2. 简单相关系数检验

用 EViews 软件得到相关系数矩阵：Quick → Group Statistics → Correlations，弹出窗口 Series List，输入 X2 X3 X4 X5 X6，点击 OK，得到表 4.2 的结果。

表 4.2　　　　相关系数矩阵表

	X2	X3	X4	X5	X6
X2	1.0000	0.7382	0.6429	0.7523	0.7466
X3	0.7382	1.0000	0.6806	0.9710	0.9875
X4	0.6429	0.6806	1.0000	0.6043	0.6098
X5	0.7523	0.9710	0.6043	1.0000	0.9905
X6	0.7466	0.9875	0.6098	0.9905	1.0000

从表 4.2 中的数据看出，解释变量 X_3 与 X_5 和 X_6 之间存在高度线性相关。

3. 利用逐步回归法进行修正

进行简单线性回归分析，确定基本回归方程，分析结果见表 4.3。

表 4.3　　一元线性回归分析结果

	X2	X3	X4	X5	X6
参数估计值	−0.0539	−0.2734	−15.9271	−0.0566	−0.0064
t 检验值	−3.9697	−12.8421	−2.3585	−10.0008	−16.1203
R^2	0.5677	0.9322	0.3167	0.8929	0.9559

从表 4.3 看到，各解释变量的斜率系数估计值皆为负的，t 检验都通过，解释变量 X_6 所对应的回归方程的 R^2（或 $\bar{R}^2$）值最大，作为基本回归方程。依次对其他解释变量进行二元线性回归分析，得到表 4.4 的结果。

表 4.4　　二元线性回归分析结果

	X6	X2	X3	X4	X5	$\bar{R}^2$
X6，X2	（−0.0061） （−9.9939）	（−0.0038） （−0.5667）				0.949314
X6，X3	（−0.0064） （−2.4296）		（0.00026） （0.0023）			0.947835
X6，X4	（−0.0066） （−12.8999）			（1.5038） （0.6786）		0.949931
X6，X5	（−0.0144） （−8.2855）				（0.0747） （4.6709）	0.982515

从表 4.4 看到，增加解释变量 X_5 后的回归方程的 $\bar{R}^2$=0.982515 改进最大，且各参数的 t 检验显著。因此，保留 X_5，继续对其他解释变量进行三元线性回归分析，得到表 4.5 的结果。

表 4.5　　三元线性回归分析结果

	X6	X5	X2	X3	X4	$\bar{R}^2$
X6，X5，X2	（−0.0144） （−9.0565）	（0.0784） （5.3228）	（−0.0065） （−1.7954）			0.985455
X6，X5，X3	（−0.0180） （−7.0479）	（0.0839） （5.4215）		（0.1141） （1.7899）		0.985433
X6，X5，X4	（−0.0146） （−8.4837）	（0.0747） （4.7382）			（1.4892） （1.1542）	0.983028

从表 4.5 看到，加入解释变量 X_2 后，$\bar{R}^2$=0.985455 改进最大，但是 X_2 所对应的参数估计值的 t 检验不显著。同样，加入解释变量 X_3 后，$\bar{R}^2$=0.985433 改进的程度差不多少，但是 X_3 所对应的参数估计值的 t 检验不显著，并且 X_3 所对应的参数估计值的符号与实际经济意义不相符。从相关系数分析得知，X_3 与 X_5 和 X_6 高度线性相关，因此，可以认为

主要是 X_2 和 X_3 引起了多重共线性。如果剔除了这两个解释变量后，解释变量 X_4 所对应的参数估计值的 t 检验也不显著。所以，只能保留解释变量 X_5、X_6 所构成的回归方程为

$$\hat{Y}_t = 698.6082 + 0.0747X_{5t} - 0.0144X_{6t}$$

但是，我们从相关系数分析中看到，解释变量 X_5、X_6 之间的相关系数为 0.9905，即高度线性相关。另外，解释变量 X_5 所对应的参数估计值的符号为正的，而单独对被解释变量做简单线性回归时，其所对应的参数估计值的符号为负的，也就是说，商品房价格对人民币对美元的汇率影响到底是人民币升值还是贬值难以得出确定的答案。因此，必须剔除解释变量 X_5，只保留一个解释变量 X_6，最后得出的样本回归方程为

$$\hat{Y}_t = 848.3141 - 0.0064X_{6t}$$

这说明，外汇储备每增加 1 亿美元，平均会引起人民币对美元的汇率中（100 美元兑换成人民币）人民币升值 0.0064 元。

本章习题

4.1 什么是多重共线性？

4.2 出现多重共线性的主要原因是什么？

4.3 多重共线性可能造成的后果是什么？

4.4 多重共线性的常见补救方法有哪些？

4.5 逐步回归法的具体步骤是什么？

4.6 在多重共线性情况下，OLS 估计量是否还是 BLUE？

4.7 由例 3.1 得到下列回归结果

$$\hat{Y}_i = 639.7117 + 0.06721X_{2i} + 0.96712X_{3i}$$

$$(203.2)\quad(0.0373)\quad(0.0605)$$

$$(3.148)\quad(1.8010)\quad(15.973)$$

$$R^2 = 0.99431,\quad F = 2446.552,\quad n = 31$$

其中，Y 代表 2011 年城镇居民家庭平均每人全年现金消费支出；X_2 代表 2011 年城镇居民家庭平均每人全年可支配收入；X_3 代表 2010 年城镇居民家庭平均每人全年现金消费支出。数据来源见表 3.1。请问模型是否存在多重共线性？如何进行检验？

4.8 表 4.6 给出了 1995—2011 年中国商品进口额、国内生产总值和居民消费价格指数数据。如果设模型为：$\ln Y_t = \beta_1 + \beta_2 \ln X_{2t} + \beta_3 \ln X_{3t} + u_t$

（1）请利用表 4.6 中的数据估计模型参数。

（2）请问模型是否存在多重共线性？

（3）请对下列的简单线性回归模型进行回归分析，并说明回归结果：

$$\ln Y_t = \alpha_1 + \alpha_2 \ln X_{2t} + v_{1t}$$

$$\ln Y_t = \delta_1 + \delta_3 \ln X_{3t} + v_{2t}$$

$$\ln X_{2t} = \lambda_1 + \lambda_3 \ln X_{3t} + v_{3t}$$

（4）如果仅仅是为了预测，多重共线性是否构成严重影响？

表 4.6　1995—2011 年中国商品进口额、国内生产总值和消费价格指数数据

年度	商品进口额/亿元 Y	国内生产总值/亿元 X_2	居民消费价格指数（1995 年为 100）X_3	年度	商品进口额/亿元 Y	国内生产总值/亿元 X_2	居民消费价格指数（1995 年为 100）X_3
1995	11048.1	60793.7	100.00	2004	46435.8	159878.3	134.50
1996	11557.4	71176.6	126.80	2005	54273.7	184937.4	136.90
1997	11806.5	78973.0	130.40	2006	63376.9	216314.4	138.90
1998	11626.1	84402.3	129.30	2007	73300.1	265810.3	145.60
1999	13736.4	89677.1	127.50	2008	79526.5	314045.4	154.20
2000	18638.8	99214.6	128.00	2009	68618.4	340902.8	153.10
2001	20159.2	109655.2	128.90	2010	94699.3	401512.8	158.20
2002	24430.3	120332.7	127.90	2011	113161.4	472881.6	166.70
2003	34195.6	135822.8	129.40				

资料来源：《中国统计年鉴》2012，http://www.stats.gov.cn/tjsj/ndsj/2012/indexch.htm

4.9　由第三章的案例知道，Y 代表税收收入，X_2 代表国内生产总值，X_3 代表财政支出，X_4 代表商品零售物价指数。具体数据见表 3.3。

（1）如果模型设定为：$Y_t = \beta_1 + \beta_2 X_{2t} + \beta_3 X_{3t} + \beta_4 X_{4t} + u_t$

请问模型是否存在多重共线性？如果存在多重共线性，如何采取补救办法？

（2）如果模型重新设定为：$\ln Y_t = \beta_1 + \beta_2 \ln X_{2t} + \beta_3 \ln X_{3t} + \beta_4 X_{4t} + u_t$

请问能否消除多重共线性问题？如果不能，如何采取补救办法？

4.10　表 4.7 给出了 1936—1952 年美国有关经济数据。克莱因和戈德伯格试图对美国经济建立如下经济模型

$$Y_i = \beta_1 + \beta_2 X_{2i} + \beta_3 X_{3i} + \beta_4 X_{4i} + u_i$$

其中 Y 代表消费，X_2 代表工资收入，X_3 代表非工资、非农场收入，X_4 代表农场收入。由表 4.7 的数据得回归结果为：

$$\hat{Y}_i = 18.702 + 0.38X_{2i} + 1.418X_{3i} + 0.533X_{4i}$$

$$SE=（6.845）（0.312）（0.720）（1.399）$$

$$R^2 = 0.918721，\quad F = 37.67771，\quad n = 14$$

（1）请检验模型是否存在多重共线性。

（2）克莱因和戈德伯格预料到 X_2、X_3 和 X_4 之间存在高度多重共线性，因此通过截面数据分析获得 β_3 和 β_4 的估计值为

$$\hat{\beta}_3 = 0.75\hat{\beta}_2，\quad \hat{\beta}_4 = 0.625\hat{\beta}_2$$

设

$$Z_i = X_{2i} + 0.75X_{3i} + 0.625X_{4i}$$

重新建立消费函数模型为：

$$Y_i = \beta_1 + \beta_2 Z_i + u_i$$

请利用表 4.7 中的数据估计 β_1 和 β_2，从而得出 β_3 和 β_4 的估计值。

表 4.7 **1936—1952 年美国有关经济数据**

年份	Y	X_2	X_3	X_4	年份	Y	X_2	X_3	X_4
1936	62.8	43.41	17.1	3.96	1946	95.7	76.73	28.26	9.76
1937	65	46.44	18.65	5.48	1947	98.3	75.91	27.91	9.31
1938	63.9	44.35	17.09	4.37	1948	100.3	77.62	32.3	9.85
1939	67.5	47.82	19.28	4.51	1949	103.2	78.01	31.39	7.21
1940	71.3	51.02	23.24	4.88	1950	108.9	83.57	35.61	7.39
1941	76.6	58.71	28.11	6.37	1951	108.5	90.59	37.58	7.98
1945	86.3	87.69	30.29	8.96	1952	111.4	95.47	35.17	7.42

资料来源：古扎拉蒂. 计量经济学基础. 北京：中国人民大学出版社，2011：355.
1942—1944 年（战争年代）的数据缺失。

4.11 表 4.8 给出了 1978—2011 年中国财政收入及其影响因素相关数据。若模型设定为:

$$Y_t = \beta_1 + \beta_2 X_{2t} + \beta_3 X_{3t} + \beta_4 X_{4t} + \beta_5 X_{5t} + \beta_6 X_{6t} + u_t$$

请检验模型是否存在多重共线性，如果存在，请采取相应的补救方法进行修正。

表 4.8 **1978—2011 年中国财政收入及其影响因素相关数据**

年度	财政收入/亿元 Y	农业增加值/亿元 X_1	工业增加值/亿元 X_2	建筑业增加值/亿元 X_3	总人口/万人 X_4	最终消费/亿元 X_5	受灾面积/千公顷 X_6
1978	1132.3	1027.5	1607.0	138.2	96259	2239.1	50807
1979	1146.4	1270.2	1769.7	143.8	97542	2633.7	39370
1980	1159.9	1371.6	1996.5	195.5	98705	3007.9	50025
1981	1175.8	1559.5	2048.4	207.1	100072	3361.5	44526
1982	1212.3	1777.4	2162.3	220.7	101654	3714.8	39790
1983	1367.0	1978.4	2375.6	270.6	103008	4126.4	33130
1984	1642.9	2316.1	2789.0	316.7	104357	4846.3	34710
1985	2004.8	2564.4	3448.7	417.9	105851	5986.3	44365
1986	2122.0	2788.7	3967.0	525.7	107507	6821.8	47140
1987	2199.4	3233.0	4585.8	665.8	109300	7804.6	42090
1988	2357.2	3865.4	5777.2	810.0	111026	9839.5	50870
1989	2664.9	4265.9	6484.0	794.0	112704	11164.2	46991
1990	2937.1	5062.0	6858.0	859.4	114333	12090.5	38474
1991	3149.5	5342.2	8087.1	1015.1	115823	14091.9	55472
1992	3483.4	5866.6	10284.5	1415.0	117171	17203.3	51332
1993	4349.0	6963.8	14188.0	2266.5	118517	21899.9	48827
1994	5218.1	9572.7	19480.7	2964.7	119850	29242.2	55046
1995	6242.2	12135.8	24950.6	3728.8	121121	36748.2	45824
1996	7408.0	14015.4	29447.6	4387.4	122389	43919.5	46991
1997	8651.1	14441.9	32921.4	4621.6	123626	48140.6	53427
1998	9876.0	14817.6	34018.4	4985.8	124761	51588.2	50145
1999	11444.1	14770.0	35861.5	5172.1	125786	55636.9	49980
2000	13395.2	14944.7	40033.6	5522.3	126743	61516.0	54688
2001	16386.0	15781.3	43580.6	5931.7	127627	66933.9	52215
2002	18903.6	16537.0	47431.3	6465.5	128453	71816.5	46946
2003	21715.3	17381.7	54945.5	7490.8	129227	77685.5	54506
2004	26396.5	21412.7	65210.0	8694.3	129988	87552.6	37106
2005	31649.3	22420.0	77230.8	10367.3	130756	99357.5	38818
2006	38760.2	24040.0	91310.9	12408.6	131448	113103.8	41091
2007	51321.8	28627.0	110534.9	15296.5	132129	132232.9	48992
2008	61330.4	33702.0	130260.2	18743.2	132802	153422.5	39990
2009	68518.3	35226.0	135239.9	22398.8	133450	169274.8	47214
2010	83101.5	40533.6	160722.2	26661.0	134091	194115.0	37426
2011	103874.4	47486.2	188470.2	31942.7	134735	228561.3	32471

资料来源：《中国统计年鉴》2012，http://www.stats.gov.cn/tjsj/ndsj/2012/indexch.htm

第五章

异　方　差

§5.1　什么是异方差?

一、异方差性的定义

在高斯假定中，假定随机干扰项 u_i 具有**同方差性**（homoscedasticity），即给定解释变量 X_i，随机干扰项 u_i 的方差等于一个常数 σ^2，记作

$$Var(u_i)=E(u_i^2)=\sigma^2 \qquad i=1,2,\cdots,n \tag{5.1.1}$$

给定 X_i 条件下，随机干扰项 u_i 的方差，也就是 Y_i 的方差，不再保持不变，便称为具有**异方差性**（heteroscedasticity），记作

$$Var(u_i)=E(u_i^2)=\sigma_i^2 \qquad i=1,2,\cdots,n \tag{5.1.2}$$

一般情况下，异方差性是指每个 u_i 围绕其零均值的方差（离散程度）随着 X_i 的变化而变化，或者说，Y_i 围绕其均值 $E(Y|X_i)$ 的方差（离散程度）随着 X_i 的变化而变化。因此，可以把异方差性看成是与 X_i 的函数关系，记作

$$\sigma_i^2=F(X_i)\text{或}\sigma_i^2=\sigma^2 f(X_i) \tag{5.1.3}$$

这种函数关系有三种类型（见图 5.1）：

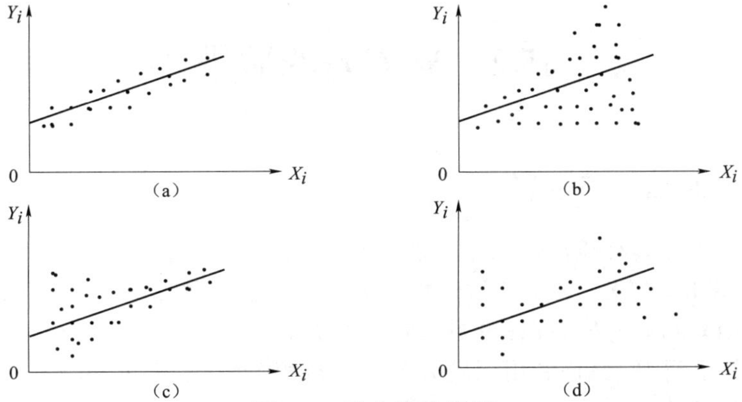

图 5.1　异方差的类型

（1）单调递增型：σ_i^2 随着 X_i 增加而增加；

（2）单调递减型：σ_i^2 随着 X_i 增加而减少；

（3）复杂型：σ_i^2 随着 X_i 增加而呈复杂变化。

图 5.1 显示 Y_i 随着 X_i 的变化而变化的散点图，其中（a）表示同方差情况；（b）表示单调递增型异方差；（c）表示单调递减型异方差，（d）表示复杂型异方差。

二、异方差性产生的原因

（1）截面数据中总体各单位的差异较大。经验告诉我们，采用截面数据作为样本，由于不同样本点上解释变量以外的其他影响因素差异较大，所以，往往存在异方差。一般来说，截面数据所产生的差异的可能大于同一对象不同时间的时间序列数据所产生的差异。

（2）模型设定误差。模型设定误差主要包括两种情况，一是解释变量的选择问题；二是模型的数学形式的确定问题。第一种情况下，由于模型剔除了重要的解释变量往往导致异方差。比如，为了避免多重共线性而剔除了重要的解释变量，从而导致异方差。第二种情况下，模型设定错误，比如，把非线性关系设定为线性关系很可能导致异方差。

（3）观测误差。观测误差主要包括三种情况，一是随着观测范围的增大误差也增大；二是随着观测技术的提高误差减小；三是出现了异常观测数据。这是指出现了一个超越正常范围的观测值，即与其他观测值相比过大或过小。上述三种情况下，都会导致异方差。

（4）人类自身的行为规律和社会经济原因导致异方差性。比如，① **误差学习模型**（error-learning models），人们在学习过程中，其行为误差或错误次数随着时间的增加而减少。② **自主决定支配收入原则**（discretionary income）。随着收入的增加，人们对收入支配就会有更大的选择范围。过去可能在意 1 元钱怎么使用，现在只在意 10 元钱怎么使用（不考虑通货膨胀）。因此，当选取的样本数据按照不同收入等级进行分组后，各组之间就会出现差异。③ **偏态分布**（skewness of distribution）。例如，收入、财富和教育等经济变量出现分布偏态，即在大多数社会中收入和财富分配都是不匀称的，处在顶端的少数人拥有了大部分的收入和财富。

§5.2 异方差的后果

一、对 OLS 估计量的影响

OLS 估计量仍然具有线性性和无偏性，但不再具有有效性。在第三章我们已经证明了 OLS 估计向量 $\hat{\boldsymbol{\beta}} = (\mathbf{X'X})^{-1}\mathbf{X'Y}$ 的线性性和无偏性，证明过程中只用到了均值为零的假定条件，即 $E(\mathbf{u}) = 0$，与是否存在异方差没有关系。

在有效性的证明中，我们利用了同方差和无自相关假定，即 $E(\mathbf{uu'}) = \sigma^2\mathbf{I}$。也就是说，$\hat{\boldsymbol{\beta}}$ 方差-协方差矩阵为

$$
\begin{aligned}
Var-Cov(\hat{\boldsymbol{\beta}}) &= E[(\hat{\boldsymbol{\beta}}-\boldsymbol{\beta})(\hat{\boldsymbol{\beta}}-\boldsymbol{\beta})'] \\
&= E[(\mathbf{X'X})^{-1}\mathbf{X'uu'X}(\mathbf{X'X})^{-1}] \\
&= (\mathbf{X'X})^{-1}\mathbf{X'}E(\mathbf{uu'})X(\mathbf{X'X})^{-1} \\
&= (\mathbf{X'X})^{-1}\mathbf{X'}\sigma^2\mathbf{IX}(\mathbf{X'X})^{-1} \\
&= \sigma^2(\mathbf{X'X})^{-1}
\end{aligned}
$$

而在异方差条件下，$E(\mathbf{uu'})=\sigma^2\boldsymbol{\psi}$，其中，$\boldsymbol{\psi}$是一个实正定对称矩阵，其主对角线上的元素各不相同。

此时，$\hat{\boldsymbol{\beta}}$方差-协方差矩阵变为

$$Var-Cov(\hat{\boldsymbol{\beta}})=(\mathbf{X'X})^{-1}\mathbf{X'}\sigma^2\boldsymbol{\psi}\mathbf{X}(\mathbf{X'X})^{-1} \tag{5.2.1}$$

因此，用$\sigma^2(\mathbf{X'X})^{-1}$作为估计值是错误的，不能保证$\hat{\boldsymbol{\beta}}$的有效性。

二、对模型检验和预测的影响

在异方差的情况下，构造出来的统计量不再服从t分布和F分布，因此，t检验和F检验都会失效。同样，使用 OLS 估计量将会导致预测区间偏大或偏小，预测功能失效。

§5.3 异方差的检验

所谓异方差，就是对于不同的样本点，由于不同解释变量的观测值而使随机干扰项产生不同方差，因此，检验异方差就是检验随机干扰项的方差与解释变量之间的关系。一般处理方法是先利用 OLS 方法求出随机干扰项的方差估计值：

$$Var(u_i)=E(u_i^2)=\sigma_i^2\approx e_i^2 \tag{5.3.1}$$

然后利用e_i^2替代σ_i^2来检验与解释变量X_i之间的关系。

1. 图示法

先利用 OLS 方法求出e_i^2，并做出散点图，见图 5.2。

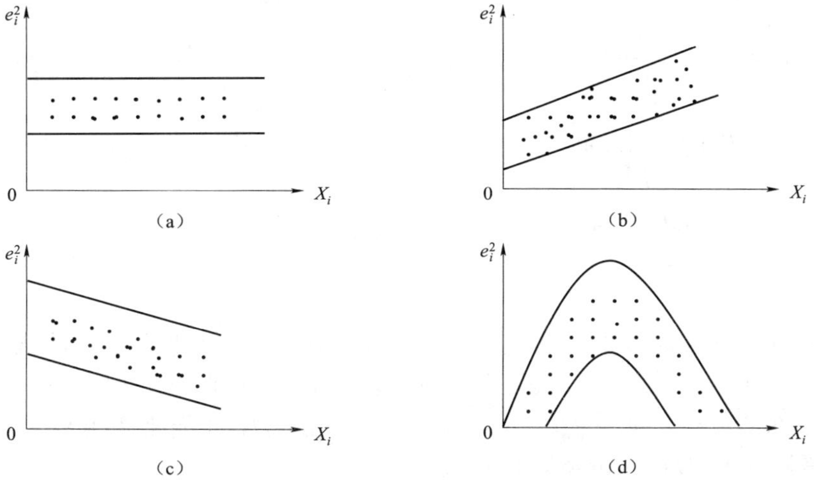

图 5.2 e_i^2 对 X_i 散点图

类似于图 5.1，图 5.2 显示 e_i^2 随着 X_i 的变化而变化的散点图，其中（a）表示同方差情况；（b）表示单调递增型异方差；（c）表示单调递减型异方差，（d）表示复杂型异方差。

2. **帕克**（Park）检验与**戈里瑟**（Glejser）检验

帕克检验和戈里瑟检验的基本思想：就是以 e_i^2 或 $|e_i|$ 为被解释变量，以原模型中某解释变量 X_{ji} 为被解释变量，建立回归方程：

$$e_i^2 = f(X_{ji}) + v_i \tag{5.3.2}$$

或

$$|e_i| = f(X_{ji}) + v_i \tag{5.3.3}$$

其中，v_i 为随机干扰项。根据实际情况，选择不同的函数形式，对方程进行回归估计并进行显著性检验。如果模型检验显著，说明存在某种函数形式，即存在异方差性。例如，帕克最初建议的函数形式为：

$$\sigma_i^2 = \sigma^2 X_{ji}^{\beta} e^{v_i}$$

或

$$\ln \sigma_i^2 = \ln \sigma^2 + \beta \ln X_{ji} + v_i \tag{5.3.4}$$

用 e_i^2 替代 σ^2 得到如下方程并进行回归估计：

$$\begin{aligned}\ln e_i^2 &= \ln \sigma^2 + \beta \ln X_{ji} + v_i \\ &= \alpha + \beta \ln X_{ji} + v_i\end{aligned} \tag{5.3.5}$$

如果参数 β 表现为统计上显著的，则说明数据中存在异方差性，否则，则可以接受同方差性假定。

帕克检验从经验上看颇具魅力，但却遭到了**戈德菲尔德**（Goldfeld）和**夸特**（Quandt）的质疑，并认为随机干扰项 v_i 可能不满足基本假定，而且自身还可能存在异方差。

戈里瑟认为用 e_i 的绝对值替代 e_i^2 建立如下方程：

$$|e_i| = \beta_1 + \beta_2 X_{ji} + v_i;$$

$$|e_i| = \beta_1 + \beta_2 \sqrt{X_{ji}} + v_i;$$

$$|e_i| = \beta_1 + \beta_2 \frac{1}{X_{ji}} + v_i;$$

$$|e_i| = \beta_1 + \beta_2 \frac{1}{\sqrt{X_{ji}}} + v_i;$$

$$|e_i| = \sqrt{\beta_1 + \beta_2 X_{ji}} + v_i;$$

$$|e_i| = \sqrt{\beta_1 + \beta_2 X_{ji}^2} + v_i。$$

帕克检验和戈里瑟检验都不失为一种经验和实际处理方法被加以使用。但是，戈德菲尔德和夸特还是指出误差项的若干问题，比如期望值非零、序列自相关和异方差性。另外，方程 $|e_i| = \sqrt{\beta_1 + \beta_2 X_{ji}} + v_i$；$|e_i| = \sqrt{\beta_1 + \beta_2 X_{ji}^2} + v_i$ 不是线性模型，不能使用 OLS 方法来估计。

3. **戈德菲尔德-夸特**（Goldfeld-Quandt）检验

帕克检验和戈里瑟检验需要对不同的解释变量尝试不同函数形式，进行反复检验。戈德菲尔德-夸特检验可以克服这样的问题。这个检验方法是戈德菲尔德和夸特于 1965 年提出来的，常用于检验递增型或递减型异方差。简称为 G-Q 检验，其基本思想是：先按某一解释变量对样本进行排序，再将排序后的样本分成两部分，对两个子样本进行 OLS 回归，然后利用两个子样本的残差平方和之比构造出 F 统计量进行异方差检验。具体步骤如下：

（1）将 n 组样本观测值按某一被认为有可能引起异方差的解释变量观测值的大小排序。

（2）将序列中间大约 c 个（样本容量 n 的 1/5～1/4）观测值去掉，剩下的观测值分为容量相同的两组，即每个子样本容量均为 $(n-c)/2$。

（3）对两个子样本进行 OLS 回归。用 $RSS_1=\sum e_{1i}^2$ 和 $RSS_2=\sum e_{2i}^2$ 分别表示其中较小的和较大的残差平方和（递增时，后部分子样本残差平方和较大；递减时，前部分子样本残差平方和较大）。

（4）在同方差假定下，即原假设 H_0：$\sigma_i^2=\sigma^2$，$i=1,2,\cdots,n$（或两组数据的方差相等）；备择假设 H_1：$\sigma_i^2\leqslant\sigma_{i+1}^2$（或 $\sigma_i^2\geqslant\sigma_{i+1}^2$），$i=1,2,\cdots,n-1$（或两组数据的方差不相等）。构造统计量 F：

$$F=\frac{\sum e_{2i}^2\Big/\left(\dfrac{n-c}{2}-k\right)}{\sum e_{1i}^2\Big/\left(\dfrac{n-c}{2}-k\right)}=\frac{\sum e_{2i}^2}{\sum e_{1i}^2}\sim F\left(\frac{n-c}{2}-k,\ \frac{n-c}{2}-k\right) \tag{5.3.6}$$

（5）给定显著性水平 α，查 F 分布表得临界值

$$F_\alpha\left(\frac{n-c}{2}-k,\ \frac{n-c}{2}-k\right)$$

若 $F>F_\alpha$，则拒绝同方差假定，说明存在异方差性，否则，不存在异方差性。

戈德菲尔德-夸特检验的前提条件是：大样本，单调递增型或单调递减型异方差。戈德菲尔德-夸特检验的效果与样本排序以及删除掉的数据 c 的大小有关系。经验显示，当 n=30 时，取 c=4～8；当 n=60 时，取 c=10～16。

4. 怀特（White）检验

怀特检验是怀特于 1980 年提出来的，其基本思想是：先利用 OLS 方法得到回归方程，再做 e_i^2 对常数项、解释变量、解释变量的平方及其交叉乘积等构成的辅助回归，最后构造相应统计量并进行异方差检验。

例如，三元线性回归模型的怀特检验的基本思想和步骤为：

假设回归模型为：

$$Y_i=\beta_1+\beta_2X_{2i}+\beta_3X_{3i}+\beta_4X_{4i}+u_i \tag{5.3.7}$$

（1）利用 OLS 方法估计方程（5.3.7），并求残差 $e_i=Y_i-\hat{Y}_i$，用 e_i^2 替代 σ_i^2 得辅助回归为：

$$\begin{aligned}e_i^2=&\alpha_1+\alpha_2X_{2i}+\alpha_3X_{3i}+\alpha_4X_{4i}+\alpha_5X_{2i}^2+\alpha_6X_{3i}^2\\&+\alpha_7X_{4i}^2+\alpha_8X_{2i}X_{3i}+\alpha_9X_{2i}X_{4i}+\alpha_{10}X_{3i}X_{4i}+v_i\end{aligned} \tag{5.3.8}$$

利用 OLS 方法可以得到辅助样本回归：

$$\begin{aligned}\hat{e}_i^2=&\hat{\alpha}_1+\hat{\alpha}_2X_{2i}+\hat{\alpha}_3X_{3i}+\hat{\alpha}_4X_{4i}+\hat{\alpha}_5X_{2i}^2+\hat{\alpha}_6X_{3i}^2\\&+\hat{\alpha}_7X_{4i}^2+\hat{\alpha}_8X_{2i}X_{3i}+\hat{\alpha}_9X_{2i}X_{4i}+\hat{\alpha}_{10}X_{3i}X_{4i}\end{aligned} \tag{5.3.9}$$

（2）在同方差假定下，即

原假设 H_0：$\sigma_i^2=\sigma^2=\alpha_1$，$i=1,2,\cdots,n$（或 $\alpha_2=\alpha_3=\cdots=\alpha_{10}=0$）；

备择假设 H_1： σ_i^2 不全相等， $i=1,2,\cdots,n$ （或 α_j 不全为零， $j=2,3,\cdots,10$ ）。构造统计量 nR^2，其中 n 为样本容量，R^2 为辅助回归的可决系数。可以证明，在大样本条件下，统计量 nR^2 渐近地服从自由度为 p 的 χ^2 分布，p 为辅助回归的偏斜率系数的个数（或解释变量的个数）。如本例中，$p=9$。对二元线性回归模型，$p=5$，对简单线性回归模型，$p=2$。

（3）给定显著性水平 α，查 χ^2 分布表，得临界值 $\chi_\alpha^2(p)$，如本例为 $\chi_\alpha^2(9)$。若 $nR^2>\chi_\alpha^2(p)$，则拒绝同方差假定，说明存在异方差性，否则，不存在异方差性。

怀特检验的特点是：不仅能够检验异方差性，而且还可以判断是由哪个解释变量引起异方差。怀特检验不需要异方差的先验信息，但要求观测值是大样本的。其缺点是：对于多个解释变量，使用该检验会丧失较多自由度。

5. **斯皮尔曼（Spearman）等级相关系数检验**

定义斯皮尔曼的等级相关系数为：

$$r_s=1-6\left[\frac{\sum d_i^2}{n(n^2-1)}\right] \tag{5.3.10}$$

其中 d_i 为第 i 个单位的等级差， n 为等级个数。具体步骤如下：

（1）求残差 $e_i=Y_i-\hat{Y}_i$。

（2）取绝对值 $|e_i|$，将 $|e_i|$ 和 X_i 同时按照升序或降序划分等级，然后计算斯皮尔曼等级相关系数。

（3）在同方差假定下，构造 t 统计量

$$t=\frac{r_s\sqrt{n-2}}{\sqrt{1-r_s^2}}\sim t(n-2) \tag{5.3.11}$$

（4）给定显著性水平 α，查 t 分布表得临界值 $t_{\alpha/2}(n-2)$，若 $t>t_{\alpha/2}(n-2)$，则拒绝同方差假定，说明存在异方差性，否则，不存在异方差性。

6. ARCH 检验

恩格尔（Engel）于 1982 年提出了在时间序列情况下出现异方差性，并从理论上提出了一种观测时间序列方差变动的方法，即所谓的 ARCH（auto regressive conditional heteroscedasticity）**检验法—自回归条件异方差**。

设 ARCH 过程为下列自回归方程：

$$\sigma_t^2=\alpha_0+\alpha_1\sigma_{t-1}^2+\cdots+\alpha_p\sigma_{t-p}^2+v_t \tag{5.3.12}$$

其中， $\alpha_0>0$， $\alpha_i\geqslant 0$，（ $i=1,2,\cdots,p$ ）； v_t 为随机干扰项； p 称为 ARCH 过程的阶数。具体检验步骤为：

（1）利用 OLS 方法对原模型进行回归，并求残差 $e_i=Y_i-\hat{Y}_i$，用 e_t^2 替代 σ_t^2 得辅助回归为：

$$e_t^2=\alpha_0+\alpha_1e_{t-1}^2+\cdots+\alpha_pe_{t-p}^2+v_t \tag{5.3.13}$$

并利用 OLS 方法可以得到辅助样本回归：

$$\hat{e}_t^2=\hat{\alpha}_0+\hat{\alpha}_1e_{t-1}^2+\cdots+\hat{\alpha}_pe_{t-p}^2 \tag{5.3.14}$$

（2）在同方差假定下，即

原假设 H_0： $\sigma_t^2=\sigma^2=\alpha_0$， $t=1,2,\cdots,n$ （或 $\alpha_1=\alpha_2=\cdots=\alpha_p=0$ ）；

备择假设 H_1： σ_t^2 不全相等， $t=1,2,\cdots,n$ （或 α_j 不全为零， $j=1,2,\cdots,p$ ）。

构造统计量$(n-p)R^2$，其中n为样本容量，R^2为辅助回归的可决系数。可以证明，在大样本条件下，统计量$(n-p)R^2$渐近地服从自由度为p的χ^2分布，p为ARCH过程的阶数，即解释变量滞后期数（或辅助回归的解释变量的个数）。

（3）给定显著水平α，查χ^2分布表得临界值$\chi_\alpha^2(p)$，若$(n-p)R^2>\chi_\alpha^2(p)$，则拒绝同方差假定，说明存在异方差性，否则，不存在异方差性。

异方差的其他检验方法有：**布罗施-帕甘-戈弗雷检验**（Breusch-Pagan-Godfrey，BPG test）；**寇因克-巴赛特检验**（Koenker-Basett，KB test）和**哈维检验**（Harvey）等。

§5.4 异方差的补救方法

1. 加权最小二乘法（Weighted Least Squares，WLS）

加权最小二乘法：就是对原模型加权，使之成为不再存在异方差性的模型，然后再利用OLS方法对参数进行估计。

我们知道OLS方法就是让残差平方和为最小。在出现异方差的情况下，残差平方越小，其偏离均值程度越小；残差平方越大，其偏离均值程度越大。加权最小二乘法的基本思想就是对较小的残差平方赋予较大的权数，对较大的残差平方赋予较小的参数，从而对残差提供的信息的重要程度进行修正。即使

$$\sum w_i e_i^2=\sum w_i[Y_i-(\hat{\beta}_1+\hat{\beta}_2X_{2i}+\cdots+\hat{\beta}_kX_{ki})]^2 \tag{5.4.1}$$

为最小。

若$Var(u_i)=E(u_i^2)=\sigma_i^2=\sigma^2 f(X_{ji})$，则令$w_i=1/\sigma_i^2=1/\sigma^2 f(X_{ji})$，从而

$$\begin{aligned}\sum w_i e_i^2&=\sum\left(\frac{e_i^2}{\sigma_i^2}\right) \qquad (5.4.2)\\&=\sum\frac{1}{\sigma^2 f(X_{ji})}[Y_i-(\hat{\beta}_1+\hat{\beta}_2X_{2i}+\cdots+\hat{\beta}_kX_{ki})]^2\end{aligned}$$

对上述（5.4.2）式子分别对参数求偏导数，并令其为零，我们可以得到一组方程，解该组方程，便可以得到所有的参数估计值。这便是加权最小二乘法。

对原模型方程[式（5.4.1）中所假设的]两边同乘以$\sqrt{w_i}=1/\sigma_i$得，

$$\frac{Y_i}{\sigma_i}=\frac{\beta_1}{\sigma_i}+\beta_2\frac{X_{2i}}{\sigma_i}+\cdots+\beta_k\frac{X_{ki}}{\sigma_i}+\frac{u_i}{\sigma_i} \tag{5.4.3}$$

方程（5.4.3）的残差平方和为

$$\begin{aligned}&\sum\left[\frac{Y_i}{\sigma_i}-\left(\frac{\hat{\beta}_1}{\sigma_i}+\hat{\beta}_2\frac{X_{2i}}{\sigma_i}+\cdots+\hat{\beta}_k\frac{X_{ki}}{\sigma_i}\right)\right]^2\\&=\sum\frac{1}{\sigma_i^2}[Y_i-(\hat{\beta}_1+\hat{\beta}_2X_{2i}+\cdots+\hat{\beta}_kX_{ki})]^2 \qquad (5.4.4)\\&=\sum\frac{1}{\sigma^2 f(X_{ji})}[Y_i-(\hat{\beta}_1+\hat{\beta}_2X_{2i}+\cdots+\hat{\beta}_kX_{ki})]^2\end{aligned}$$

因此，方程（5.4.4）与方程（5.4.2）相同，即原模型进行变换后得到的残差平方和与原模型的加权残差平方和相等，从而得到的 OLS 估计值也相同。

方程（5.4.3）的随机干扰项的方差为：

$$Var\left(\frac{u_i}{\sigma_i}\right)=\frac{1}{\sigma_i^2}Var(u_i)=1 \tag{5.4.5}$$

说明变换后的模型具有同方差性。再利用 OLS 方法得到满足高斯-马尔科夫定理的估计量 BLUE。这就是加权最小二乘法 WLS（Weighted Least Squares）。当权数全部取常数 1 的时候，就是普通最小二乘法 OLS 的情况。

2. 对模型进行变换

若原模型方程两边同乘以 $1/\sqrt{f(X_{ji})}$，有

$$\frac{Y_i}{\sqrt{f(X_{ji})}}=\frac{\beta_1}{\sqrt{f(X_{ji})}}+\beta_2\frac{X_{2i}}{\sqrt{f(X_{ji})}}+\cdots+\beta_k\frac{X_{ki}}{\sqrt{f(X_{ji})}}+\frac{u_i}{\sqrt{f(X_{ji})}} \tag{5.4.6}$$

方程（5.4.6）的随机干扰项的方差为

$$Var[u_i/\sqrt{f(X_{ji})}]=\sigma_i^2/f(X_{ji})=\sigma^2 \tag{5.4.7}$$

说明变换后的模型具有同方差性。而其残差平方和为

$$\Sigma\left[\frac{Y_i}{\sqrt{f(X_{ji})}}-\left(\frac{\hat{\beta}_1}{\sqrt{f(X_{ji})}}+\hat{\beta}_2\frac{X_{2i}}{\sqrt{f(X_{ji})}}+\cdots+\hat{\beta}_k\frac{X_{ki}}{\sqrt{f(X_{ji})}}\right)\right]^2 \tag{5.4.8}$$

$$=\Sigma\frac{1}{f(X_{ji})}[Y_i-(\hat{\beta}_1+\hat{\beta}_2X_{2i}+\cdots+\hat{\beta}_kX_{ki})]^2$$

方程（5.4.8）和方程（5.4.2）之间只相差常数 σ^2，说明这两个方法在求解参数估计值时是等价的，并且无论 σ^2 已知还是未知，方程（5.4.8）在模型变换中都不涉及 σ^2，只与函数 $f(X_{ji})$ 相关。

现在来看简单线性回归模型中的几个具体例子。

（1）设 $Y_i=\beta_1+\beta_2X_i+u_i$，$Var(u_i)=\sigma_i^2=\sigma^2f(X_i)=\sigma^2X_i^2$，得

$$\frac{Y_i}{X_i}=\frac{\beta_1}{X_i}+\beta_2+\frac{u_i}{X_i} \tag{5.4.9}$$

令 $v_i=\frac{u_i}{X_i}$，则有 $Var(v_i)=Var\left(\frac{u_i}{X_i}\right)=\frac{Var(u_i)}{X_i^2}=\sigma^2$，即方程具有同方差性。

（2）设 $Y_i=\beta_1+\beta_2X_i+u_i$，$Var(u_i)=\sigma_i^2=\sigma^2f(X_i)=\sigma^2X_i$，得

$$\frac{Y_i}{\sqrt{X_i}}=\frac{\beta_1}{\sqrt{X_i}}+\beta_2\frac{X_i}{\sqrt{X_i}}+\frac{u_i}{\sqrt{X_i}} \tag{5.4.10}$$

令 $v_i=\frac{u_i}{\sqrt{X_i}}$，则 $Var(v_i)=Var\left(\frac{u_i}{\sqrt{X_i}}\right)=\frac{Var(u_i)}{X_i}=\sigma^2$，即方程具有同方差性。

（3）设 $Y_i=\beta_1+\beta_2X_i+u_i$，$Var(u_i)=\sigma_i^2=\sigma^2f(X_i)=\sigma^2(\alpha_1+\alpha_2X_i)^2$，得

$$\frac{Y_i}{\alpha_1+\alpha_2X_i}=\frac{\beta_1}{\alpha_1+\alpha_2X_i}+\beta_2\frac{X_i}{\alpha_1+\alpha_2X_i}+\frac{u_i}{\alpha_1+\alpha_2X_i} \tag{5.4.11}$$

令 $v_i = \dfrac{u_i}{\alpha_1 + \alpha_2 X_i}$，则有 $Var(v_i) = Var\left(\dfrac{u_i}{\alpha_1 + \alpha_2 X_i}\right) = \dfrac{Var(u_i)}{(\alpha_1 + \alpha_2 X_i)^2} = \sigma^2$，即方程具有同方差性。

（4）设 $Y_i = \beta_1 + \beta_2 X_i + u_i$，利用 OLS 方法得到样本回归 $\hat{Y}_i = \hat{\beta}_1 + \hat{\beta}_2 X_i$，并做模型变换为

$$\frac{Y_i}{\hat{Y}_i} = \beta_1 \frac{1}{\hat{Y}_i} + \beta_2 \frac{X_i}{\hat{Y}_i} + \frac{u_i}{\hat{Y}_i} \tag{5.4.12}$$

令 $v_i = u_i / E(Y_i)$，若 $E(u_i^2) = \sigma^2 [E(Y_i)]^2$，则 $E(v_i^2) = \sigma^2$，用 $E(Y_i)$ 除以简单线性回归模型方程两边后得到的模型变换具有同方差性。而在大样本条件下，样本回归方程 $\hat{Y}_i = \hat{\beta}_1 + \hat{\beta}_2 X_i$ 是 $E(Y_i)$ 无偏一致估计量，因此方程（5.4.12）得到的参数估计可以减小异方差性。

（5）做对数变换也可以降低异方差性。如回归模型 $Y_i = \beta_1 + \beta_2 X_i + u_i$ 可变换为

$$\ln Y_i = \alpha_1 + \alpha_2 \ln X_i + v_i \tag{5.4.13}$$

为什么会降低异方差性？第一，对数变换以后使得度量的尺度缩小了，大致会把两个数值的 10 倍之差异缩小到 2 倍之差异。如 $\log 100 = 2$ 是 $\log 10 = 1$ 的 2 倍，$\ln 90 = 4.4998$ 是 $\ln 9 = 2.1872$ 的 2 倍多。第二，残差变成相对误差，而相对误差比绝对误差有较小的差异。

值得注意的是：对数变换后变量的经济意义是否受到影响？如果变量之间在经济意义上并非呈现为对数关系，则不能简单采取对数变换的修正方法。

3. 异方差稳健标准误法（robust standard error）

如果存在异方差性，普通最小二乘法影响了参数估计量的方差或标准差的正确估计，从而无法保证估计量的有效性，但并不影响估计量的无偏性和一致性。因此，另一种修正异方差的方法就是：仍然采用 OLS 估计量，但对方差做相应的修正。怀特于 1980 年提出的方法是用 OLS 方法的残差平方来替代相应的方差，例如，对简单线性回归模型，斜率系数的方差为：

$$Var(\hat{\beta}_2) = Var(\sum k_i Y_i) = \sum k_i^2 \sigma_i^2 = \frac{\sum x_i^2 \sigma_i^2}{(\sum x_i^2)^2} \tag{5.4.14}$$

用残差平方 e_i^2 替代 σ_i^2 得到 $Var(\hat{\beta}_2)$ 的估计：

$$\frac{\sum x_i^2 e_i^2}{(\sum x_i^2)^2} \tag{5.4.15}$$

怀特证明了，在大样本条件下，上式（5.4.15）是式（5.4.14）的一致估计。式（5.4.15）的算术平方根被称为 $\hat{\beta}_2$ 的**异方差稳健标准误**（heteroscedasticity-robust standard error），这种估计方法被称为**异方差稳健标准误法**。

§ 5.5 案　　例

表 5.1 给出某地区的个人储蓄 Y，可支配收入 X 的截面数据。现建立计量经济学模型如下：

$$Y_i = \beta_1 + \beta_2 X_i + u_i$$

利用 EViews 软件得 OLS 估计结果如下（具体回归结果见表 5.2。）：

$$\hat{Y}_i = -700.41 + 0.089X_i$$
$$t = (-6.0) \quad (18.2)$$
$$R^2 = 0.919, \quad F = 331.085, \quad n = 31$$

表 5.1　　某地区的个人储蓄 *Y* 与可支配收入 *X* 数据

个人储蓄（Y）	可支配收入（X）	按 X 排序		个人储蓄（Y）	可支配收入（X）	按 X 排序	
		个人储蓄（Y）	可支配收入（X）			个人储蓄（Y）	可支配收入（X）
264	8777	264	8777	1578	24127	1578	24127
105	9210	105	9210	1654	25604	1654	25604
90	9954	90	9954	1400	26500	1400	26500
131	10508	131	10508	1829	26760	1829	26760
122	10979	122	10979	2200	28300	2017	27430
107	11912	107	11912	2017	27430	1600	28150
406	12747	406	12747	2105	29560	2200	28300
503	13499	503	13499	1600	28150	2105	29560
431	14269	431	14269	2250	32100	2250	32100
588	15522	588	15522	2420	32500	2420	32500
898	16730	898	16730	2570	35250	1720	33500
950	17663	950	17663	1720	33500	2570	35250
779	18575	779	18575	1900	36000	1900	36000
819	19635	819	19635	2100	36200	2100	36200
1222	21163	1222	21163	2800	38200	2800	38200
1702	22880	1702	22880				

数据来源：参见[英]A.科苏扬尼斯著，许开甲等译《经济计量学理论—经济计量方法概述》（上册）

表 5.2　　表 5.1 的回归结果

Dependent Variable: Y
Method: Least Squares
Date: 05/13/13　　Time: 23:51
Sample: 1 31
Included observations: 31

Variable	Coefficient	Std. Error	t-Statistic	Prob.
C	−700.411	116.6679	−6.003458	0.0000
X	0.087831	0.004827	18.19575	0.0000
R-squared	0.919464	Mean dependent var		1266.452
Adjusted R-squared	0.916686	S.D. dependent var		846.757
S.E. of regression	244.4088	Akaike info criterion		13.8979
Sum squared resid	1732334	Schwarz criterion		13.9904
Log likelihood	−213.4175	Hannan-Quinn criter.		13.9281
F-statistic	331.0852	Durbin-Watson stat		1.0898
Prob（F-statistic）	0			

下面给出几种不同方法检测随机干扰项的异方差性。

1. 异方差检验

（1）图示法。利用 EViews 软件生成残差平方序列 e_i^2，然后绘制 e_i^2 对 X_i 的散点图，并进行判断。操作过程为：Quick → Generate series，进入 Generate series by Equation 对话框，键入 E2=（RESID）^2 生成残差平方序列 e_i^2；Quick → Graph，进入 Series List 对话框，键入 X E2 进入 Graph Options 对话框，选择 Scatter，点击 OK 确认，得到如下散点图，见图 5.3。

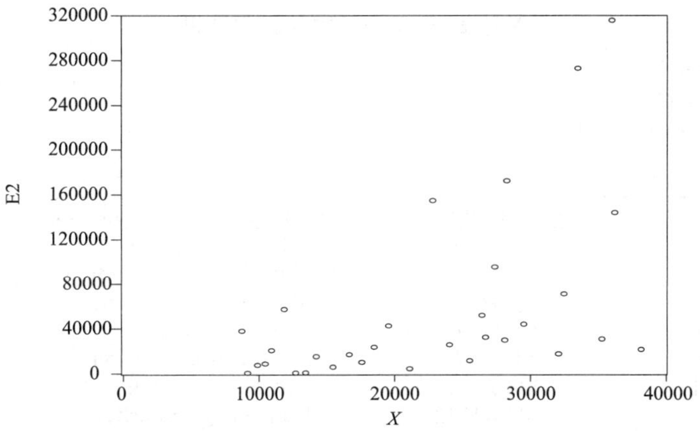

图 5.3　E2 对 X 的散点图

由图 5.3 明显可以看出残差平方和不在平行的带型区域，而是接近于递增型异方差的形状。

（2）Goldfeld-Quandt 检验。① 对解释变量 X 进行排序，如递增选 Ascending，递减选 Descending。操作过程为：Proc → Current Page，进入 Sort Workfile Series 对话框，键入 X，并选择 Ascending，点击 OK 确定，得到按照解释变量 X 升序排列的样本值。② 样本容量 n=31，去掉中间 1/5～1/4 的观测值，大约为 7 个，剩下部分分成两个子样本，即序号 1～12 和 20～31 所对应的样本数据，子样本的容量均为 12，即 $n_1=n_2=12$。

利用 EViews 软件对子样本进行回归，将 Sample 改为 1～12，得到 OLS 条件下的回归结果如下：

$$\hat{Y}_i = -823.58 + 0.095X_i$$

残差平方和为：$\sum e_{1i}^2 = 162899.2$。具体回归结果见表 5.3。

表 5.3　　序号 1～12 子样本的回归结果

Dependent Variable: Y
Method: Least Squares
Date: 05/14/13　Time: 00:03
Sample: 1 12
Included observations: 12

Variable	Coefficient	Std. Error	t-Statistic	Prob.
C	−823.5754	169.3227	−4.86394	0.0007
X	0.095394	0.013067	7.300328	0.0000
R-squared	0.842009	Mean dependent var		382.9167
Adjusted R-squared	0.82621	S.D. dependent var		306.159
S.E. of regression	127.632	Akaike info criterion		12.68719
Sum squared resid	162899.2	Schwarz criterion		12.76801
Log likelihood	−74.12314	Hannan-Quinn criter.		12.65727
F-statistic	53.29478	Durbin-Watson stat		1.055825
Prob（F-statistic）	0.000026			

将 Sample 改为 20～31，得到 OLS 条件下的回归结果如下：

$$\hat{Y}_i = 598.91 + 0.048X_i$$

残差平方和为：$\sum e_{2i}^2 = 969933.3$。具体回归结果见表 5.4。

表 5.4　　序号 20～31 子样本的回归结果

Dependent Variable: Y
Method: Least Squares
Date: 05/14/13　Time: 00:03
Sample: 20 31
Included observations: 12

Variable	Coefficient	Std. Error	t-Statistic	Prob.
C	598.9132	774.1214	0.773668	0.4570
X	0.047725	0.024031	1.986002	0.0751
R-squared	0.282856	Mean dependent var		2125.917
Adjusted R-squared	0.211142	S.D. dependent var		350.6481
S.E. of regression	311.4375	Akaike info criterion		14.47129
Sum squared resid	969933.3	Schwarz criterion		14.5521
Log likelihood	−84.82772	Hannan-Quinn criter.		14.44136
F-statistic	3.944205	Durbin-Watson stat		2.756295
Prob（F-statistic）	0.075119			

③ 求 F 统计值。$F=\sum e_{2i}^2/\sum e_{1i}^2=969933.3/162899.2=5.95$

给定 $\alpha=0.05$（或 0.01）条件下，查 F 分布表得临界值 $F_{0.05}(10,10)=2.98$（或 $F_{0.01}(10,10)=4.85$），因为 $F=5.95>F_{0.05}(10,10)=2.98$（或 $F_{0.01}(10,10)=4.85$），所以拒绝原假设，说明模型存在异方差性。

（3）White 检验。因为本例为一元线性回归函数，所以 White 检验的辅助回归函数为：

$$e_i^2=\alpha_1+\alpha_2 X_i+\alpha_3 X_i^2+v_i$$

选择原回归方程 Equation: EQ01 →View → Residual Test → Heteroskedasticity Tests 进入对话框，选择 White（Included White cross terms），点击 OK 确定，得到下列结果（具体结果见表 5.5）：$nR^2=9.102$。

表 5.5　　White 检验结果

Heteroskedasticity Test: White

F-statistic	5.81969	Prob. F（2，28）	0.0077
Obs*R-squared	9.102584	Prob. Chi-Square（2）	0.0106

Test Equation:
Dependent Variable: RESID^2
Method: Least Squares
Date: 05/14/13　Time: 02:14
Sample: 1 31
Included observations: 31

Variable	Coefficient	Std. Error	t-Statistic	Prob.
C	19975.98	82774.93	0.241329	0.8111
X	−2.198632	8.094419	−0.271623	0.7879
X^2	0.000146	0.000176	0.830046	0.4135
R-squared	0.293632	Mean dependent var		55881.73
Adjusted R-squared	0.243177	S.D. dependent var		77875.67
S.E. of regression	67748.39	Akaike info criterion		25.17675
Sum squared resid	1.29E+11	Schwarz criterion		25.31553
Log likelihood	−387.2397	Hannan-Quinn criter.		25.22199
F-statistic	5.81969	Durbin-Watson stat		2.58014
Prob（F-statistic）	0.007699			

在给定 $\alpha = 0.05$ 条件下，查 χ^2 分布表得临界值 $\chi^2_{0.05}(2) = 5.9915$ ，因为 $nR^2 = 9.102 > \chi^2_{0.05}(2) = 5.9915$ ，所以，拒绝原假设，说明模型存在异方差性。

2. 异方差补救方法

异方差补救方法就是采用加权最小二乘法（WLS），一般情况下，选择权数 $w_i = 1/X_i$，$1/X_i^2$， $1/\sqrt{X_i}$ 。本例选择权数 $w_i = 1/X_i$。操作过程为：Quick → Estimate Equation 进入对话框，选择 Specification 键入 Y C X，同时选择 Options 进入对话框，并选择 Weighted LS，键入权数 1/X，点击确定，得加权最小二乘法回归结果为（见表 5.6）：

$$\hat{Y}_i = -742.47 + 0.09X_i$$
$$t = (-10.3) \quad (20.6)$$
$$R^2 = 0.936, \quad F = 426.297$$

表 5.6 **加权最小二乘法回归结果**

Dependent Variable: Y
Method: Least Squares
Date: 05/14/13 Time: 02:56
Sample: 1 31
Included observations: 31
Weighting series: 1/X

Variable	Coefficient	Std. Error	t-Statistic	Prob.
C	−742.4684	71.91567	−10.32415	0.0000
X	0.089751	0.004347	20.64696	0.0000
		Weighted Statistics		
R-squared	0.936305	Mean dependent var		903.077
Adjusted R-squared	0.934109	S.D. dependent var		406.620
S.E. of regression	191.2661	Akaike info criterion		13.408
Sum squared resid	1060899	Schwarz criterion		13.500
Log likelihood	−205.817	Hannan-Quinn criter.		13.438
F-statistic	426.297	Durbin-Watson stat		1.5362
Prob（F-statistic）	0.0000			
		Unweighted Statistics		
R-squared	0.919023	Mean dependent var		1266.452
Adjusted R-squared	0.916231	S.D. dependent var		846.757
S.E. of regression	245.0763	Sum squared resid		1741810
Durbin-Watson stat	1.931371			

本章习题

5.1 随机干扰项 u_i 的异方差性可以看成是与某个解释变量 X_i 之间的函数关系，即
$$\sigma_i^2 = F(X_i) = \sigma^2 f(X_i)$$

请问：

（1）这样做的理由是什么？

（2）在异方差的检验中，是否也体现出这种利用函数关系的思想呢？

5.2 请问：产生异方差的原因是什么？

5.3 请问：如果模型存在异方差性，其后果是什么？OLS 估计量是否还是 BLUE?

5.4 表 5.7 给出了一个 30 户家庭的消费（Y）与收入（X）数据。根据表中数据构建家庭消费与收入之间关系的简单线性回归模型：$Y_i = \beta_1 + \beta_2 X_{2i} + u_i$。

要求：

（1）用 Goldfeld-Quandt 检验和 White 检验对简单线性回归模型进行异方差性检验。

（2）选用适当方法修正异方差，并给出修正后的模型。

表 5.7　　假想消费（Y）与收入（X）数据　　单位：美元

Y	X	Y	X	Y	X
55	80	74	105	152	220
65	100	110	160	144	210
70	85	113	150	175	245
80	110	125	165	180	260
79	120	108	145	135	190
84	115	115	180	140	205
98	130	140	225	178	265
95	140	120	200	191	270
90	125	145	240	137	230
75	90	130	185	189	250

数据来源：古扎拉蒂. 计量经济学基础（上册）.第五版. 北京：中国人民大学出版社，2011：383.

5.5 请对习题 2.10 建立的国际旅游收入对入境旅游人数的简单线性模型进行异方差性检验。

5.6 表 5.8 给出了 2011 年中国内地各省区城乡居民人民币储蓄存款年底余额与生产总值的数据（单位：亿元）。请建立城乡居民储蓄 Y 与生产总值 X 的回归模型，并检验是否存在异方差，如果存在异方差，采用适当的方法进行修正。

表 5.8　　2011 年中国内地各地区居民储蓄与生产总值数据　　单位：亿元

地　区	居民储蓄 Y（年底余额）	地区生产总值 X	地　区	居民储蓄 Y（年底余额）	地区生产总值 X
北　京	19126.1	16251.9	湖　北	11291.6	19632.3
天　津	6123.1	11307.3	湖　南	10584.8	19669.6
河　北	17824.3	24515.8	广　东	40405.1	53210.3
山　西	10455.5	11237.6	广　西	6654.0	11720.9
内蒙古	5423.1	14359.9	海　南	1875.1	2522.7
辽　宁	15365.7	22226.7	重　庆	6990.2	10011.4
吉　林	5835.3	10568.8	四　川	16147.3	21026.7
黑龙江	8147.4	12582.0	贵　州	3934.5	5701.8
上　海	17288.5	19195.7	云　南	6656.0	8893.1
江　苏	25914.7	49110.3	西　藏	318.8	605.8
浙　江	23470.3	32318.9	陕　西	9172.1	12512.3
安　徽	9233.6	15300.7	甘　肃	4231.4	5020.4
福　建	9068.6	17560.2	青　海	1043.5	1670.4
江　西	7123.6	11702.8	宁　夏	1351.3	2102.2
山　东	22173.3	45361.9	新　疆	4421.9	6610.1
河　南	14648.4	26931.0			

资料来源：《中国统计年鉴》2012，http://www.stats.gov.cn/tjsj/ndsj/2012/indexch.htm

5.7 表 5.9 给出了 1991—2011 年中国国民收入与城乡居民人民币储蓄存款年底增加额（亿元）等相关数据。请建立城乡居民储蓄存款增加额与国民收入的模型，并使用 White 检验和 ARCH 检验来判断该时间序列模型的异方差性。

表 5.9　　1991—2011 年中国国民收入与城乡居民储蓄存款年底增加额　单位：亿元

年度	城乡居民储蓄存款增加额（Y）	国民总收入（GNI）	年度	城乡居民储蓄存款增加额（Y）	国民总收入（GNI）
1991	2125.3	21826.2	2002	13148.2	119095.7
1992	2512.4	26937.3	2003	16707.0	134977.0
1993	3446.2	35260.0	2004	15937.7	159453.6
1994	6315.3	48108.5	2005	21495.6	183617.4
1995	8143.5	59810.5	2006	20544.0	215904.4
1996	8858.6	70142.5	2007	10946.9	266422.0
1997	7759.0	78060.9	2008	45351.2	316030.3
1998	7127.7	83024.3	2009	42886.3	340320.0
1999	6214.4	88479.2	2010	42530.8	399759.5
2000	4710.6	98000.5	2011	41656.6	472115.0
2001	9430.1	108068.2			

资料来源：《中国统计年鉴》2012，http://www.stats.gov.cn/tjsj/ndsj/2012/indexch.htm

第六章

自　相　关

§6.1　什么是自相关？

一、自相关的定义

在经典线性回归模型假定下，随机干扰项之间**无自相关**（no autocorrelation），即

$$Cov(u_i,u_j)=E(u_iu_j)=0 \qquad (i\neq j) \tag{6.1.1}$$

若

$$Cov(u_i,u_j)=E(u_iu_j)\neq 0 \qquad (i\neq j) \tag{6.1.2}$$

则称随机干扰项之间存在**自相关**（autocorrelation）。

自相关也称为**序列相关**（serial correlation），习惯上，把两者看成同义语，但也有人把两者区别开来。例如，廷特纳（Gerhard Tintner）定义自相关为“一给定序列同它自身滞后若干期的序列的滞后相关”，而把序列相关定义为“两个不同序列的滞后相关”①。

自相关可以按照时间序列数据或截面数据排列的序列来定义随机干扰项之间的相关性，但是，通常情况下，自相关主要存在于时间序列数据中，而存在于截面数据中的自相关称为空间自相关（spatial autocorrelation）。

二、自相关的表示方式

我们用随机干扰项与其滞后项或**滞后值**（lagged values）或**滞后变量**（lagged variable）之间的相关关系来体现自相关。自相关形式可分为以下两种情况：

（一）一阶自回归形式，记作 AR(1)

当随机干扰项只与其滞后一期值有关时，即

$$u_t=f(u_{t-1})+v_t \tag{6.1.3}$$

① Gerhard Tintner, Econometrics, John Wiley & Sons, New York, 1965.

其中，u_{t-1} 是 u_t 的滞后一期值，式（6.1.3）称为 u_t 的一阶自回归形式。

（二）高阶自回归形式，记作 AR(m)

当随机干扰项不仅与其滞后一期有关，还与其滞后若干期至 m 期有关时，即

$$u_t = f(u_{t-1}, u_{t-2}, \cdots, u_{t-m}) + v_t \tag{6.1.4}$$

其中，$u_{t-1}, u_{t-2}, \cdots, u_{t-m}$ 为 u_t 的滞后一期及其滞后若干期至 m 期值，式（6.1.4）称为 u_t 的 m 阶自回归形式。

由于自相关体现的是随机干扰项与其滞后值之间的关系，并且一般情况下，自相关问题主要是基于时间序列数据基础上的样本模型中，因此，随机干扰项的下标不使用 i 符号，而用 t 替代。

在计量经济模型中，自相关问题最常见形式是线性自回归形式，因此，式（6.1.3）可以转化为下列形式

$$u_t = \alpha_1 u_{t-1} + v_t \tag{6.1.5}$$

其中，由于经典假定 $E(u_t) = E(u_{t-1}) = 0$，因此，式（6.1.5）中没有截距项。并假定随机干扰项 v_t 满足下列条件

$E(v_t) = 0$，$t = 1, 2, \cdots, n$；

$Var(v_t) = \sigma_v^2$，$t = 1, 2, \cdots, n$；

$Cov(v_t, v_{t+s}) = 0, s \neq 0$ 或 $Cov(v_i, v_j) = 0$，$i \neq j$，$i, j = 1, 2, \cdots, n$；

$Cov(v_t, u_{t-1}) = 0$，$t = 1, 2, \cdots, n$。

根据 OLS 方法，参数 α_1 的估计值为：

$$\hat{\alpha}_1 = \frac{\sum_{t=2}^{n} u_t u_{t-1}}{\sum_{t=2}^{n} u_{t-1}^2} \tag{6.1.6}$$

若把 u_t，u_{t-1} 看成两个随机变量，则它们之间的相关系数为：

$$\rho = \frac{Cov(u_t, u_{t-1})}{\sqrt{Var(u_t) Var(u_{t-1})}} = \frac{\sum_{t=2}^{n} u_t u_{t-1}}{\sqrt{\sum_{t=2}^{n} u_t^2 \sum_{t=2}^{n} u_{t-1}^2}}$$

在大样本条件下，

$$\sum_{t=2}^{n} u_t^2 \approx \sum_{t=2}^{n} u_{t-1}^2$$

因此有

$$\rho \approx \frac{\sum_{t=2}^{n} u_t u_{t-1}}{\sum_{t=2}^{n} u_{t-1}^2} = \hat{\alpha}_1$$

所以，式（6.1.5）可以写成

$$u_t = \rho u_{t-1} + v_t \tag{6.1.7}$$

ρ 称为**一阶自相关系数**（first-order coefficient of autocorrelation）或**滞后一期的自相关系数**（coefficient of autocorrelation at lag 1）或**自协方差系数**（coefficient of autocovariance）。随机误差项 v_t 也被称为**白噪音误差项**（white noise error term）。

类似地，可以得出二阶自回归形式，AR(2)为

$$u_t = \rho_1 u_{t-1} + \rho_2 u_{t-2} + v_t \tag{6.1.8}$$

其中，ρ_1 称为一阶自相关系数，ρ_2 称为二阶自相关系数。

一般地，

$$u_t = \rho_1 u_{t-1} + \rho_2 u_{t-2} + \cdots + \rho_m u_{t-m} + v_t \tag{6.1.9}$$

称为 m 阶自回归形式，记作 AR(m)。

现来看一下一阶自回归形式的相关性质。给定 AR(1)，得

$$\begin{aligned} Var(u_t) &= Var(\rho u_{t-1} + v_t) \\ &= \rho^2 Var(u_{t-1}) + Var(v_t) + 2\rho E(u_{t-1}v_t) \\ &= \rho^2 Var(u_{t-1}) + \sigma_v^2 \end{aligned}$$

由于 $Var(u_t) = Var(u_{t-1}) = \sigma_u^2$ 满足同方差假定，所以有

$$Var(u_t) = \sigma_u^2 = \frac{\sigma_v^2}{1-\rho^2} \tag{6.1.10}$$

类似地，可以得出随机干扰项之间的协方差公式

$$\begin{aligned} Cov(u_t, u_{t-1}) &= E(u_t u_{t-1}) \\ &= E[(\rho u_{t-1} + v_t)u_{t-1}] \\ &= \rho E(u_{t-1}^2) + E(v_t u_{t-1}) \\ &= \rho \sigma_u^2 \end{aligned} \tag{6.1.11}$$

其中，$E(u_t) = E(u_{t-1}) = 0$（零均值假定），且随机误差项 v_t 满足 $E(v_t u_{t-1}) = 0$。

以此类推，可得

$$\begin{aligned} Cov(u_t, u_{t-s}) &= E[(\rho u_{t-1} + v_t)u_{t-s}] \\ &= E[(\rho^2 u_{t-2} + \rho v_{t-1} + v_t)u_{t-s}] \\ &= E[(\rho^s u_{t-s} + \rho^{s-1} v_{t-s+1} + \cdots + \rho v_{t-1} + v_t)u_{t-s}] \\ &= \rho^s E(u_{t-s}^2) + \rho^{s-1} E(v_{t-s+1}u_{t-s}) + \cdots + \rho E(v_{t-1}u_{t-s}) + E(v_t u_{t-s}) \\ &= \rho^s \sigma_u^2 \end{aligned}$$

把式（6.1.10）代入上式，有（$s > 0$）

$$Cov(u_t, u_{t-s}) = \rho^s \sigma_u^2 = \frac{\rho^s \sigma_v^2}{1-\rho^2} \tag{6.1.12}$$

实际上，可以证明，随机误差项 u_t 在 AR(1)条件下满足零均值和同方差假定的。

由 $u_t = \rho u_{t-1} + v_t, u_{t-1} = \rho u_{t-2} + v_{t-1}, \cdots$，得

$$u_t = v_t + \rho v_{t-1} + \rho^2 v_{t-2} + \cdots = \sum_{m=0}^{\infty} \rho^m v_{t-m} \tag{6.1.13}$$

式（6.1.13）表明，随机干扰项 u_t 可以表示成随机误差项序列 $v_t, v_{t-1}, v_{t-2}, \cdots$ 的加权和，其中权数分别为 $1, \rho, \rho^2, \cdots$，当 $0<\rho<1$ 时，序列呈衰减趋势；当 $-1<\rho<0$ 时，序列呈交错震荡衰减趋势。

同时，可以推出下列结论

$$E(u_t)=\sum_{m=0}^{\infty}\rho^m E(v_{t-m})=0 \tag{6.1.14}$$

$$Var(u_t)=\sum_{m=0}^{\infty}\rho^{2m}Var(v_{t-m})=\frac{\sigma_v^2}{1-\rho^2} \tag{6.1.15}$$

即当 u_t 为一阶自回归形式时，满足零均值和同方差假定。

三、自相关产生的原因

在实际经济问题中，产生自相关的主要原因有以下几点：

（1）惯性（inertia）。大多数经济时间序列都有一个明显的特点，就是它的惯性或黏滞。例如，GDP、价格指数、就业等时间序列都呈现出一定的周期性，从衰退的低谷开始，经济开始复苏，大多数经济序列都开始上升，在上升过程中，序列在每一时刻的值都要高于前期值；从高涨到衰退，序列又开始掉头下滑。无论是哪种情况，这些经济时间序列都会持续一段时间其原有的势头。这种“内在的动力”惯性往往产生序列自相关。

（2）滞后效应（lag effect）。惯性，有些情况下体现的是一种滞后效应。例如，居民的可支配收入可能对本期影响不大，但会在后期逐渐产生影响。这也可以解释为人的消费观念的惯性影响。也可以说，当前的消费支出除了受到收入影响以外，还受到上一期的消费支出的影响，即可以建立如下的模型：

$$Y_t=\beta_1+\beta_2 X_t+\beta_3 Y_{t-1}+u_t \tag{6.1.16}$$

由于解释变量之一是被解释变量的滞后值，称为自回归模型。人们的消费习惯不会轻易改变，从而对模型产生自相关性。

（3）模型设定偏误（specification error）。与异方差产生的原因类似，模型设定偏误，也分两种情形：一是**应含而未含变量**（excluded variable）设定偏误；二是不正确的函数形式。例如，原模型本应该为

$$Y_i=\beta_1+\beta_2 X_{2i}+\beta_3 X_{3i}+\beta_4 X_{4i}+u_i$$

但却出于某种原因做出如下回归

$$Y_i=\beta_1+\beta_2 X_{2i}+\beta_3 X_{3i}+v_i$$

这就相当于令 $v_i=\beta_4 X_{4i}+u_i$，于是 X_4 的影响因素就会体现在随机误差项中，从而易于导致自相关性。再比如，真实的边际成本模型应该为

$$Y_i=\beta_1+\beta_2 X_{2i}+\beta_3 X_{2i}^2+u_i$$

却设成如下模型：

$$Y_i=\beta_1+\beta_2 X_{2i}+v_i$$

那么，$v_i = \beta_3 X_{2i}^2 + u_i$ 包含了 X_{2i}^2 的影响。因此，错误的函数形式的使用将导致随机干扰项偏差。

（4）蛛网现象（cobweb phenomenon）。许多农产品的供给反映出一种所谓的蛛网现象。供给对价格的反应要滞后一个时期，因为供给需要经过一段时间才能实现。例如，当年年初农作物种植受上一年价格的影响，供给函数为：

$$Y_t = \beta_1 + \beta_2 P_{t-1} + u_t \tag{6.1.17}$$

假设 t 时期的期末价格 P_t 低于 P_{t-1}，农民就很可能决定在 $t+1$ 时期种植比 t 时期更少的农作物。此类现象会导致模型产生自相关性。

（5）数据的“编造”。在数据的使用中，有些数据是通过已知数据生成的，即原始数据往往是经过“编造的”。例如，季度数据的使用是通过月度数据的简单平均获得，这种简单平均的计算减弱了每月数据的波动性而使数据更加匀滑，这种匀滑本身就能使随机干扰项中出现系统性模式，从而导致自相关。另外，数据处理的**内插**（interpolation）或**外推**（extrapolation）技术也会导致随机干扰项的自相关。

产生序列自相关的原因还有模型差分形式变换、时间序列非平稳性等。总之，有很多原因导致一个回归模型中的随机误差项自相关。

§ 6.2 自相关的后果

一、对 OLS 估计量的影响

OLS 估计量仍然具有线性性和无偏性，但不再具有有效性。在第三章我们已经证明了 OLS 估计向量 $\hat{\boldsymbol{\beta}} = (\mathbf{X}'\mathbf{X})^{-1}\mathbf{X}'\mathbf{Y}$ 的线性性和无偏性，证明过程中只用到了均值为零的假定条件，即 $E(\mathbf{u}) = 0$，与是否存在自相关没有关系。

在有效性的证明中，我们利用了同方差和无自相关假定，即 $E(\mathbf{uu}') = \sigma^2\mathbf{I}$。在自相关情况下，$E(\mathbf{uu}') \neq \sigma^2\mathbf{I}$，即 OLS 估计量不再具有有效性。

现在以简单线性回归模型为例来证明上述结论。

设简单线性回归模型为：

$$Y_t = \beta_1 + \beta_2 X_t + u_t \tag{6.2.1}$$

且随机干扰项 u_t 存在一阶自回归形式：

$$u_t = \rho u_{t-1} + v_t \tag{6.2.2}$$

当 u_t 满足经典假定时，OLS 估计量 $\hat{\beta}_2$ 的方差为

$$Var(\hat{\beta}_2) = \frac{\sigma_u^2}{\sum x_t^2} \tag{6.2.3}$$

由式（6.2.1）得参数 β_2 的 OLS 估计量为

$$\hat{\beta}_2 = \frac{\sum x_t y_t}{\sum x_t^2} = \frac{\sum x_t(\beta_2 x_t + u_t - \bar{u})}{\sum x_t^2} = \beta_2 + \frac{\sum x_t u_t}{\sum x_t^2} \tag{6.2.4}$$

从而

$$\begin{aligned} E(\hat{\beta}_2) &= E\left(\frac{\sum x_t y_t}{\sum x_t^2}\right) = E\left(\beta_2 + \frac{\sum x_t u_t}{\sum x_t^2}\right) \\ &= \beta_2 + \frac{\sum x_t E(u_t)}{\sum x_t^2} = \beta_2 \end{aligned} \tag{6.2.5}$$

即参数 β_2 的 OLS 估计量为无偏估计量。

在随机干扰项 u_t 不满足无自相关条件时，得到 OLS 估计量 $\hat{\beta}_2$ 的方差为：

$$\begin{aligned} Var(\hat{\beta}_2) &= E(\hat{\beta}_2 - \beta_2) = E\left(\frac{\sum x_t u_t}{\sum x_t^2}\right)^2 \\ &= \frac{1}{(\sum x_t^2)^2}\left[E(\sum x_t^2 u_t^2) + 2E\left(\sum_{s=1}^{n-1}\sum_{t=1}^{n-s} x_t x_{t+s} u_t u_{t+s}\right)\right] \\ &= \frac{1}{(\sum x_t^2)^2}\left[\sum x_t^2 E(u_t^2) + 2\sum_{s=1}^{n-1}\sum_{t=1}^{n-s} x_t x_{t+s} E(u_t u_{t+s})\right] \\ &= \frac{\sigma_u^2}{\sum x_t^2} + \frac{2\sigma_u^2}{(\sum x_t^2)^2}\sum_{s=1}^{n-1}\sum_{t=1}^{n-s}\rho^s x_t x_{t+s} \\ &= \frac{\sigma_u^2}{\sum x_t^2} + \frac{2\sigma_u^2}{(\sum x_t^2)^2}\left(\rho\sum_{t=1}^{n-1} x_t x_{t+1} + \rho^2\sum_{t=1}^{n-2} x_t x_{t+2} + \cdots + \rho^{n-1} x_1 x_n\right) \end{aligned} \tag{6.2.6}$$

由上式得知，只有当 $\rho = 0$ 时，式（6.2.6）等价于式（6.2.3），即此时随机干扰项满足无自相关假定。否则，参数估计量的方差便会出现偏差，即不再满足有效性。当 $\rho > 0$ 时，即随机误差项之间存在正相关，一般情况下，经济变量也是正相关，式（6.2.6）括号内的数值是大于 0 的。也就是说，仍使用式（6.2.3）作为参数估计量的方差将会低估真实的方差。

当随机干扰项不存在自相关时，σ^2 的无偏估计量为：$\hat{\sigma}^2 = \sum e_t^2/(n-2)$，但是，如果随机干扰项存在一阶自回归形式时，仍使用这个估计量将会出现偏误。一般情况下，当随机干扰项和解释变量都存在正相关的时，仍用 $\hat{\sigma}^2$ 去估计 σ^2 会导致低估真实的方差。

二、对模型检验和预测的影响

通过上面的讨论得知，当存在自相关时，仍然使用经典假定下 OLS 估计量去估计参数及其方差会低估真实的 σ^2，低估真实的参数估计量的方差。因此，会过高估计 t 统计量，夸大参数检验的显著性，从而把不重要的解释变量保留在模型里，使模型显著性 t 检验失去意义。

区间预测与参数估计量的方差相关，在方差出现偏误的情况下，预测就不准确，置信区间也不可靠，从而降低预测精度。因此，当模型存在自相关时，仍用普通最小二乘法得到的回归方程去预测，预测功能将失效。

§ 6.3 自相关的检验

自相关的检验方法很多，其共同思想是：

用 OLS 方法求出样本回归方程，以残差 e_t 作为随机干扰项 u_t 的估计量，然后分析估计量之间的相关性并由此判断随机干扰项是否存在自相关性。

1. 图示法

图示法是一种直观的判断方法。残差项的散点图通常有两种表现形式。

（1）用残差 e_t 的时间序列散点图进行检验。若散点呈现有规则的变化，则可以判断随机干扰项存在自相关。若散点随着时间的变化持续保持符号为正之后保持符号为负的，则可以判断随机干扰项之间存在正自相关，如图 6.1（a）所示；若散点随着时间的变化保持符号正负交替波动，则可以判断随机干扰项之间存在负自相关，如图 6.1（b）所示。

（2）用（e_t，e_{t-1}）构成的散点图进行检验。若散点分散在Ⅰ、Ⅲ象限并呈直线趋势，则可以判断随机干扰项之间存在正自相关，如图 6.1（a）所示；若散点分散在Ⅱ、Ⅳ象限并呈直线趋势，则可以判断随机干扰项之间存在负自相关，如图 6.1（b）所示。

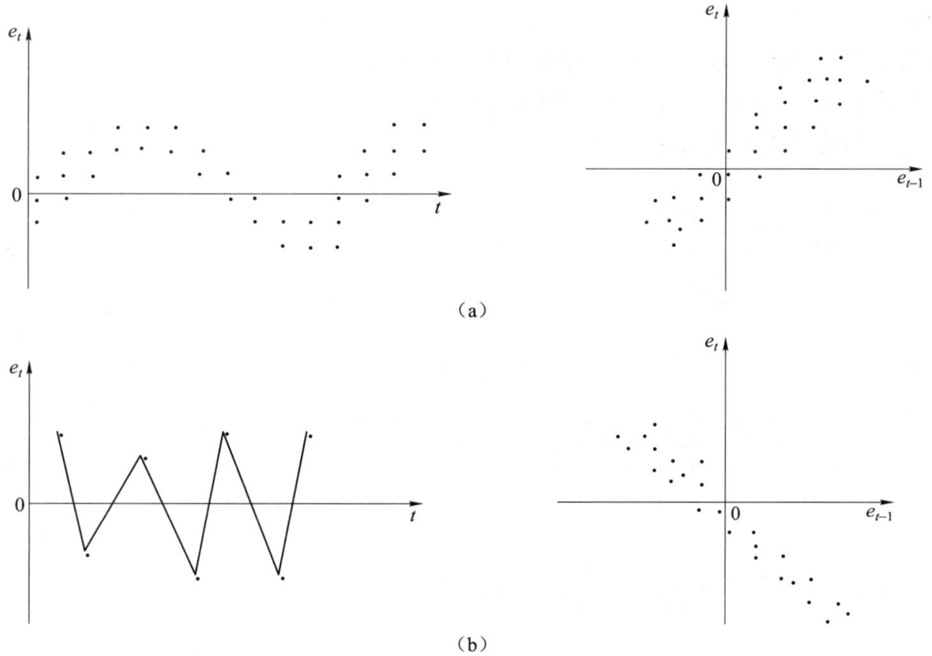

图 6.1 残差项的序列相关性

（a）正自相关；（b）负自相关

2. 回归检验法

用 OLS 方法得样本回归方程，以残差 e_t 为被解释变量建立下列回归方程：

$$
\begin{aligned}
& e_t = \rho e_{t-1} + v_t \\
& e_t = \rho_1 e_{t-1} + \rho_2 e_{t-2} + v_t \\
& e_t = \rho e_{t-1}^2 + v_t \\
& e_t = \rho \sqrt{e_{t-1}} + v_t \\
& \cdots
\end{aligned}
\tag{6.3.1}
$$

对上述各种形式进行显著性检验，若某形式的模型检验显著，则说明随机干扰项存在该形式的自相关，否则，不存在该形式的自相关。

3. DW 检验法

DW 检验是**德宾**（J. Durbin）和**沃森**（G. S. Watson）于 1951 年提出的一种自相关检验方法，该方法的前提条件是：

（1）解释变量 X 是非随机的；

（2）随机干扰项为一阶自回归形式：

$$u_t = \rho u_{t-1} + v_t$$

（3）回归模型中不含有滞后被解释变量作为解释变量，即不应有下列形式：

$$Y_t = \beta_1 + \beta_2 X_{2t} + \beta_3 X_{3t} + \cdots + \beta_k X_{kt} + \gamma Y_{t-1} + u_t \tag{6.3.2}$$

（4）回归模型含有截距系数；

（5）数据无缺失项。

DW 检验步骤如下：

提出原假设 H_0： $\rho = 0$（u_t 不存在一阶自相关）；

备择假设 H_1： $\rho \neq 0$（u_t 存在一阶自相关）。

用残差值 e_t 构造 DW 统计量：

$$DW = \frac{\sum_{t=2}^{n}(e_t - e_{t-1})^2}{\sum_{t=1}^{n} e_t^2} \tag{6.3.3}$$

把上式展开

$$DW = \frac{\sum_{t=2}^{n} e_t^2 + \sum_{t=2}^{n} e_{t-1}^2 - 2\sum_{t=2}^{n} e_t e_{t-1}}{\sum_{t=1}^{n} e_t^2} \tag{6.3.4}$$

在大样本条件下，$\sum_{t=2}^{n} e_t^2 \approx \sum_{t=2}^{n} e_{t-1}^2 \approx \sum_{t=1}^{n} e_t^2$，则有

$$DW \approx 2\left[1 - \frac{\sum_{t=2}^{n} e_t e_{t-1}}{\sum_{t=1}^{2} e_t^2}\right] \tag{6.3.5}$$

由一阶自相关系数 ρ 的估计值 $\hat{\rho}$ 为：

$$\hat{\rho}=\frac{\sum_{t=2}^{n}e_te_{t-1}}{\sqrt{\sum_{t=2}^{n}e_t^2\sum_{t=2}^{n}e_{t-1}^2}}\approx\frac{\sum_{t=2}^{n}e_te_{t-1}}{\sum_{t=1}^{n}e_t^2} \tag{6.3.6}$$

所以有，

$$DW\approx 2(1-\hat{\rho}) \tag{6.3.7}$$

因为 $\hat{\rho}$ 的取值范围是[−1，1]，所以 DW 的取值范围是[0，4]，并且两者呈反向关系，即 $\hat{\rho}$ 取值越大，DW 取值越小；反之，DW 取值越大，$\hat{\rho}$ 取值越小。两者取值的具体关系见表 6.1。

表 6.1　$\hat{\rho}$ 与 DW 取值的对应关系

$\hat{\rho}$	DW	u_t
−1	4	完全负自相关
(−1,0)	(2,4)	
0	2	无自相关
(0,1)	(0,2)	
1	0	完全正自相关

从表 6.1 看出，DW 值越大，随机干扰项越趋于负自相关，当 DW 取最大值 4 时，随机干扰项存在完全负自相关；DW 值越小，随机干扰项越趋于正自相关，当 DW 取最小值 0 时，随机干扰项存在完全正自相关；当 DW 取值 2 时，随机干扰项之间无自相关。问题：当 DW 取值在（0，2）或（2，4）之间时，怎样判断随机干扰项的自相关性？

德宾和沃森根据样本容量 n 和解释变量个数 $k'=k-1$，在给定显著性水平 α 条件下，给出自相关检验的上、下两个临界值 d_U 和 d_L，并构成 DW 分布表。按照 DW 取值分成 5 部分，判定规则如下：

（1）DW 取值在（$0,d_L$）之间，拒绝原假设 H_0：$\rho=0$，认为存在一阶正自相关。

（2）DW 取值在（d_L,d_U）之间，检验没有结论，即无法判断是否存在一阶正自相关。

（3）DW 取值在（$d_U,4-d_U$）之间，不拒绝原假设 H_0：$\rho=0$，认为不存在一阶自相关。

（4）DW 取值在（$4-d_U,4-d_L$）之间，检验没有结论，即无法判断是否存在一阶负自相关。

（5）DW 取值在（$4-d_L,4$）之间，拒绝原假设 H_0：$\rho=0$，认为存在一阶负自相关。见图 6.2。

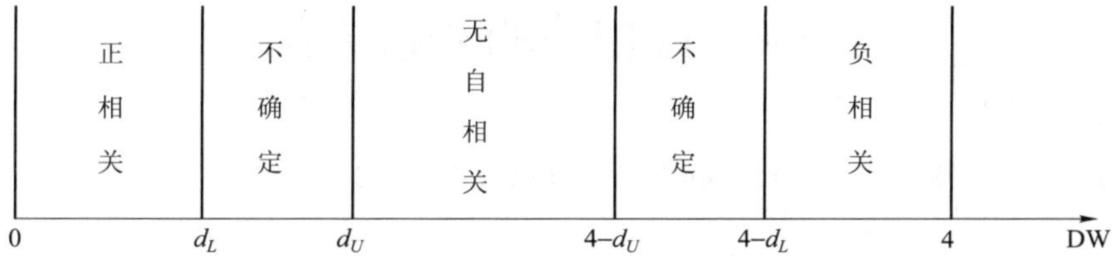

图 6.2　DW 检验示意图

需要说明的是：

（1）当 DW 值落在“不确定”区域时，有两种处理方法：① 加大样本容量或重新选取样本，重做 DW 检验；② 选用其他检验方法。

（2）DW 临界值与三个参数有关：① 显著性水平 α；② 样本容量 n；③ 回归模型中的解释变量的个数 $k'=k-1$（不含截距项）。

（3）另外，再次强调 DW 检验不适宜的情况：① 不适宜高阶自回归形式；② 不适宜样本容量太小，因此，一般要求样本容量 $n \geqslant 15$；③ 不适宜回归模型中有被解释变量的滞后值作为解释变量的情况。

（4）利用 EViews 软件可以直接得出 DW 值。

4. LM（或 BG）检验法

LM（拉格朗日乘数）检验（LM test）克服了 DW 检验的缺陷，适用于高阶自回归形式及模型中存在滞后被解释变量的情形。它是由**布罗施**（Breusch）与**戈弗雷**（Godfrey）于 1978 年提出的，也称为 BG **检验**（BG test）。

设多元线性回归模型为

$$Y_t = \beta_1 + \beta_2 X_{2t} + \beta_3 X_{3t} + \cdots + \beta_k X_{kt} + u_t \tag{6.3.8}$$

考虑随机干扰项为 m 阶自回归形式

$$u_t = \rho_1 u_{t-1} + \rho_2 u_{t-2} + \cdots + \rho_m u_{t-m} + v_t \tag{6.3.9}$$

BG 检验就是检验下列回归方程：

$$Y_t = \beta_1 + \beta_2 X_{2t} + \beta_3 X_{3t} + \cdots + \beta_k X_{kt} + \rho_1 u_{t-1} + \rho_2 u_{t-2} + \cdots + \rho_m u_{t-m} + v_t \tag{6.3.10}$$

具体步骤如下：

（1）用 OLS 方法估计原方程(6.3.8)，并得到残差项 e_t 及其 m 阶滞后值 $e_{t-1}, e_{t-2}, \cdots, e_{t-m}$。

（2）做如下辅助回归：

$$e_t = \beta_1 + \beta_2 X_{2t} + \cdots + \beta_k X_{kt} + \rho_1 e_{t-1} + \cdots + \rho_m e_{t-m} + v_t \tag{6.3.11}$$

用 OLS 方法估计上式，并计算可决系数 R^2，构造 LM 统计量

$$LM = (n-m)R^2 \tag{6.3.12}$$

（3）提出原假设 H_0：$\rho_1 = \rho_2 = \cdots = \rho_m = 0$（或 u_t 不存在自相关）。在样本容量很大的条件下，布罗施和戈弗雷证明了统计量 LM 渐近服从自由度为 m 的卡方分布，即

$$(n-m)R^2 \sim \chi^2(m) \tag{6.3.13}$$

在给定显著性水平 α 条件下，若 $(n-m)R^2 > \chi^2_\alpha(m)$，则拒绝原假设，此时原方程存在自相关；若 $(n-m)R^2 \leqslant \chi^2_\alpha(m)$，则不拒绝原假设，此时原方程不存在自相关。

§ 6.4　自相关的补救方法

1. 广义最小二乘法（Generalized Least Squares，GLS）

对于模型

$$\mathbf{Y} = \mathbf{X}\boldsymbol{\beta} + \mathbf{u} \tag{6.4.1}$$

若随机干扰项$\mathbf{u}$满足零均值、无自相关和同方差假定，则有

$$Var-Cov(\mathbf{u})=E(\mathbf{u}\mathbf{u}')=\sigma^2\mathbf{I} \tag{6.4.2}$$

若随机干扰项$\mathbf{u}$存在自相关性和异方差性，则有

$$Var-Cov(\mathbf{u})=E(\mathbf{u}\mathbf{u}')=\begin{bmatrix}\sigma_1^2 & \sigma_{12} & \cdots & \sigma_{1n}\\ \sigma_{21} & \sigma_2^2 & \cdots & \sigma_{2n}\\ \vdots & \vdots & \cdots & \vdots\\ \sigma_{n1} & \sigma_{n2} & \cdots & \sigma_n^2\end{bmatrix}=\sigma^2\boldsymbol{\psi} \tag{6.4.3}$$

$\boldsymbol{\psi}$是一个实正定对称矩阵，因此，存在可逆矩阵$\mathbf{D}$，使得

$$\boldsymbol{\psi}=\mathbf{D}\mathbf{D}' \tag{6.4.4}$$

用矩阵$\mathbf{D}^{-1}$左乘式（6.4.1）两边得

$$\mathbf{D}^{-1}\mathbf{Y}=\mathbf{D}^{-1}\mathbf{X}\boldsymbol{\beta}+\mathbf{D}^{-1}\mathbf{u} \tag{6.4.5}$$

设$\mathbf{D}^{-1}\mathbf{Y}=\mathbf{Y}^*$，$\mathbf{D}^{-1}\mathbf{X}=\mathbf{X}^*$，$\mathbf{D}^{-1}\mathbf{u}=\mathbf{u}^*$，则有

$$\mathbf{Y}^*=\mathbf{X}^*\boldsymbol{\beta}+\mathbf{u}^* \tag{6.4.6}$$

因为

$$\begin{aligned}Var-Cov(\mathbf{u}^*)&=E[\mathbf{u}^*(\mathbf{u}^*)']=E[\mathbf{D}^{-1}\mathbf{u}\mathbf{u}'(\mathbf{D}')^{-1}]\\&=\mathbf{D}^{-1}E(\mathbf{u}\mathbf{u}')(\mathbf{D}')^{-1}=\mathbf{D}^{-1}\sigma^2\boldsymbol{\psi}(\mathbf{D}')^{-1}\\&=\mathbf{D}^{-1}\sigma^2\mathbf{D}\mathbf{D}'(\mathbf{D}')^{-1}=\sigma^2\mathbf{I}\end{aligned} \tag{6.4.7}$$

所以，模型（6.4.6）满足无自相关和同方差假定。利用 OLS 方法得到参数估计量$\hat{\boldsymbol{\beta}}^*$

$$\begin{aligned}\hat{\boldsymbol{\beta}}^*&=[(\mathbf{X}^*)'\mathbf{X}^*]^{-1}(\mathbf{X}^*)'\mathbf{Y}^*\\&=[\mathbf{X}'(\mathbf{D}')^{-1}\mathbf{D}^{-1}\mathbf{X}]^{-1}\mathbf{X}'(\mathbf{D}')^{-1}\mathbf{D}^{-1}\mathbf{Y}\\&=(\mathbf{X}'\boldsymbol{\psi}^{-1}\mathbf{X})^{-1}\mathbf{X}'\boldsymbol{\psi}^{-1}\mathbf{Y}\end{aligned} \tag{6.4.8}$$

这就是广义最小二乘估计量，是线性、无偏、有效估计量。

2. 广义差分法（Generalized difference method）

设多元线性回归模型为

$$Y_t=\beta_1+\beta_2X_{2t}+\beta_3X_{3t}+\cdots+\beta_kX_{kt}+u_t \tag{6.3.8}$$

考虑随机干扰项为m阶自回归形式

$$u_t=\rho_1u_{t-1}+\rho_2u_{t-2}+\cdots+\rho_mu_{t-m}+v_t \tag{6.3.9}$$

模型（6.3.8）滞后项为

$$\begin{aligned}Y_{t-1}&=\beta_1+\beta_2X_{2(t-1)}+\beta_3X_{3(t-1)}+\cdots+\beta_kX_{k(t-1)}+u_{t-1}\\Y_{t-2}&=\beta_1+\beta_2X_{2(t-2)}+\beta_3X_{3(t-2)}+\cdots+\beta_kX_{k(t-2)}+u_{t-2}\\&\vdots\\Y_{t-m}&=\beta_1+\beta_2X_{2(t-m)}+\beta_3X_{3(t-m)}+\cdots+\beta_kX_{k(t-m)}+u_{t-m}\end{aligned} \tag{6.4.9}$$

则有

$$
\begin{aligned}
&Y_t-\rho_1Y_{t-1}-\rho_2Y_{t-2}-\cdots-\rho_mY_{t-m}\\
&=\beta_1(1-\rho_1-\cdots-\rho_m)+\beta_2(X_{2t}-\rho_1X_{2(t-1)}-\cdots-\rho_mX_{2(t-m)})+\cdots\\
&\quad+\beta_k(X_{kt}-\rho_1X_{k(t-1)}-\cdots-\rho_mX_{k(t-m)})+(u_t-\rho_1u_{t-1}-\cdots-\rho_mu_{t-m})
\end{aligned}
\tag{6.4.10}
$$

其中，$v_t=u_t-\rho_1u_{t-1}-\cdots-\rho_mu_{t-m}$满足无自相关和同方差假定，因此，对模型（6.4.10）采用 OLS 方法得到的参数估计量为线性、无偏、有效估计量。例如，在一阶序列自相关情况下，广义差分法回归模型为

$$
\begin{aligned}
Y_t-\rho Y_{t-1}=&\beta_1(1-\rho)+\beta_2(X_{2t}-\rho X_{2(t-1)})+\cdots\\
&+\beta_k(X_{kt}-\rho X_{k(t-1)})+(u_t-\rho u_{t-1})
\end{aligned}
\tag{6.4.11}
$$

或

$$Y_t^*=\beta_1(1-\rho_1)+\beta_2X_{2t}^*+\cdots+\beta_kX_{kt}^*+v_t\text{，}\quad t=2,3,\cdots,n \tag{6.4.12}$$

其中，$Y_t^*=Y_t-\rho Y_{t-1}$，$X_{2t}^*=X_{2t}-\rho X_{2(t-1)}$，…，$X_{kt}^*=X_{kt}-\rho X_{k(t-1)}$。

可以证明，在大样本情况下，广义差分法与广义最小二乘法的估计结果相近，但在小样本情况下，广义差分法得到的回归模型的样本容量为$n-1$，即丢失了第一个观测值，从而对估计结果有影响。因此，在广义差分法中，需要弥补这个观测值。对模型（6.4.12）采用**普莱斯-温斯滕变换**（Prais-Winsten transformation）：

$$Y_1^*=\sqrt{1-\rho^2}Y_1\text{，}\qquad X_{j1}^*=\sqrt{1-\rho^2}X_{j1}\text{，}\quad j=2,3,\cdots,k$$

这样，广义差分法的估计结果完全等同于广义最小二乘法估计量（证明省略）。

进一步，我们还可以得到这样的理解：广义最小二乘法是最有普通意义的最小二乘法，普通最小二乘法和加权最小二乘法都是它的特例。

3. **科克伦-奥科特**（Cochrane-Orcutt）迭代法

无论是使用广义最小二乘法还是使用广义差分法，都必须先要知道自相关系数$\rho_1,\rho_2,\cdots,\rho_m$。科克伦-奥科特迭代法就是通过逐次迭代的办法来求得自相关系数$\rho_1,\rho_2,\cdots,\rho_m$的估计值。具体步骤如下：

（1）使用 OLS 方法估计原模型（6.3.8），并计算出残差项$e_t^{(1)}$。

（2）考虑为m阶自回归形式（6.3.9），用e_t估计u_t，建立如下回归模型：

$$e_t^{(1)}=\rho_1^{(1)}e_{t-1}^{(1)}+\rho_2^{(1)}e_{t-2}^{(1)}+\cdots+\rho_m^{(1)}e_{t-m}^{(1)}+v_t \tag{6.4.13}$$

利用 OLS 方法对上式进行估计，得到自相关系数估计值为：$\hat{\rho}_1^{(1)},\hat{\rho}_2^{(1)},\cdots,\hat{\rho}_m^{(1)}$。

（3）将参数估计值代入广义差分方程（6.4.10），其中，设

$$Y_t^*=Y_t-\hat{\rho}_1^{(1)}Y_{t-1}-\hat{\rho}_2^{(1)}Y_{t-2}-\cdots-\hat{\rho}_m^{(1)}Y_{t-m}\text{，}\quad X_{kt}^*=X_{kt}-\hat{\rho}_1^{(1)}X_{k(t-1)}-\cdots-\hat{\rho}_m^{(1)}X_{k(t-m)}\text{，}$$

$\beta_1^*=\beta_1[1-\hat{\rho}_1^{(1)}-\cdots-\hat{\rho}_m^{(1)}]$，$\beta_2^*=\beta_2,\cdots,\beta_k^*=\beta_k$，则得回归方程：

$$Y_t^*=\beta_1^*+\beta_2^*X_{2t}^*+\cdots+\beta_k^*X_{kt}^*+v_t \tag{6.4.14}$$

利用 OLS 方法得参数估计值为：$\hat{\beta}_1^*,\hat{\beta}_2^*,\cdots,\hat{\beta}_k^*$。

（4）利用$\beta_1^*=\beta_1[1-\hat{\rho}_1^{(1)}-\cdots-\hat{\rho}_m^{(1)}]$，$\beta_2^*=\beta_2,\cdots,\beta_k^*=\beta_k$，得到原模型的参数估计值为：

$\hat{\beta}_1 = \hat{\beta}_1^* / [1 - \hat{\rho}_1^{(1)} - \cdots - \hat{\rho}_m^{(1)}]$，$\hat{\beta}_2^* = \hat{\beta}_2, \cdots, \hat{\beta}_k^* = \hat{\beta}_k$，并代入原模型（6.3.8）的样本回归方程。如果对估计结果不满意，求得新的残差项：

$$e_t^{(2)} = Y_t - \hat{Y}_t \tag{6.4.15}$$

（5）利用残差项 $e_t^{(2)}$ 及其滞后项建立如下回归模型：

$$e_t^{(2)} = \rho_1^{(2)} e_{t-1}^{(2)} + \rho_2^{(2)} e_{t-2}^{(2)} + \cdots + \rho_m^{(2)} e_{t-m}^{(2)} + v_t \tag{6.4.16}$$

用 OLS 方法得到自相关系数的第二轮估计值为：$\hat{\rho}_1^{(2)}, \hat{\rho}_2^{(2)}, \cdots, \hat{\rho}_m^{(2)}$。

如果得到的自相关系数估计值不是最佳的，那么继续迭代得出第三轮估计值，依次下去，直到估计值相差很小，收敛并满足要求；或者，对回归结果进行 DW 检验，直到不存在自相关为止。

需要指出的是：如果各序列相关系数都是被估计出来的，那么模型参数的估计结果不再是广义最小二乘估计量，而是**可行的广义最小二乘估计量**。可行的广义最小二乘估计量不再是无偏的，但却是一致的，且在科克伦-奥科特迭代法下，估计量具有渐近有效性。

4. 用 DW 值估计 $\boldsymbol{\rho}$

由式（6.3.7）DW 与 $\hat{\rho}$ 的关系可知

$$\hat{\rho} \approx 1 - \frac{DW}{2} \tag{6.4.17}$$

但是，这只是一个粗略的估计，精度不高。

5. 德宾（Durbin）两步法

德宾两步法就是利用广义差分方程求出 ρ 的估计值 $\hat{\rho}$，然后利用 $\hat{\rho}$ 进行广义差分变换求出原模型的广义最小二乘估计值。具体步骤如下：

（1）设模型 $Y_t = \beta_1 + \beta_2 X_t + u_t$ 存在一阶自回归形式，即 $u_t = \rho u_{t-1} + v_t$，利用广义差分法得

$$Y_t - \rho Y_{t-1} = \beta_1(1-\rho) + \beta_2(X_t - \rho X_{t-1}) + u_t - \rho u_{t-1} \tag{6.4.18}$$

方程（6.4.18）可以看作如下的形式

$$Y_t = \beta_1(1-\rho) + \beta_2(X_t - \rho X_{t-1}) + \rho Y_{t-1} + v_t \tag{6.4.19}$$

或

$$Y_t^* = \beta_1^* + \beta_2^* X_t^* + v_t \tag{6.4.20}$$

其中，$Y_t^* = Y_t - \rho Y_{t-1}$，$\beta_1^* = \beta_1(1-\rho)$，$\beta_2^* = \beta_2$，$X_t^* = X_t - \rho X_{t-1}$，$v_t = u_t - \rho u_{t-1}$。利用 OLS 方法求得 ρ 的估计值 $\hat{\rho}$，它是一个有偏、一致估计量（为什么？）。

（2）利用估计值 $\hat{\rho}$ 进行广义差分，求得 $Y_t^* = Y_t - \hat{\rho} Y_{t-1}$，$X_t^* = X_t - \hat{\rho} X_{t-1}$，然后用 OLS 方法对广义差分方程进行参数估计，求得最佳线性无偏估计量。

关于模型设定与纯自相关问题：在假设模型设定正确的条件下，随机干扰项之间存在自相关，称为**纯自相关**（pure autocorrelation）或**纯序列相关**（pure serial correlation）。而由模型设定偏误引起的自相关性，称为**非纯自相关或非纯序列相关**（impure serial correlation）。例如，遗漏了某重要解释变量或选择了不正确的函数形式，都会引起随机

干扰项之间存在自相关性。对于模型设定偏误，通常是可以修正的。因此，我们所指的模型自相关往往是纯自相关的情况，是存在于正确设定的模型中由随机干扰项自身原因引起的。

§6.5 案　　例

表 6.2 给出了 1985—2011 年中国农村居民人均收入与消费支出数据。为了消除价格因素的影响，我们用 1985 年不变价格重新换算了表中的数据。现在来建立中国农村居民消费函数模型，并对模型的自相关性进行检验。

表 6.2　　1985—2011 年中国农村居民人均收入和消费数据　　单位：元

年份	人均纯收入（现价）	人均消费支出（现价）	消费价格指数（1985 年为 100）	人均纯收入（可比价）	人均消费支出（可比价）
1985	397.60	317.42	100.0	397.6	317.4
1986	423.80	357.00	106.5	397.9	335.2
1987	462.60	398.30	114.3	404.8	348.5
1988	544.90	476.70	135.8	401.4	351.1
1989	601.50	535.40	160.2	375.5	334.2
1990	686.30	584.63	165.2	415.5	354.0
1991	708.60	619.80	170.8	414.9	362.9
1992	784.00	659.80	181.7	431.5	363.1
1993	921.60	769.70	208.4	442.2	369.3
1994	1221.00	1016.81	258.6	472.1	393.1
1995	1577.74	1310.36	302.9	520.9	432.6
1996	1923.10	1572.10	328.0	586.3	479.3
1997	2090.10	1617.15	337.2	619.8	479.6
1998	2162.00	1590.33	334.5	646.3	475.4
1999	2214.30	1577.42	329.8	671.4	478.3
2000	2253.40	1670.13	331.1	680.5	504.4
2001	2366.00	1741.00	333.5	709.5	522.1
2002	2475.60	1834.31	330.8	748.4	554.5
2003	2622.20	1943.30	334.8	783.3	580.5
2004	2936.00	2185.00	347.8	844.1	628.2
2005	3254.93	2555.00	354.1	919.3	721.6
2006	3587.00	2829.02	359.4	998.1	787.2
2007	4140.36	3223.85	376.6	1099.3	856.0
2008	4760.62	3660.69	398.9	1193.6	917.8
2009	5153.17	3993.45	396.1	1301.1	1008.3
2010	5919.01	4381.82	409.1	1446.7	1071.0
2011	6977.29	5221.13	431.2	1618.0	1210.8

资料来源：《中国统计年鉴》2001—2012 年整理。http://www.stats.gov.cn/tjsj/ndsj/2012/indexch.htm

1. 序列自相关性检验

设 X 代表农村居民人均纯收入，Y 代表农村居民人均消费支出，则模型为

$$Y_t = \beta_1 + \beta_2 X_t + u_t \tag{6.5.1}$$

根据表 6.2 中的数据，利用 EViews 软件得到 OLS 回归方程为（见表 6.3）：

$$\hat{Y}_t = 43.4649 + 0.7197X_t \tag{6.5.2}$$

$$se = (9.9654)\ (0.0124)$$

$$R^2 = 0.9926,\ F=3347.73,\ DW=0.5186$$

表 6.3 **表 6.2 的回归结果**

Dependent Variable: Y
Method: Least Squares
Date: 08/09/13 Time: 00:00
Sample: 1985 2011
Included observations: 27

Variable	Coefficient	Std. Error	t-Statistic	Prob.
C	43.46494	9.965401	4.361585	0.0002
X	0.719695	0.012439	57.8596	0.0000
R-squared	0.992588	Mean dependent var		564.3111
Adjusted R-squared	0.992291	S.D. dependent var		252.9971
S.E. of regression	22.21321	Akaike info criterion		9.110438
Sum squared resid	12335.66	Schwarz criterion		9.206426
Log likelihood	−120.9909	Hannan-Quinn criter.		9.13898
F-statistic	3347.733	Durbin-Watson stat		0.518639
Prob(F-statistic)	0.00000			

表 6.3 的回归结果表明，在 5%显著性水平下，$n=27$，$k'=1$，查 DW 表得，$d_L=1.316$，$d_U=1.469$。而 $DW=0.5186< d_L=1.316$，因此，存在正自相关。

从残差 e_t 与时间 t 以及 e_t 与 e_{t-1} 的关系图（见图 6.3）看，随机干扰项也呈现正自相关。

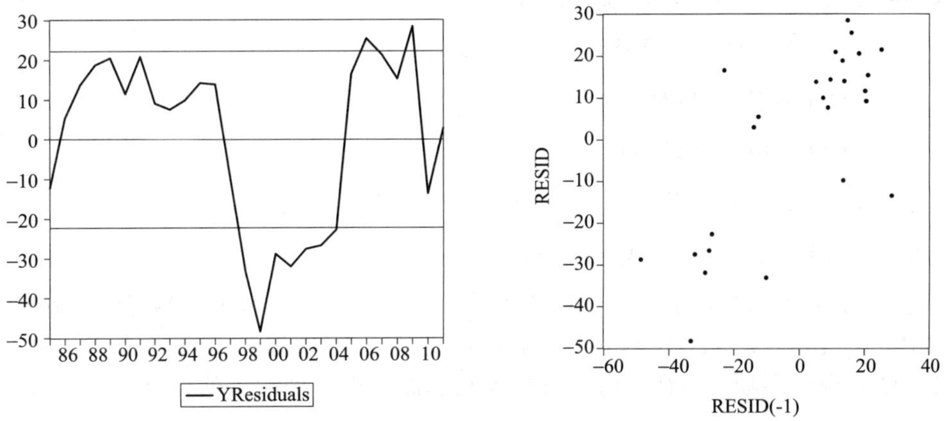

图 6.3 e_t **与时间** t **以及** e_t **与** e_{t-1} **的关系图**

2. 模型修正（广义差分法）

首先对残差 e_t 做 1 阶滞后自回归。操作顺序为：Quick → Generate Series，在弹出窗口中输入 E＝RESID，点击确定得到残差序列 e_t。选择 Quick → Estimate Equation，输入 E E(−1) 可得到残差项的 1 阶滞后自回归方程（没有截距项）：

$$\hat{e}_t = 0.7348 e_{t-1} \tag{6.5.3}$$

由式（6.5.3）知 $\hat{\rho}_1 = 0.7348$，模型（6.5.1）的广义差分方程为：

$$Y_t - 0.7348Y_{t-1} = \beta_1(1-0.7348) + \beta_2(X_t - 0.7348X_{t-1}) + v_t \tag{6.5.4}$$

对广义差分方程(6.5.4)进行回归。选择 Quick → Estimate Equation，输入 Y−0.7348*Y(−1) C X−0.7348*X(−1) 可得到回归结果，见表 6.4。

表 6.4　　广义差分方程回归结果

Dependent Variable: Y−0.7348*Y(−1)

Method: Least Squares

Date: 08/09/13　Time: 01:20

Sample (adjusted): 1986 2011

Included observations: 26 after adjustments

Variable	Coefficient	Std. Error	t-Statistic	Prob.
C	13.05049	6.270811	2.081149	0.0483
X−0.7348*X(−1)	0.715461	0.024032	29.77098	0.0000
R-squared	0.973635	Mean dependent var		177.4227
Adjusted R-squared	0.972537	S.D. dependent var		91.4783
S.E. of regression	15.15979	Akaike info criterion		8.348973
Sum squared resid	5515.659	Schwarz criterion		8.44575
Log likelihood	−106.5366	Hannan-Quinn criter.		8.376841
F-statistic	886.3114	Durbin-Watson stat		1.774735
Prob(F-statistic)	0.00000			

表 6.4 得到的方程也可以写成下列形式

$$\hat{Y}_t^* = 13.0505 + 0.7155X_t^*$$

$$se = (6.27) \quad (0.024) \tag{6.5.5}$$

$$t = (2.08) \quad (29.77)$$

$$R^2 = 0.9736, \quad F = 886.311, \quad DW = 1.7747$$

其中 $Y_t^* = Y_t - 0.7348Y_{t-1}$，$X_t^* = X_t - 0.7348X_{t-1}$。

给定 5%显著性水平，由于 $n=26$（样本减少了一个），$k'=1$，查 DW 表得，$d_L=1.302$，$d_U=1.461$。而 $d_U<DW=1.7747<4-d_U$，表明广义差分模型已经不存在自相关。

而广义差分方程截距项为 $\beta_1(1-\rho_1)$，可得调整后原模型的截距项估计值为：

$$\hat{\beta}_1 = \frac{13.0505}{1-0.7348} = 49.21$$

最终，我们得到中国农村居民消费函数为：

$$\hat{Y}_t = 49.21 + 0.7155X_t \tag{6.5.6}$$

本章习题

6.1 请问：产生随机干扰项自相关的原因是什么？

6.2 请问：DW 检验的前提条件是什么？

6.3 请问：如果模型存在自相关性，其后果是什么？OLS 估计量是否还是 BLUE？

6.4 Jaime Diaz 发表在《体育画报》上面的一篇论文，研究了美国职业高尔夫球协会巡回赛中不同距离的推杆次数。论文中建立了推杆进洞次数百分比（P_i）关于推杆距离（L_i）的回归函数为[①]

$$\begin{aligned} P_i &= 83.6 - 4.1L_i \\ se &= \quad\ (0.4) \\ t &= \quad (-10.6) \\ \bar{R}^2 &= 0.861 \quad DW = 0.48 \quad n = 19 \end{aligned}$$

（1）请用德宾-沃森检验法检验模型是否存在序列相关性（1%显著性水平）。

（2）如果现在采用双对数函数形式重新估计，并得到如下模型：

$$\begin{aligned} \ln P_i &= 5.50 - 0.92\ln L_i \\ se &= \quad\ (0.07) \\ t &= \quad (-13.0) \\ \bar{R}^2 &= 0.903 \quad DW = 1.22 \quad n = 19 \end{aligned}$$

请在 1%显著性水平下，用德宾-沃森检验法检验模型是否存在序列相关性。

6.5 根据第一章表 1.1 中的数据的回归结果（见第二章例 2.4 中表 2.8），检验回归模型的序列相关性（5%显著水平），如果存在序列相关，请用适当方法对模型进行修正。

6.6 表 6.5 给出了美国 1960—2005 年人均真实工资与人均生产率指数数据，这些指数是以 1992 年为基年（取值为 100）。

（1）请用 OLS 方法估计下列真实工资与生产率指数之间的关系：

a. $Y_t = \beta_1 + \beta_2 X_t + u_t$ b. $\ln Y_t = \beta_1 + \beta_2 \ln X_t + u_t$

其中 Y 代表真实工资指数，X 代表生产率指数。

（2）请采用德宾-沃森检验法（DW）和拉格朗日乘数检验法（LM test 或 BG test）对上述模型分别进行自相关检验；

（3）如果模型存在自相关，请采用适当的方法分别对模型进行修正。

（4）根据回归分析结果，请问：你认为哪个模型更好？有什么不同的经济意义上的解释？

---

① Jaime Diaz, “Perils of Putting” , Sports Illustrated, April 3, 1989, pp. 76-79.

表 6.5　　1960—2005 年美国人均真实工资与人均生产率指数

年份	*Y*	*X*	年份	*Y*	*X*
1960	60.8	48.9	1983	90.3	83
1961	62.5	50.6	1984	90.7	85.2
1962	64.6	52.9	1985	92	87.1
1963	66.1	55	1986	94.9	89.7
1964	67.7	56.8	1987	95.2	90.1
1965	69.1	58.8	1988	96.5	91.5
1966	71.7	61.2	1989	95	92.4
1967	73.5	62.5	1990	96.2	94.4
1968	76.2	64.7	1991	97.4	95.9
1969	77.3	65	1992	100	100
1970	78.8	66.3	1993	99.7	100.4
1971	80.2	69	1994	99	101.3
1972	82.6	71.2	1995	98.7	101.5
1973	84.3	73.4	1996	99.4	104.5
1974	83.3	72.3	1997	100.5	106.5
1975	84.1	74.8	1998	105.2	109.5
1976	86.4	77.1	1999	108	112.8
1977	87.6	78.5	2000	112	116.1
1978	89.1	79.3	2001	113.5	119.1
1979	89.3	79.3	2002	115.7	124
1980	89.1	79.2	2003	117.7	128.7
1981	89.3	80.8	2004	119	132.7
1982	90.4	80.1	2005	120.2	135.7

注：X= 商业部门每小时产出指数，Y= 商业部门每小时真实工资指数，1992 = 100

资料来源：Economic Report of the President, 2007, Table B–49

6.7　表 6.6 给出了 1978—2011 年中国居民总量消费支出与收入数据。这是一组时间序列数据（time series data）。原始数据来源于《中国统计年鉴》2001，2012 年。

其中，GDP 代表支出法国内生产总值；consumption 代表居民总消费；tax 代表税收总额；CPI（1990 年）代表 1990 年为不变价格计算的居民消费价格指数；X = (GDP–tax)/CPI（1990 年）代表居民实际可支配收入；Y = consumption/CPI(1990 年)代表居民实际消费总支出。

请用 OLS 方法估计总量消费函数模型，并检验模型的自相关性（5%显著水平）；如果模型存在设定误差，请问你将如何进行修正？

表 6.6 中国居民总量消费支出与国内生产总值等相关数据 单位：亿元

年份	GDP	consumption	tax	CPI（当年）	CPI（1990 年）	*X*	*Y*
1978	3605.6	1759.1	519.3	100.7	46.2	6684.1	3809.7
1979	4092.6	2011.5	537.8	101.9	47.1	7555.1	4275.1
1980	4592.9	2331.2	571.7	107.5	50.6	7950.2	4608.9
1981	5008.8	2627.9	629.9	102.5	51.8	8446.2	5068.8
1982	5590.0	2902.9	700.0	102.0	52.9	9247.1	5489.5
1983	6216.2	3231.1	775.6	102.0	53.9	10086.6	5990.3
1984	7362.7	3742.0	947.4	102.7	55.4	11581.0	6755.1
1985	9076.7	4687.4	2040.8	109.3	60.5	11620.6	7741.7
1986	10508.5	5302.1	2090.7	106.5	64.5	13054.3	8222.5
1987	12277.4	6126.1	2140.4	107.3	69.2	14651.0	8854.0
1988	15388.6	7868.1	2390.5	118.8	82.2	15813.3	9572.2
1989	17311.3	8812.6	2727.4	118.0	97.0	15036.0	9085.8
1990	19347.8	9450.9	2821.9	103.1	100.0	16525.9	9450.9
1991	22577.4	10730.6	2990.2	103.4	103.4	18943.2	10377.8
1992	27565.2	13000.1	3296.9	106.4	110.0	22058.6	11816.4
1993	36938.1	16412.1	4255.3	114.7	126.2	25899.6	13005.8
1994	50217.4	21844.2	5126.9	124.1	156.6	28793.1	13948.9
1995	63216.9	28369.7	6038.0	117.1	183.4	31180.4	15470.4
1996	74163.6	33955.9	6909.8	108.3	198.6	33863.7	17097.5
1997	81658.5	36921.5	8234.0	102.8	204.2	35963.7	18084.4
1998	86531.6	39229.3	9262.8	99.2	202.5	38151.9	19369.7
1999	91125.0	41920.4	10682.6	98.6	199.7	40282.9	20992.3
2000	98749.0	45854.6	12581.5	100.4	200.5	42977.9	22871.0
2001	109028.0	49435.9	15301.4	100.7	201.9	46423.2	24485.8
2002	120475.6	53056.6	17636.5	99.2	200.3	51347.5	26491.1
2003	136613.4	57649.8	20017.3	101.2	202.7	57526.0	28443.2
2004	160956.6	65218.5	24165.7	103.9	210.6	64956.4	30969.6
2005	187423.5	72958.7	28778.5	101.8	214.4	74002.0	34032.5
2006	222712.5	82575.5	34804.4	101.5	217.6	86356.8	37949.1
2007	266599.2	96332.5	45622.0	104.8	228.0	96903.0	42243.7
2008	315974.6	111670.4	54223.8	105.9	241.5	108388.1	46241.5
2009	348775.1	123584.6	59521.6	99.3	239.8	120621.0	51535.8
2010	402816.5	140758.6	73210.8	103.3	247.7	133057.3	56822.3
2011	465731.3	164945.2	89738.4	105.4	261.1	144006.8	63174.7

资料来源：《中国统计年鉴》2001，2012 年整理。http://www.stats.gov.cn/tjsj/ndsj/2012/indexch.htm

6.8 表 6.7 给出了 1978—2011 年中国财政收入与国内生产总值的数据。请建立财政收入 Y 对生产总值 X 的简单线性回归模型，并对模型进行自相关性检验；如果模型存在自相关性，请采用适当的方法进行修正。

表 6.7　　1978—2011 年中国财政收入与国内生产总值　　单位：亿元

年份	财政收入	生产总值	CPI（1990 年）	实际财政收入	实际生产总值
1978	1132.3	3645.2	46.2	2450.8	7890.1
1979	1146.4	4062.6	47.1	2433.9	8625.4
1980	1159.9	4545.6	50.6	2292.4	8983.4
1981	1175.8	4891.6	51.8	2269.9	9443.2
1982	1212.3	5323.4	52.9	2291.7	10063.0
1983	1367.0	5962.7	53.9	2536.1	11062.4
1984	1642.9	7208.1	55.4	2965.5	13010.9
1985	2004.8	9016.0	60.5	3313.8	14902.5
1986	2122.0	10275.2	64.5	3289.9	15930.5
1987	2199.4	12058.6	69.2	3178.3	17425.7
1988	2357.2	15042.8	82.2	2867.7	18300.3
1989	2664.9	16992.3	97.0	2747.3	17517.9
1990	2937.1	18667.8	100.0	2937.1	18667.8
1991	3149.5	21781.5	103.4	3045.9	21065.3
1992	3483.4	26923.5	110.0	3166.7	24475.9
1993	4349.0	35333.9	126.2	3446.1	27998.4
1994	5218.1	48197.9	156.6	3332.1	30777.7
1995	6242.2	60793.7	183.4	3403.6	33148.2
1996	7408.0	71176.6	198.6	3730.1	35839.2
1997	8651.1	78973.0	204.2	4236.6	38674.4
1998	9876.0	84402.3	202.5	4877.0	41680.1
1999	11444.1	89677.1	199.7	5730.6	44905.9
2000	13395.2	99214.6	200.5	6680.9	49483.6
2001	16386.0	109655.2	201.9	8115.9	54311.6
2002	18903.6	120332.7	200.3	9437.7	60076.2
2003	21715.3	135822.8	202.7	10713.0	67006.8
2004	26396.5	159878.3	210.6	12533.9	75915.6
2005	31649.3	184937.4	214.4	14761.8	86258.1
2006	38760.2	216314.4	217.6	17812.6	99409.2
2007	51321.8	265810.3	228.0	22509.6	116583.5
2008	61330.4	314045.4	241.5	25395.6	130039.5
2009	68518.3	340902.8	239.8	28573.1	142161.3
2010	83101.5	401512.8	247.7	33549.3	162096.4
2011	103874.4	472881.6	261.1	39783.4	181111.3

资料来源：《中国统计年鉴》2001，2012 年。http://www.stats.gov.cn/tjsj/ndsj/2012/indexch.htm

第七章

分布滞后与自回归模型

我们已经学习了经典线性回归模型以及在违背经典假定条件下的模型处理问题，即所谓的多重共线性、异方差和自相关。从本章到第九章，我们开始讨论计量经济学模型中的几个专题问题：分布滞后与自回归模型、虚拟变量模型和模型设定误差。

§7.1 滞后变量与滞后变量模型

一、滞后效应与滞后变量模型

在经济活动中，常常存在时间滞后效应，比如，在第六章谈到的自相关问题就是一种滞后现象。但与本章所讲的内容不同的是：第六章所讲的自相关是指随机干扰项之间的相关性，即随机干扰项的过去值对现值的影响；而本章所谈的滞后变量模型是指解释变量与被解释变量之间的相关性，即解释变量的过去值或被解释变量的过去值对被解释变量的影响。

一般来说，解释变量对被解释变量的影响不一定在当期完全发生，可能存在时间滞后，或者说，解释变量需要一段时间才能完全对被解释变量产生影响。同样，被解释变量也可能受到自身过去值的影响，这种被解释变量受到自身或解释变量的前几期值影响的现象称为**滞后效应**。这种过去时期具有滞后作用的变量叫做**滞后变量**（lagged variable），含有滞后变量的模型称为**滞后变量模型**（lagged variable model）。例如，在研究消费函数时，不仅要考虑本期收入对本期消费的影响，还要考虑前期收入甚至前期消费水平对本期消费的影响。

如果模型中不仅含有解释变量的当前值，还含有解释变量的滞后（前期或过去）值，就把它称为**分布滞后模型**（distributed-lag model）。如果模型中不仅含有解释变量的当前值，还含有被解释变量的滞后（前期或过去）值，就把它称为**自回归模型**（autoregressive model）。广义上讲，第六章所讲的自相关形式也属于自回归模型。

1. 分布滞后模型

分布滞后模型可以记成如下形式：

$$Y_t=\alpha+\beta_0X_t+\beta_1X_{t-1}+\beta_2X_{t-2}+\cdots+\beta_sX_{t-s}+u_t \tag{7.1.1}$$

其中，s 为**滞后长度**。根据 s 取值为有限的和无限的，模型分为**有限分布滞后模型**（infinite distributed-lag model）和**无限分布滞后模型**（finite distributed-lag model）。

在分布滞后模型中，模型各参数体现了解释变量及其滞后值对被解释变量的不同影响程度，通常称为**乘数效应**。进一步定义：

β_0 称为**短期或即期（冲击）乘数**（short-run or impact multiplier），表示本期 X 变动一个单位对 Y 平均值的影响大小；

$\beta_i(i=1,2,\cdots,s)$ 称为**延迟乘数或动态乘数**，表示各滞后期 X 变动一个单位对 Y 平均值的影响大小；

$\sum_{i=0}^{s}\beta_i$ 称为**长期乘数或总分布滞后乘数**（long-run or total distributed-lag multiplier），表示 X 变动一个单位，由于滞后效应而形成的对 Y 平均值总影响的大小。

我们来看两个例子。

【消费滞后例子】 假定某人年薪增加 2 万元，并假定是一种“永久性”增加，即这一年薪的增加将一直保持下去。那么，这种收入增加将会对个人消费有什么影响？

通常受益者受以往的消费习惯的影响，不会马上把增加的收入全部花掉，而是采取如下的方式进行消费：第一年消费增加 8000 元，第二年增加 6000 元，第三年增加 4000 元，剩下 2000 元用于储蓄。到第三年底，此人的年消费支出将增加 18000 元。这样，我们可以把消费函数写成如下的形式：

$$Y_t=\alpha+0.4X_t+0.3X_{t-1}+0.2X_{t-2}+u_t \tag{7.1.2}$$

其中，Y_t 和 X_t 分别表示第 t 年的消费和收入，α 为常数。

【通货膨胀滞后例子】 根据货币主义学派的观点，通货膨胀实质上是一种货币现象，其意义在于一般价格水平的连续上涨，是由于货币供给的增长率远远超过经济单位对货币的实际需求量所致，即相对于流通中的商品和服务的价值量而言货币供给量过大。美国学者在研究通货膨胀滞后效应时，采用如下模型：

$$P_t=\alpha+\beta_0M_t+\beta_1M_{t-1}+\beta_2X_{t-2}+\cdots+\beta_sM_{t-s}+u_t \tag{7.1.3}$$

其中，P_t 和 M_t 分别表示第 t 季度物价指数和货币的增长率；s 为滞后长度。研究者发现，通货膨胀的滞后期为 3~20 个季度。

上面的两个例子都是有限分布滞后模型。

2. 自回归模型

自回归模型可以记成如下形式：

$$Y_t=\alpha+\beta_0X_t+\gamma_1Y_{t-1}+\gamma_2Y_{t-2}+\cdots+\gamma_qY_{t-q}+u_t \tag{7.1.4}$$

其中，q 称为自回归模型的**阶数**（order）。而

$$Y_t=\alpha+\beta X_t+\gamma Y_{t-1}+u_t \tag{7.1.5}$$

称为**一阶自回归模型**（first-order autoregressive model）。

注意：滞后变量按照解释变量和被解释变量区分，可以分为滞后解释变量和滞后被解释变量。因此，分布滞后模型可以看成只有解释变量和滞后解释变量作为解释变量的模型。这种滞后解释变量也称为**外生变量**（exogenous variable），所以，分布滞后模型也称为**外生变量分布滞后模型**；类似地，自回归模型可以看成只有解释变量和滞后被解释变量作为解释变量的模型。这种滞后被解释变量也称为**内生变量**（endogenous variable），所以，自回归模型也称为**内生变量分布滞后模型**。

如果被解释变量的变化仅仅依赖于解释变量的当期值的影响，这样的模型被称为**静态模型**（static model）；而如果被解释变量的变化不仅仅依赖于解释变量的当期值的影响，还受到滞后变量的影响，这样的模型被称为**动态模型**（dynamic model）。

二、滞后效应产生的原因

1. 观念上的原因

人们在观念上往往束缚于某种模式，因而会形成固有的心理定式和行为习惯，因此，对新的经济环境需要一个适应过程，从而表现为决策滞后，结果，其行为会滞后于经济形势的变化。例如，由于彩票中奖瞬间变成百万富翁的人们也许不会很快改变他们长期适应的生活方式，因为他们还来不及对这种意外之财立即作出反应。当然，如果给他们一定的时间去适应，他们也许就能学会怎么使用这些新得到的巨款。再比如，人们对消费品的价格都存在一个预期心理，因此，也就存在一个预期价格。如果人们预期价格会上涨，就会加速购买；反过来，如果预期价格会下跌，就会减少购买，持币观望。

2. 技术上的原因

产品从生产到流通再到使用，每一个环节都需要一段时间，因此形成了滞后。例如，技术革新，资本价格下跌，不完全的信息都是滞后的原因。现代高科技产品更新速度加快，性价比不断提高，从而造成消费者在购买上迟疑不决，之所以迟疑不决也许是因为他们期盼更新一代产品的出现。再比如，农产品由于蛛网效应而对价格信息的反应总是滞后的，其根源在于农产品的生产需要一个季节性的时间过程。

3. 制度上的原因

契约、管理制度等因素也会造成人们行为的滞后。例如，人们的收入转为定期存款、健康保险计划等，这些收入被“锁定”在计划之中，造成它对社会购买力的影响具有滞后性。再比如，过去签订的供货合同影响着当前产品的产量。此外，管理上的不利也会造成滞后效应。

§7.2　分布滞后模型的参数估计

一、分布滞后模型估计的困难

由于分布滞后模型可分为有限分布滞后模型和无限分布滞后模型，对无限分布滞后模型，由于滞后项无限多而样本观测值是有限的，因此，无法对其直接进行估计。对于有限分布滞后模型，如果随机干扰项满足经典假定，原则上，可以考虑用最小二乘法对模型进行估计。**阿尔特**（Alt）和**丁伯根**（Tinbergen）建议使用最小二乘法逐渐递推地估计模型，即首先做被解释变量 Y_t 对解释变量 X_t 的回归，然后做 Y_t 对 X_t 和 X_{t-1} 的回归，再做 Y_t 对 X_t、X_{t-1} 和 X_{t-2} 的回归，依此不断添加解释变量的滞后项，直到滞后变量的回归系数在统计上不显著或者至少有一个解释变量的系数改变符号为止。按照这个规则，阿尔特曾求得燃油消费量 Y 对新订货量 X 的回归。他根据 1930—1939 年间季度数据获得以下结果：

$$\hat{Y}_t = 8.37 + 0.171X_t$$
$$\hat{Y}_t = 8.27 + 0.111X_t + 0.064X_{t-1}$$
$$\hat{Y}_t = 8.27 + 0.109X_t + 0.071X_{t-1} - 0.055X_{t-2}$$
$$\hat{Y}_t = 8.23 + 0.108X_t + 0.063X_{t-1} + 0.022X_{t-2} - 0.0120X_{t-3}$$

阿尔特选择第二个回归作为“最好”的方程，这是因为在最后的两个方程中，X_{t-2} 的符号不稳定，并且在最后一个方程中，X_{t-3} 的符号为负的，其经济意义难于解释。

上述估计方法看起来简单明了，但却存在如下问题：

（1）没有先验准则来确定滞后长度；

（2）如果滞后期较长，将缺乏足够的自由度进行统计检验；

（3）滞后解释变量之间往往存在高度相关，即模型存在严重的多重共线性问题。

二、分布滞后模型的修正估计方法

为了解决上述问题，计量经济学家们提出了一系列的修正估计方法。各种方法的基本思想大致相同，即通过对各滞后变量加权（对模型中的系数施加某种约束）组成线性合成变量，从而减少滞后变量的个数，以缓解多重共线性，保证自由度。

1. 经验加权法

所谓经验加权法，就是根据人们的经验给各滞后解释变量（或其系数）赋予指定的权数，并按权数构成各滞后解释变量的线性合成，从而形成新的解释变量，再对模型进行估计。权数的类型有以下三种：

（1）递减滞后结构。即认为权数是递减的，解释变量对被解释变量的影响随着时间的推移越来越小，近期比远期影响大。例如，在消费函数中，收入的近期值对消费的影响显然大于远期值的影响。设消费函数为一个滞后 3 期的分布滞后模型

$$Y_t = \alpha + \beta_0 X_t + \beta_1 X_{t-1} + \beta_2 X_{t-2} + \beta_3 X_{t-3} + u_t \tag{7.2.1}$$

根据经验赋予一组权数为：1/2，1/4，1/6，1/8，则有

$$\begin{aligned} Y_t &= \alpha + \beta_0 \frac{1}{2} X_t + \beta_0 \frac{1}{4} X_{t-1} + \beta_0 \frac{1}{6} X_{t-2} + \beta_0 \frac{1}{8} X_{t-3} + u_t \\ &= \alpha + \beta_0 (\frac{1}{2} X_t + \frac{1}{4} X_{t-1} + \frac{1}{6} X_{t-2} + \frac{1}{8} X_{t-3}) + u_t \end{aligned} \tag{7.2.2}$$

设新的线性组合变量为

$$Z_t = \frac{1}{2} X_t + \frac{1}{4} X_{t-1} + \frac{1}{6} X_{t-2} + \frac{1}{8} X_{t-3}$$

原模型就变成经验加权模型

$$Y_t = \alpha + \beta_0 Z_t + u_t \tag{7.2.3}$$

（2）不变滞后结构。即认为权数是不变的，解释变量对被解释变量的影响不随时间而变化。例如，对于滞后 3 期的分布滞后模型，可指定权数为 1/4，则新的线性组合变量为

$$Z_t = \frac{1}{4}X_t + \frac{1}{4}X_{t-1} + \frac{1}{4}X_{t-2} + \frac{1}{4}X_{t-3}$$

（3）倒 V 型滞后结构。即权数先递增后递减呈倒 V 型。例如，在一个长期建设投资中，历年投资 X 对产出 Y 的影响，往往是中期投资额最大，因此对产出的影响也最大。设滞后期为 4，则一组权数可以取为：1/6，1/4，1/2，1/3，1/5，则新的线性组合变量为

$$Z_t = \frac{1}{6}X_t + \frac{1}{4}X_{t-1} + \frac{1}{2}X_{t-2} + \frac{1}{3}X_{t-3} + \frac{1}{5}X_{t-4}$$

我们来看一个例子。假设模型（7.2.3）的 OLS 估计结果为 $\hat{Y}_t = 100 + 0.8Z_t$，即 $\hat{\alpha} = 100$，$\hat{\beta}_0 = 0.8$，将该估计值代入原模型（7.2.2）得出估计结果为

$$\hat{Y}_t = 100 + 0.4X_t + 0.2X_{t-1} + 0.133X_{t-2} + 0.1X_{t-3}$$

经验加权法的优点是简单易行，缺点是设置权数的随意性较大。通常的做法是多选几组权数，分别估计出模型来，然后对各统计检验（R^2 检验，F 检验，t 检验，DW 检验）进行比较选出最佳估计模型。

2. **阿尔蒙**（Shirley Almon）多项式法

该方法的基本思想是：通过阿尔蒙变换定义新的变量，以减少解释变量的个数，然后用 OLS 方法进行参数估计。具体步骤如下：

第一步，阿尔蒙变换：假定滞后解释变量的系数是一个关于滞后期的适当阶数的多项式函数，即

$$\beta_i = \alpha_0 + \alpha_1 i + \alpha_2 i^2 + \cdots + \alpha_m i^m \qquad (i = 0,1,2,\cdots,s; m < s) \tag{7.2.4}$$

称为**阿尔蒙多项式变换**。上式也可以简写成如下形式

$$\beta_i = \alpha_0 + \sum_{k=1}^{m} \alpha_k i^k \tag{7.2.5}$$

从而，分布滞后模型（7.1.1）也可以简写成：

$$Y_t = \alpha + \sum_{i=0}^{s} \beta_i X_{t-i} + u_t \tag{7.2.6}$$

将式（7.2.4）代入式（7.2.6），得

$$\begin{aligned} Y_t &= \alpha + \sum_{i=0}^{s} (\alpha_0 + \alpha_1 i + \alpha_2 i^2 + \cdots + \alpha_m i^m) X_{t-i} + u_t \\ &= \alpha + \alpha_0 \sum_{i=0}^{s} X_{t-i} + \alpha_1 \sum_{i=0}^{s} i X_{t-i} + \alpha_2 \sum_{i=0}^{s} i^2 X_{t-i} + \cdots + \alpha_m \sum_{i=0}^{s} i^m X_{t-i} + u_t \end{aligned} \tag{7.2.7}$$

令 $Z_{0t} = \sum_{i=0}^{s} X_{t-i}$，$Z_{1t} = \sum_{i=0}^{s} i X_{t-i}$，$Z_{2t} = \sum_{i=0}^{s} i^2 X_{t-i}$，…，$Z_{mt} = \sum_{i=0}^{s} i^m X_{t-i}$ 为线性组合变量，则有

$$Y_t = \alpha + \alpha_0 Z_{ot} + \alpha_1 Z_{1t} + \alpha_2 Z_{2t} + \cdots + \alpha_m Z_{mt} + u_t \tag{7.2.8}$$

第二步，如果式（7.2.8）满足经典假定，可用 OLS 方法进行参数估计。将估计出来的参数估计值 $\hat{\alpha}_k (k = 0,1,2,\cdots,m)$ 代入式（7.2.5），就可以求出原分布滞后模型的参数估计值 $\hat{\beta}_i (i = 0,1,2,\cdots,s)$。

在实际应用中，阿尔蒙多项式的阶数一般取 2 或 3，不超过 4，否则达不到减少变量个数的目的。

另外，阿尔蒙多项式法在数学上是依据一个定理，即**威尔斯特拉斯定理**（Weierstrass'theorem），粗略地说，该定理认为，在一有限区间内，任意连续函数都可以由一个适当阶数的多项式来一致地近似。

3. **考伊克**（Koyck）方法

考伊克方法就是将无限分布滞后模型转化为自回归模型，然后进行估计。对于无限分布滞后模型：

$$Y_t = \alpha + \beta_0 X_t + \beta_1 X_{t-1} + \cdots + \beta_s X_{t-s} + \cdots + u_t \tag{7.2.9}$$

假设所有的滞后解释变量的系数符号相同，并且它们按几何级数衰减：

$$\beta_i = \beta_0 \lambda^i \qquad (i = 0,1,2,\cdots) \tag{7.2.10}$$

其中 $0 < \lambda < 1$，λ 称为**分布滞后衰减率**，$1-\lambda$ 称为**调整速度**。

式（7.2.10）告诉我们：每一个系数在数值上都要小于前一个，这就意味着当我们追溯到遥远的过去的时候，滞后解释变量对被解释变量的影响就越小。因此，解释变量对被解释变量的影响随滞后期的增大出现衰减状态，这个衰减的速度取决于 λ 的大小，λ 越接近于 1，衰减速度越慢，而 λ 越接近于 0，衰减速度就越快。在前一种情况下，解释变量的遥远过去对被解释变量有一定影响，而在后一种情况下，这种影响很快就会消失。

将式（7.2.10）代入无限分布滞后模型（7.2.9）中，得

$$Y_t = \alpha + \beta_0 X_t + \beta_0 \lambda X_{t-1} + \cdots + \beta_0 \lambda^s X_{t-s} + \cdots + u_t \tag{7.2.11}$$

将式（7.2.11）滞后一期并乘以 λ，得

$$\lambda Y_{t-1} = \lambda\alpha + \lambda\beta_0 X_{t-1} + \beta_0 \lambda^2 X_{t-2} + \cdots + \beta_0 \lambda^{s+1} X_{t-s-1} + \cdots + \lambda u_{t-1} \tag{7.2.12}$$

式（7.2.11）减去式（7.2.12）整理后，得

$$Y_t - \lambda Y_{t-1} = (1-\lambda)\alpha + \beta_0 X_t + u_t - \lambda u_{t-1} \tag{7.2.13}$$

或

$$Y_t = (1-\lambda)\alpha + \beta_0 X_t + \lambda Y_{t-1} + v_t \tag{7.2.14}$$

其中，$v_t = u_t - \lambda u_{t-1}$。上述过程称为**考伊克变换**（Koyck transformation），所得到的模型（7.2.14）称为**考伊克模型**（Koyck model）。很显然，考伊克模型为一阶自回归模型。

考伊克模型的优点为：（1）以一个滞后一期被解释变量 Y_{t-1} 代替了大量滞后解释变量 X_{t-s}，最大限度地节省了自由度，解决了滞后期长度 s 难以确定的问题，对参数的估计减少到 3 个（α、β_0 和 λ）；（2）由于滞后一期被解释变量 Y_{t-1} 与解释变量 X_t 之间的线性相关程度小于解释变量各滞后值之间的相关程度，从而缓解了多重共线性问题；（3）通过考伊克变换可以把无限分布滞后模型不能直接估计的问题转化为可以估计的自回归

模型问题。

考伊克模型的缺点：（1）Y_{t-1} 是随机变量，这意味着模型不能满足经典假定的条件；（2）可以证明随机干扰项 $v_t = u_t - \lambda u_{t-1}$ 存在自相关性；（3）由于滞后被解释变量 Y_{t-1} 的存在违背了 DW 检验的前提条件，所以必须采用其他方法来检验序列相关性。其中常用的方法就是**德宾 *h* 检验**（Durbin *h* test）。

§7.3 自回归模型的参数估计

一、自回归模型的构造

无限分布滞后模型通过考伊克变换可以转化为一阶自回归模型，虽然这只是一个纯数学上的推导结果，但是，在实际经济活动中，许多滞后变量模型都可以转化为一阶自回归模型。

1. 自适应预期模型（adaptive expectation model）

在经济活动中，许多被解释变量 Y_t 的变化并不取决于解释变量的现值 X_t，而取决于解释变量的预期值 X_t^*。例如，企业会根据对产品价格的预期来决定现期的生产量；农民要对农作物未来价格的预期来确定农作物的种植量；消费者在决定购买住房、汽车之前需要对这些产品未来价格进行预测；居民消费水平的高低在一定程度上取决于对未来收入的预期；货币的供给量在一定程度上取决于对未来利率水平的预期等。从而，我们可以构建如下的模型：

$$Y_t = \beta_0 + \beta_1 X_t^* + u_t \tag{7.3.1}$$

其中，Y_t 为被解释变量；X_t^* 为解释变量预期值；u_t 为随机干扰项。

由于预期变量是不可以实际观测的，因此作如下的假设：

$$X_t^* - X_{t-1}^* = \gamma(X_t - X_{t-1}^*) \tag{7.3.2}$$

其中，$0 \leqslant \gamma \leqslant 1$，被称为**预期系数**或**期望系数**（coefficient of expectation）。式（7.3.2）的经济含义为："经济行为主体将根据过去的经验修正他们的预期，特别是要从错误中学习"，更具体地讲，就是根据现值与上期预期之间的误差的 γ 倍数去修正预期值。从而，这样对预期的修正也可以写成另外一种形式：

$$X_t^* = \gamma X_t + (1-\gamma) X_{t-1}^* \tag{7.3.3}$$

即表明本期预期值为现值与上期预期值的加权和。当 $\gamma = 0$ 时，说明预期值没有变化，现值被忽略；当 $\gamma = 1$ 时，说明预期值等于现值，上期预期值被忽略。

有的教材把参数 γ 称为**适应系数**或**调节系数**；而满足假设式（7.3.2）被称为**自适应过程**或**适应性预期**（adaptive expectation, AE）或**累进式期望**（progressive expectation）或**误差学习**（error learning）**假设**。

将式（7.3.3）代入式（7.3.1），得

$$Y_t = \beta_0 + \beta_1 \gamma X_t + \beta_1 (1-\gamma) X_{t-1}^* + u_t \tag{7.3.4}$$

再将式（7.3.1）滞后一期，并乘以$1-\gamma$，得

$$(1-\gamma)Y_{t-1}=(1-\gamma)\beta_0+(1-\gamma)\beta_1 X_{t-1}^*+(1-\gamma)u_{t-1} \tag{7.3.5}$$

式（7.3.4）减去式（7.3.5），整理得

$$\begin{aligned}Y_t&=\gamma\beta_0+\gamma\beta_1 X_t+(1-\gamma)Y_{t-1}+u_t-(1-\gamma)u_{t-1}\\&=\gamma\beta_0+\gamma\beta_1 X_t+(1-\gamma)Y_{t-1}+v_t\end{aligned} \tag{7.3.6}$$

其中，$v_t=u_t-(1-\gamma)u_{t-1}$。通常，把上式称为**自适应预期模型**（adaptive expectation model），这是一个一阶自回归模型。

与自适应预期假设相对立的是**理性预期**（rational expectation, RE）假设。理性预期则假设："各个经济行为主体在形成他们的期望时，利用了当前可获得的有关的信息，并不仅仅依赖过去的经验"。简言之，理性预期假设认为，"预期之所以是理性的，那是因为这些预期在其形成时就已有效地容纳了所有能够得到的信息"而不仅仅是过去的信息[①]。

2. 局部调整模型（partial adjustment model）

局部调整模型来自于**马克·纳洛夫**（Marc Nerlove）的所谓**存量调整**（stock adjustment）。例如，企业为了保证生产和销售，必须保持一定的原材料储备，因此，对于一定的产量或销售量，存在着预期最佳库存量；为了确保国民经济发展，中央银行必须保持一定的货币供给量，因此，对于一定的经济总量，存在着一个预期最佳货币供给量。也就是说，解释变量的现值影响着被解释变量的预期值，从而，建立如下的模型：

$$Y_t^*=\beta_0+\beta_1 X_t+u_t \tag{7.3.7}$$

其中，Y_t^*为被解释变量的预期最佳值或理想水平；X_t为解释变量现值。

因为预期最佳值Y_t^*是不可观测的，所以纳洛夫提出以下**局部调整**（partial adjustment）或**存量调整假设**（stock adjustment hypothesis）：

$$Y_t-Y_{t-1}=\delta(Y_t^*-Y_{t-1}) \tag{7.3.8}$$

其中，$0\leqslant\delta\leqslant 1$被称为**调整系数**（coefficient of adjustment）。式（7.3.8）的经济含义是：被解释变量的实际变化仅仅是预期变化的一部分。局部调整假设还可以写成

$$Y_t=\delta Y_t^*+(1-\delta)Y_{t-1} \tag{7.3.9}$$

即表明本期实际值为本期最佳预期值与上期实际值的加权和。当$\delta=0$时，完全没有调整；当$\delta=1$时，实际变动等于预期变动，调整在当期全部实现。一般情况下，$0<\delta<1$。将式（7.3.7）代入式（7.3.9），得

$$Y_t=\delta\beta_0+\delta\beta_1 X_t+(1-\delta)Y_{t-1}+\delta u_t \tag{7.3.10}$$

此模型被称为**局部调整模型**，这是一个一阶自回归模型。

3. 自适应预期与局部调整模型的组合

考虑如下模型：

$$Y_t^*=\beta_0+\beta_1 X_t^*+u_t \tag{7.3.11}$$

Y_t^*和X_t^*分别满足局部调整假设和自适应预期假设，从而得到下列模型：

---

① 古扎拉蒂. 计量经济学基础. 北京：中国人民大学出版社，2011：635.

$$
\begin{aligned}
Y_t &= \beta_0\delta\gamma + \beta_1\delta\gamma X_t + [(1-\gamma)+(1-\delta)]Y_{t-1} \\
&\quad -(1-\gamma)(1-\delta)Y_{t-2} + \delta u_t - \delta(1-\gamma)u_{t-1} \\
&= \alpha_0 + \alpha_1 X_t + \alpha_2 Y_{t-1} + \alpha_3 Y_{t-2} + v_t
\end{aligned} \tag{7.3.12}
$$

其中，$v_t = \delta u_t - \delta(1-\gamma)u_{t-1}$。

方程（7.3.11）的一个著名的应用就是费里德曼的持久收入假说。

二、自回归模型的参数估计

考伊克模型、自适应预期模型和局部调整模型，都是一阶自回归模型，因此，对这三个模型的估计就转化为对一阶自回归模型的估计。不妨假设一阶自回归模型为

$$Y_t = \alpha + \beta X_t + \gamma Y_{t-1} + u_t \tag{7.1.5}$$

对于模型（7.1.5）估计存在两个困难：（1）模型中存在滞后被解释变量 Y_{t-1} 为解释变量，而 Y_{t-1} 是随机变量，这与经典假定的条件不相符，其结果可能导致 Y_{t-1} 与随机干扰项 u_t 相关，即 $Cov(Y_{t-1}, u_t) \neq 0$。（2）随机干扰项 u_t 还可能存在自相关。例如，对于考伊克模型

$$Y_t = (1-\lambda)\alpha + \beta_0 X_t + \lambda Y_{t-1} + v_t \tag{7.2.14}$$

由于 $v_t = u_t - \lambda u_{t-1}$，得

$$
\begin{aligned}
Cov(v_t, v_{t-1}) &= Cov(u_t - \lambda u_{t-1}, u_{t-1} - \lambda u_{t-2}) \\
&= E\{[u_t - \lambda u_{t-1} - E(u_t - \lambda u_{t-1})][u_{t-1} - \lambda u_{t-2} - E(u_{t-1} - \lambda u_{t-2})]\} \\
&= E(u_t u_{t-1} - \lambda u_t u_{t-2} - \lambda u_{t-1}^2 + \lambda^2 u_{t-1} u_{t-2})
\end{aligned}
$$

根据原模型中随机干扰项 u_t 满足经典假定，即

$$
\begin{aligned}
& E(u_t) = 0 \\
& Var(u_t^2) = \sigma^2 \\
& Cov(u_t, u_{t+s}) = E(u_t u_{t+s}) = 0, s \neq 0
\end{aligned}
$$

所以，$Cov(v_t, v_{t-1}) = E(-\lambda u_{t-1}^2) = -\lambda\sigma^2$。因此，考伊克模型中的随机干扰 v_t 存在自相关。又由于 $Cov(Y_{t-1}, u_t - \lambda u_{t-1}) = -\lambda\sigma^2$（证明略），说明考伊克模型中滞后被解释变量 Y_{t-1} 与随机干扰项 v_t 相关。

同理可证明，对于自适应预期模型

$$Y = \gamma\beta_0 + \gamma\beta_1 X_t + (1-\gamma)Y_{t-1} + v_t \tag{7.3.6}$$

由 $v_t = u_t - (1-\gamma)u_{t-1}$，得

$$
\begin{aligned}
& Cov(v_t, v_{t-1}) \neq 0 \\
& Cov(Y_{t-1}, v_t) \neq 0
\end{aligned}
$$

而对于局部调整模型，有

$$
\begin{aligned}
& Cov(v_t, v_{t-1}) = \delta^2 E(u_t u_{t-1}) = 0 \\
& Cov(Y_{t-1}, v_t) = \delta Cov(Y_{t-1}, u_t) = 0
\end{aligned}
$$

由此可见，对于自回归模型的估计需要解决两个问题：一是设法消除 Y_{t-1} 与随机干扰项 v_t 的相关性；二是检验随机干扰项是否存在自相关。下面以一阶自回归模型为例来说明。

1. 工具变量法

所谓工具变量法，就是当随机解释变量与随机干扰项高度相关时，设法寻找一个新的变量，它与随机解释变量高度相关，但与随机干扰项不相关，从而用它替代随机解释变量。这个新的变量就叫做**工具变量**（instrumental variable，IV）或**代理变量**（proxy variable）。例如，对于一阶自回归模型（7.1.5），就是寻找一个新的变量来替代模型中与随机干扰项 v_t 存在相关性的随机解释变量 Y_{t-1}，这个新的变量要满足以下条件：（1）与所替代的变量 Y_{t-1} 高度相关；（2）与随机干扰项 v_t 不相关；（3）与解释变量 X_t 不相关。

利维亚坦（Liviatan）曾建议用 X_{t-1} 作为 Y_{t-1} 的工具变量，并且证明了估计出来的估计量具有一致性。但是，X_t 与 X_{t-1} 之间很可能是高度相关的，因此，这样的估计量很可能是非有效的。在实际估计中，一般用 $\hat{Y}_{t-1}$ 作为 Y_{t-1} 的工具变量，其中，$\hat{Y}_{t-1}$ 是 X 若干滞后值的线性组合：

$$\hat{Y}_{t-1}=\hat{\alpha}_0+\hat{\alpha}_1X_{t-1}+\hat{\alpha}_2X_{t-2}\cdots+\hat{\alpha}_sX_{t-s} \tag{7.3.13}$$

滞后期 s 一般选取 2 或 3。由于 X_t 与 u_t 不相关，而 $\hat{Y}_{t-1}$ 是 X_t 若干滞后值的线性组合，所以，$\hat{Y}_{t-1}$ 与 u_t 也不相关。一阶自回归模型（7.1.5）变为如下形式

$$Y_t=\alpha+\beta X_t+\gamma\hat{Y}_{t-1}+u_t \tag{7.3.14}$$

利用 OLS 方法对模型进行估计，可以证明，得到的参数估计量具有一致性。

2. 德宾 h 检验

在一阶自回归模型中，含有滞后被解释变量 Y_{t-1} 作为解释变量，这是一个随机变量，因此，关于随机干扰项自相关的 DW 检验法不再适合该模型（见第六章 DW 检验的条件）。为此，德宾提出了检验自回归模型一阶自相关的 h 检验法。

定义 h 统计量为

$$h=\hat{\rho}\sqrt{\frac{n}{1-nVar(\hat{\gamma})}} \tag{7.3.15}$$

其中，$\hat{\rho}$ 为随机干扰项一阶自相关系数 ρ 的估计量；n 为样本容量；$Var(\hat{\gamma})$ 为滞后被解释变量 Y_{t-1} 的回归系数估计量的方差。

$\hat{\rho}$ 可以通过下列式得到：

$$\hat{\rho}\approx1-\frac{\mathrm{DW}}{2}$$

从而式（7.3.15）可以转化为

$$h=(1-\frac{\mathrm{DW}}{2})\sqrt{\frac{n}{1-nVar(\hat{\gamma})}} \tag{7.3.16}$$

由此可见，虽然不能用 DW 值直接检验自相关，但却可以作为一个输入值使用。

德宾证明了在大样本条件下，设原假设 H_0：$\rho=0$，那么 h 统计量渐进地服从标准正态分布，即 $h\sim N(0,1)$。在给定显著性水平 α 条件下，查标准正态分布表得临界值 $z_{\alpha/2}$，若 $|h|>z_{\alpha/2}$，则拒绝原假设 H_0：$\rho=0$，说明模型存在一阶自相关；若 $|h|\leqslant z_{\alpha/2}$，则不拒绝原假设 H_0：$\rho=0$，说明模型不存在一阶自相关。

h 统计量有如下特点：

（1）不管模型中含有多少个滞后解释变量或滞后被解释变量，它都适用，只需考虑 Y_{t-1} 的回归系数估计量的方差。

（2）$nVar(\hat{\gamma})$ 超过 1，不能检验。

（3）该检验方法只适用于大样本，在小样本情况，需要选择其他方法检验。

§7.4 案　　例

用阿尔蒙方法估计有限分布滞后模型。表 7.1 给出了 1954—1999 年美国制造业的存货 Y 和销售额 X 的数据。

表 7.1　　1954—1999 年美国制造业存货和销售额数据　　单位：百万美元

年份	存货 Y	销售额 X	年份	存货 Y	销售额 X
1954	41612	23355	1977	188378	113201
1955	45069	26480	1978	211691	126905
1956	50642	27740	1979	242157	143936
1957	51871	28736	1980	265215	154391
1958	50203	27248	1981	283413	168129
1959	52913	30286	1982	311852	163351
1960	53786	30878	1983	312379	172547
1961	54871	30922	1984	339516	190682
1962	58172	33358	1985	334749	194538
1963	60029	35058	1986	322654	194657
1964	63410	37331	1987	338109	206326
1965	68207	40995	1988	369374	224619
1966	77986	44870	1989	391212	236698
1967	84646	46486	1990	405073	242686
1968	90560	50229	1991	390905	239847
1969	98145	53501	1992	382510	250394
1970	101599	52805	1993	384039	260635
1971	102567	55906	1994	404877	279002
1972	108121	63027	1995	430985	299555
1973	124499	72931	1996	436729	309622
1974	157625	84790	1997	456133	327452
1975	159708	86589	1998	466798	337687
1976	174636	98797	1999	470377	354961

数据来源：Economic Report of the President, 2001, Table B–57, p.340.

假定存货取决于当年和前 3 年的销售额，则有限分布滞后模型为

$$Y_t = \alpha + \beta_0 X_t + \beta_1 X_{t-1} + \beta_2 X_{t-2} + \beta_3 X_{t-3} + u_t \tag{7.4.1}$$

将 β_i 用阿尔蒙多项式表示，显然，这里 $i=0$，1，2，3。取 $m=2$，由式（7.2.5）得

$$\beta_i = \alpha_0 + \sum_{k=1}^{2} \alpha_k i^k \tag{7.4.2}$$

由式（7.2.8）有

$$Y_t = \alpha + \alpha_0 Z_{ot} + \alpha_1 Z_{1t} + \alpha_2 Z_{2t} + u_t \tag{7.4.3}$$

其中

$$\begin{aligned} Z_{0t} &= X_t + X_{t-1} + X_{t-2} + X_{t-3} \\ Z_{1t} &= X_{t-1} + 2X_{t-2} + 3X_{t-3} \\ Z_{2t} &= X_{t-1} + 4X_{t-2} + 9X_{t-3} \end{aligned} \tag{7.4.4}$$

在 EViews 中输入生成变量：$Z_0 = X+X(-1)+X(-2)+X(-3)$；$Z_1 = X(-1)+2*X(-2)+3*X(-3)$；$Z_2 = X(-1)+4*X(-2)+9*X(-3)$。得回归结果为：

$$\begin{aligned} &\hat{Y}_t = 25845.06 + 1.1149 Z_{0t} - 0.3713 Z_{1t} - 0.06 Z_{2t} \\ &se = (6596.998)\ (0.5381)\quad (1.3743)\quad (0.4549) \\ &t = (3.9177)\quad (2.0718)\quad (-0.2702)\quad (-0.1319) \\ &R^2 = 0.9755 \quad F = 517.7656 \quad DW = 0.1643 \quad n = 43 \end{aligned} \tag{7.4.5}$$

由于滞后 3 期，因此观测值从 46 个减少到 43 个。

根据式（7.4.2）和方程（7.4.5）给出的参数 α 估计值，可得到参数 β 估计值：

$$\begin{aligned} &\hat{\beta}_0 = \hat{\alpha}_0 = 1.1149 \\ &\hat{\beta}_1 = \hat{\alpha}_0 + \hat{\alpha}_1 + \hat{\alpha}_2 = 0.6836 \\ &\hat{\beta}_2 = \hat{\alpha}_0 + 2\hat{\alpha}_1 + 4\hat{\alpha}_2 = 0.1323 \\ &\hat{\beta}_3 = \hat{\alpha}_0 + 3\hat{\alpha}_1 + 9\hat{\alpha}_2 = -0.539 \end{aligned} \tag{7.4.6}$$

从而，所得分布滞后模型为：

$$\hat{Y}_t = 25845.06 + 1.1149 X_t + 0.6836 X_{t-1} + 0.1323 X_{t-2} - 0.539 X_{t-3} \tag{7.4.7}$$

实际上，EViews 软件提供了多项式分布滞后指令“PDL”（polynomial distributed lags）用于估计分布滞后模型。

具体操作过程为：Quick → Estimate Equation，在对话框 Equation Specification 中输入 Y C PDL(X，3，2)，点击 OK 即可。PDL 回归结果见表 7.2。

表 7.2 **PDL 回归结果**

Dependent Variable: Y
Method: Least Squares
Date: 08/13/13 Time: 18:02
Sample (adjusted): 1957 1999
Included observations: 43 after adjustments

Variable	Coefficient	Std. Error	t-Statistic	Prob.
C	25845.06	6596.998	3.9177	0.0003
PDL01	0.683601	0.467258	1.463006	0.1515
PDL02	−0.491443	0.494345	−0.99413	0.3263
PDL03	−0.060046	0.454967	−0.13198	0.8957

R-squared	0.975507	Mean dependent var	230992.5
Adjusted R-squared	0.973623	S.D. dependent var	147449.8
S.E. of regression	23947.32	Akaike info criterion	23.09351
Sum squared resid	2.24E+10	Schwarz criterion	23.25734
Log likelihood	−492.5104	Hannan-Quinn criter	23.15392
F-statistic	517.7656	Durbin-Watson stat	0.164303
Prob(F-statistic)	0.00000		

Lag Distribution of X	i	Coefficient	Std. Error	t-Statistic
. *|	0	1.115	0.53817	2.07182
. * |	1	0.6836	0.46726	1.46301
. * |	2	0.13211	0.46564	0.28372
* . |	3	−0.53947	0.56566	−0.95371
Sum of Lags		1.39124	0.0563	24.7103

本章习题

7.1 请问对有限分布滞后模型进行估计主要面临的问题是什么？

7.2 请问对一阶自回归模型进行估计主要面临的困难是什么？

7.3 检验一阶自回归模型随机干扰项之间的自相关性，为什么要用德宾 h 检验而不用 DW 检验？

7.4 表 7.3 给出了 1959—2006 年美国人均消费支出（PPCE）和人均可支配收入（PPDI）的数据。

（1）考虑考伊克模型，

$$Y_t = (1-\lambda)\alpha + \beta_0 X_t + \lambda Y_{t-1} + v_t$$

根据表中的数据做 OLS 一阶自回归，并求短期乘数 β_0 和长期乘数 $\sum \beta_i$；

（2）对上述的回归结果进行自相关性检验。

表 7.3　　1959—2006 年 PPCE 和 PPDI（以 2000 年美元计算）

年份	PPCE	PPDI	年份	PPCE	PPDI	年份	PPCE	PPDI
1959	8776	9685	1975	13320	15291	1991	18848	21109
1960	8837	9735	1976	13919	15738	1992	19208	21548
1961	8873	9901	1977	14364	16128	1993	19593	21493
1962	9170	10227	1978	14837	16704	1994	20082	21812
1963	9412	10455	1979	15030	16931	1995	20382	22153
1964	9839	11061	1980	14816	16940	1996	20835	22546
1965	10331	11594	1981	14879	17217	1997	21365	23065
1966	10793	12065	1982	14944	17418	1998	22183	24131
1967	10994	12457	1983	15656	17828	1999	23050	24564
1968	11510	12892	1984	16343	19011	2000	23860	25469
1969	11820	13163	1985	17040	19476	2001	24205	25687
1970	11955	13563	1986	17570	19906	2002	24612	26217
1971	12256	14001	1987	17994	20072	2003	25043	26535
1972	12868	14512	1988	18554	20740	2004	25711	27232
1973	13371	15345	1989	18898	21120	2005	26277	27436
1974	13148	15094	1990	19067	21281	2006	26828	28005

资料来源：Economic Report of the President, 2007, Table B–31.
http://highered.mcgraw-hill.com/sites/0073375772/student_view0/data_sets.html

7.5　考虑模型

$$Y_t=\alpha+\beta_1X_{1t}+\beta_2X_{2t}+\beta_3Y_{t-1}+u_t$$

假定 Y_{t-1} 与 u_t 相关。为了消除这种相关性，引入工具变量 $\hat{Y}_{t-1}$：
先求 Y_t 对 X_{1t} 和 X_{2t} 的回归，得 Y_t 的估计值 $\hat{Y}_t$。模型变为：

$$Y_t=\alpha+\beta_1X_{1t}+\beta_2X_{2t}+\beta_3\hat{Y}_{t-1}+u_t$$

请问：为什么这种方法可以消除原模型中 Y_{t-1} 与 u_t 之间的相关性？与利维亚坦方法相比，这种方法的优点是什么？

7.6　假设模型

$$Y_t=\alpha+\beta X_t+u_t$$

随机误差项 u_t 存在一阶自回归形式，即 $u_t=\rho u_{t-1}+v_t$， v_t 满足经典假定。利用广义差分法得

$$Y_t=\alpha(1-\rho)+\beta(X_t-\rho X_{t-1})+\rho Y_{t-1}+v_t$$

从而，可以利用 OLS 方法对上述广义差分方程进行估计。该模型与考伊克模型、自适应预期模型和局部调整模型非常像，请问它们之间有什么区别？

7.7　表 7.4 给出了 1970—1991 年美国制造业固定厂房设备投资与销售额数据。考虑

局部调整模型：

$$Y_t^* = \beta_0 + \beta_1 X_t + u_t$$

请利用表 7.4 中的数据估计模型参数，并对模型进行自相关检验。

表 7.4 1970—1991 年美国制造业固定厂房设备投资 *Y* 与销售额 *X*（以 10 亿美元计）

年份	厂房支出 *Y*	销售额 *X*	年份	厂房支出 *Y*	销售额 *X*
1970	36.99	52.805	1981	128.68	168.129
1971	33.6	55.906	1982	123.97	163.351
1972	35.42	63.027	1983	117.35	172.547
1973	42.35	72.931	1984	139.61	190.682
1974	52.48	84.79	1985	152.88	194.538
1975	53.66	86.589	1986	137.95	194.657
1976	58.53	98.797	1987	141.06	206.326
1977	67.48	113.201	1988	163.45	223.541
1978	78.13	126.905	1989	183.8	232.724
1979	95.13	143.936	1990	192.61	239.459
1980	112.6	154.391	1991	182.81	235.142

资料来源：Economic Report of the President, 1993.

http://highered.mcgraw-hill.com/sites/0073375772/student_view0/data_sets.html

7.8 利用表 7.4 中的数据，考虑如下模型

$$Y_t^* = \beta_0 X_t^{\beta_1} e^{u_t}$$

请用局部调整模型估计模型参数，并检验模型自相关。

7.9 利用表 7.4 中的数据，考虑如下自适应预期模型

$$Y_t = \beta_0 + \beta_1 X_t^* + u_t$$

请估计此模型的参数，并检验模型的序列相关性。

7.10 假定根据表 7.4 中的数据，取阿尔蒙多项式次数 $m=2$，请使用阿尔蒙变换估计下列分布滞后模型

$$Y_t = \alpha + \beta_0 X_t + \beta_1 X_{t-1} + \beta_2 X_{t-2} + \beta_3 X_{t-3} + \beta_4 X_{t-4} + u_t$$

7.11 设长期货币流通量模型为

$$Y_t^* = \beta_0 + \beta_1 X_t + \beta_2 P_t + u_t$$

其中，Y_t^* 为长期货币流通需求量，Y_t 为实际货币流通量，X_t 为贷款额，P_t 为居民消费价格指数。且满足下列局部调整假设

$$Y_t - Y_{t-1} = \delta(Y_t^* - Y_{t-1})$$

（1）请给出短期货币流通量需求模型；

（2）根据表 7.5 中数据进行回归，并解释模型系数的经济意义；

（3）对模型进行自相关检验。

表 7.5　　1978—2011 年中国货币流通量、贷款额和居民消费价格指数

年份	货币流通量 Y	贷款额 X	CPI（1990 年）	年份	货币流通量 Y	贷款额 X	CPI（1990 年）
1978	212.0	1850.0	46.2	1995	7885.3	50544.1	183.4
1979	267.7	2039.6	47.1	1996	8802.0	61156.6	198.6
1980	346.2	2414.3	50.6	1997	10177.6	74914.1	204.2
1981	396.3	2860.2	51.8	1998	11204.2	86524.1	202.5
1982	439.1	3180.6	52.9	1999	13455.5	93734.3	199.7
1983	529.8	3589.9	53.9	2000	14652.7	99371.1	200.5
1984	792.1	4766.1	55.4	2001	15688.8	112314.7	201.9
1985	987.8	5905.6	60.5	2002	17278.0	131293.9	200.3
1986	1218.4	7590.8	64.5	2003	19745.9	158996.2	202.7
1987	1454.5	9032.5	69.2	2004	21467.3	178197.8	210.6
1988	2134.0	10551.3	82.2	2005	24031.7	194690.4	214.4
1989	2344.0	14360.1	97.0	2006	27072.6	225347.2	217.6
1990	2644.4	17680.7	100.0	2007	30375.2	261690.9	228.0
1991	3177.8	21337.8	103.4	2008	34219.0	303395.0	241.5
1992	4336.0	26322.9	110.0	2009	38246.0	399685.0	239.8
1993	5864.7	32943.1	126.2	2010	44628.2	479196.0	247.7
1994	7288.6	39976.0	156.6	2011	50748.5	547947.0	261.1

货币流通量 Y= M0 和贷款额 X 的单位都是亿元。

资料来源：《中国统计年鉴》2008—2012 年，《中国统计资料 50 年汇编》。

7.12　设 $M_t = \alpha + \beta_1 D_t^* + \beta_2 S_t^* + u_t$

其中 M 为实际货币流通量；D^* 预期真实收入，S^* 预期利率，且满足如下假定：

$$D_t^* = \gamma_1 D_t + (1-\gamma_1) D_{t-1}^*$$

$$S_t^* = \gamma_2 S_t + (1-\gamma_2) S_{t-1}^*$$

其中 γ_1 和 γ_2 为期望系数，均介于 0 与 1 之间。

（1）如何利用可观测的量来表示 M_t？

（2）你能预见到什么问题？

第八章

虚拟变量模型

§8.1　虚拟变量的概念与模型划分

一、虚拟变量的概念

经济变量可以是定量的，即可以度量，并在一定范围内不间断地取值，称之为**定量变量**。比如，商品需求量、销售收入、价格、资金和人数等。还有一些经济变量是定性的，即不可以连续地度量的，称之为**定性变量**（qualitative variables）或**分类变量**（categorical variables）或**指标变量**（indicator variables）或**虚拟变量**（dummy variables）（或称为属性变量、双值变量、二元型变量等）。比如，性别、种族、宗教、国籍、文化程度、季节、自然灾害、战争和政治经济政策等。

当虚拟变量作为解释变量引入模型时，我们需要对它赋予一定的数值，一般情况下，取值为 0 和 1，并用符号 D 来表示该人为构造的虚拟变量。

例如，D 表示文化程度，当 $D=1$ 时，表示大学本科学历；当 $D=0$ 时，表示不是大学本科学历。

实际上，这种虚拟变量不过是一个将数据区分为相互排斥类别的工具而已。

由虚拟变量（定性变量）作为解释变量的模型可以只含有虚拟变量自身（包括多个虚拟变量），也可以除了虚拟变量（定性变量）外还含有其他定量解释变量。

只含有虚拟变量的模型被称为**方差分析**（analysis of variance，ANOVA）模型；同时包含虚拟变量和定量解释变量的模型被称为**协方差分析**（analysis of covariance，ANCOVA）模型。ANCOVA 模型是对 ANOVA 模型的推广。

ANOVA 模型可以写成下列形式：

$$Y_i=\beta_1+\beta_2 D_i+u_i \tag{8.1.1}$$

假设其中 Y_i 代表工资；D_i 代表文化程度，当 $D_i=1$ 时，表示大学本科学历；当 $D_i=0$ 时，表示不是大学本科学历。

假设 $E(u_i)=0$，则学历为大学本科的平均工资为：

$$E(Y_i \mid D_i=1)=\beta_1+\beta_2$$

学历不是大学本科的平均工资为：

$$E(Y_i \mid D_i=0)=\beta_1$$

如果将学历划分为三个层级：大学本科以下，大学本科，硕士研究生及以上，那么需要引入两个虚拟变量。（为什么？）

ANOVA 模型如下：

$$Y_i=\beta_1+\beta_2 D_{2i}+\beta_3 D_{3i}+u_i \qquad (8.1.2)$$

其中 $D_{2i}=\begin{cases}1, & \text{大学本科}\\ 0, & \text{其他}\end{cases}$；$D_{3i}=\begin{cases}1, & \text{硕士研究生及以上}\\ 0, & \text{其他}\end{cases}$

这样，按照学历的划分可以得到不同的平均工资：

大学本科以下： $E(Y_i \mid D_{2i}=0, D_{3i}=0)=\beta_1$

大学本科： $E(Y_i \mid D_{2i}=1, D_{3i}=0)=\beta_1+\beta_2$

硕士研究生及以上： $E(Y_i \mid D_{2i}=0, D_{3i}=1)=\beta_1+\beta_3$

从上面可以看到，定性变量文化程度 D 可以划分为两个类别或属性，比如，大学本科或不是大学本科，也可以划分为三个类别或属性，比如，大学本科以下，大学本科，硕士研究生及以上（根据研究者需要和目的来确定）。当定性变量只有两个类别或属性的时候，我们只要引入一个虚拟变量就可以了，当定性变量有三个类别或属性的时候，我们需要引入两个虚拟变量。稍后，我们将专门讨论这个问题。

当模型除了引入虚拟变量作为解释变量外还有其他定量解释变量时，ANCOVA 模型可以写成下列形式：

$$Y_i=\beta_1+\beta_2 D_i+\beta_3 X_i+u_i \qquad (8.1.3)$$

假设其中 Y_i 代表工资；D_i 代表文化程度，当 $D_i=1$ 时，表示大学本科学历；当 $D_i=0$ 时，表示不是大学本科学历；X_i 代表工龄。

假设 $E(u_i)=0$，则

学历为大学本科的平均工资为：

$$E(Y_i \mid D_i=1)=\beta_1+\beta_2+\beta_3 X_i$$

学历不是大学本科的平均工资为：

$$E(Y_i \mid D_i=0)=\beta_1+\beta_3 X_i$$

类似地，对式（8.1.2）增加一个定量解释变量后为

$$Y_i=\beta_1+\beta_2 D_{2i}+\beta_3 D_{3i}+\beta_4 X_i+u_i \qquad (8.1.4)$$

相对应地，按照学历的划分可以得到不同的平均工资函数：

大学本科以下： $E(Y_i \mid D_{2i}=0, D_{3i}=0)=\beta_1+\beta_4 X_i$

大学本科： $E(Y_i \mid D_{2i}=1, D_{3i}=0)=\beta_1+\beta_2+\beta_4 X_i$

硕士研究生及以上： $E(Y_i \mid D_{2i}=0, D_{3i}=1)=\beta_1+\beta_3+\beta_4 X_i$

假定 $\beta_1>0$，$\beta_4>0$，$\beta_3>\beta_2$，则上式的几何意义见图 8.1 所示。

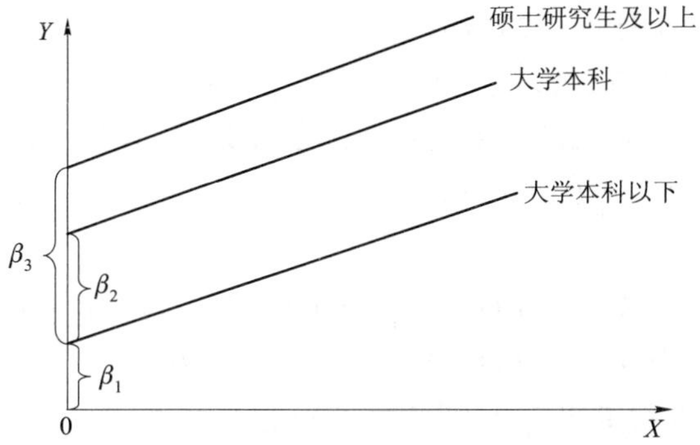

图 8.1 不同文化程度人员的工资收入示意图

若引入两个定性变量作为虚拟变量，则模型变为：

$$Y_i = \beta_1 + \beta_2 D_{2i} + \beta_3 D_{3i} + \beta_4 X_i + u_i \tag{8.1.5}$$

其中，D_{2i} 代表文化程度，即 $D_{2i}=1$ 时，为本科及以上学历，$D_{2i}=0$ 时，为本科以下学历；D_{3i} 代表性别，即 $D_{3i}=1$ 时，为男性，$D_{3i}=0$ 时，为女性。

从而可以得到不同性别、不同学历的平均工资函数为：

本科以下学历女性平均工资为：$E(Y_i \mid X_i, D_{2i}=0, D_{3i}=0) = \beta_1 + \beta_4 X_i$

本科以下学历男性平均工资为：$E(Y_i \mid X_i, D_{2i}=0, D_{3i}=1) = \beta_1 + \beta_3 + \beta_4 X_i$

本科及以上学历女性平均工资为：$E(Y_i \mid X_i, D_{2i}=1, D_{3i}=0) = \beta_1 + \beta_2 + \beta_4 X_i$

本科及以上学历男性平均工资为：$E(Y_i \mid X_i, D_{2i}=1, D_{3i}=1) = \beta_1 + \beta_2 + \beta_3 + \beta_4 X_i$

模型（8.1.4）与（8.1.5）在形式上是一样的，但其含义是不同的。模型（8.1.4）是由一个定性变量生成两个虚拟变量；模型（8.1.5）是由两个定性变量生成两个虚拟变量。

二、虚拟变量的模型划分

（一）乘法方式

虚拟变量作为解释变量引入模型有两种基本方式：加法方式和乘法方式。

所谓加法方式，就是在原有模型函数斜率不变的情况下，逐步进入新的虚拟变量。例如，上述模型（8.1.1）到（8.1.2）；模型（8.1.3）到（8.1.4）和（8.1.5），所得到的总体回归函数，即平均工资函数的斜率都是不变的，见图 8.1 所示。

所谓乘法方式，就是通过虚拟变量的引入导致总体回归函数在不同虚拟变量条件下斜率不同。模型可以写成下列形式：

$$Y_i = \beta_1 + \beta_2 X_i + \beta_3 D_i X_i + u_i \tag{8.1.6}$$

假设 Y_i 表示居民家庭人均年消费支出；X_i 表示居民家庭人均年可支配收入；虚拟变量

$$D_i = \begin{cases} 1, & \text{农村居民} \\ 0, & \text{城镇居民} \end{cases}$$

在 $E(u_i)=0$ 的假定下，模型的总体回归函数为：

农村居民家庭人均年消费支出：$E(Y_i \mid X_i, D_i=1) = \beta_1 + (\beta_2 + \beta_3) X_i$

城镇居民家庭人均年消费支出：$E(Y_i \mid X_i, D_i=0) = \beta_1 + \beta_2 X_i$

显然，当β_3不为零时，上述两个函数的斜率不同，即农村居民与城镇居民的消费倾向有显著差异。但是，这两个函数的截距是相同的。如果不仅两个函数的斜率不相同，截距也不相同，那么可以用下面的模型来表示（加法和乘法的组合）：

$$Y_i = \beta_1 + \beta_2 X_i + \beta_3 D_i + \beta_4 D_i X_i + u_i \quad (8.1.7)$$

可以得到相应结果为：

农村居民家庭人均年消费支出：$E(Y_i \mid X_i, D_i = 1) = (\beta_1 + \beta_3) + (\beta_2 + \beta_4) X_i$

城镇居民家庭人均年消费支出：$E(Y_i \mid X_i, D_i = 0) = \beta_1 + \beta_2 X_i$

（二）虚拟变量模型的应用

1. 邹至庄检验的虚拟变量法

邹至庄检验（Chow test）：邹至庄检验是对模型**结构变动**（structural change）的检验，而结构变动意味着模型中的参数值在整体上不能保持相同。假设有两个子回归并由这两个子回归构成的整体上的回归如下：

第一个子回归：$Y_i = \lambda_1 + \lambda_2 X_i + u_{1i}$，样本容量为$n_1$　（8.1.8）

第二个子回归：$Y_i = \gamma_1 + \gamma_2 X_i + u_{2i}$，样本容量为$n_2$　（8.1.9）

整体上的回归：$Y_i = \alpha_1 + \alpha_2 X_i + u_i$，样本容量为$n = n_1 + n_2$　（8.1.10）

显然，如果模型没有结构变动，那就意味着上面的三个模型是一样的，即有$\alpha_1 = \lambda_1 = \gamma_1$，$\alpha_2 = \lambda_2 = \gamma_2$。也就是说，截距系数和斜率系数都没有发生变化。这就是**邹至庄参数稳定性检验**（Chow test for parameter stability），具体步骤如下：

（1）给出原假设H_0：无参数不稳定性（$\alpha_1 = \lambda_1 = \gamma_1$，$\alpha_2 = \lambda_2 = \gamma_2$）；同时假定两个子回归的随机干扰项$u_{1i}$和$u_{2i}$服从零均值、同方差的正态分布，即$u_{1i} \sim N(0, \sigma^2)$和$u_{2i} \sim N(0, \sigma^2)$。并且两个随机误差项$u_{1i}$和$u_{2i}$是相互独立的。

（2）对上述三个回归进行估计，并求出残差平方和。

第一个回归残差平方和记为RSS_1，自由度为$df = n_1 - k$；

第二个回归残差平方和记为RSS_2，自由度为$df = n_2 - k$；

第三个回归（整体上的）残差平方和记为RSS_3，自由度为$df = n_1 + n_2 - k$。残差平方和RSS_3称为**约束残差平方和**（restricted residual sum of squares，RSS_R），因为它是在原假设条件下得到的结果。

（3）由于两个子回归被视为独立的，因此，由两个子回归的残差平方和相加得到一个**无约束残差平方和**（unrestricted residual sum of squares，RSS_{UR}），即

$RSS_{UR} = RSS_1 + RSS_2$，自由度为$df = n_1 + n_2 - 2k$

（4）构造统计量F

$$F = \frac{(RSS_R - RSS_{UR})/k}{(RSS_{UR})/(n_1 + n_2 - 2k)} \sim F(k, n_1 + n_2 - 2k) \quad (8.1.11)$$

邹至庄已经证明F服从自由度为k和$n_1 + n_2 - 2k$的F分布。

（5）参数稳定性检验。给定显著水平α（或P值），查F分布表，得到临界值F_α，并计算（8.1.11）中的F值。

若$F > F_\alpha$，则拒绝原假设，从而判断子回归（8.1.8）和（8.1.9）是不同的，即整体

上存在结构变动。

否则，若 $F \leqslant F_{\alpha}$，则不拒绝原假设，即不存在结构变动。

例 8.1 表 8.1 给出了美国 1970—1995 年储蓄和个人可支配收入的数据（单位：十亿美元）。

表 8.1 **1970—1995 年间美国储蓄和个人可支配收入** 单位：十亿美元

年度	储蓄	收入	年度	储蓄	收入
1970	61.0	727.1	1983	167.0	2522.4
1971	68.6	790.2	1984	235.7	2810.0
1972	63.6	855.3	1985	206.2	3002.0
1973	89.6	965.0	1986	196.5	3187.6
1974	97.6	1054.2	1987	168.4	3363.1
1975	104.4	1159.2	1988	189.1	3640.8
1976	96.4	1273.0	1989	187.8	3894.5
1977	92.5	1401.4	1990	208.7	4166.8
1978	112.6	1580.1	1991	246.4	4343.7
1979	130.1	1769.5	1992	272.6	4613.7
1980	161.8	1973.3	1993	214.4	4790.2
1981	199.1	2200.2	1994	189.4	5021.7
1982	205.5	2347.3	1995	249.3	5320.8

资料来源：古扎拉蒂. 计量经济学基础. 第 5 版. 北京：中国人民大学出版社，2011：256.

Economic Report of the President, 1997, Table B–28, p.332

假设 Y 表示储蓄，X 表示个人可支配收入（disposable personal income，DPI）。现在构建一个 Y 与 X 之间的简单储蓄函数。假设这 26 年间没有什么大的结构变化，我们就可以直接利用 OLS 方法得到储蓄与个人可支配收入的样本函数。但是，这是一个难以置信的假定。因为，众所周知，美国在 1982 年遭受了其和平时期最大的衰退，城市失业率当年达到了自 1948 年以来的最高水平 9.7%。这样的事件可能会破坏储蓄与个人可支配收入的关系。因此，现以 1982 年为转折点将样本数据分成两个时期，这样，可以得到三个可能的回归：

1970—1981 年：$Y_t = \lambda_1 + \lambda_2 X_t + u_{1t}$，样本容量为 $n_1 = 12$ （8.1.12）

1982—1995 年：$Y_t = \gamma_1 + \gamma_2 X_t + u_{2t}$，样本容量为 $n_2 = 14$ （8.1.13）

1970—1995 年：$Y_t = \alpha_1 + \alpha_2 X_t + u_t$，样本容量为 $n = n_1 + n_2 = 26$ （8.1.14）

给出原假设 H_0：无参数不稳定（$\alpha_1 = \lambda_1 = \gamma_1$，$\alpha_2 = \lambda_2 = \gamma_2$），即截距和斜率系数在整个时期保持不变，也就是不存在结构变动。

在如此假定下，无视两个时期的差异而将 26 个观测值放在一起做一个 OLS 回归，这样的回归也叫做**混合回归**（pooled regression）。同时，分别对两个不同时期数据进行回归。结果如下：

$\hat{Y}_t = 1.0161 + 0.0803X_t$

$t =$（0.0873）（9.6015）

$R^2 = 0.9021$　　$RSS_1 = 1785.032$　　$df = 10$

$\hat{Y}_t = 153.494 + 0.0148X_t$

$t =$（4.6922）（1.7707）

$R^2 = 0.2971$　　$RSS_2 = 10005.22$　　$df = 12$

$\hat{Y}_t = 62.4226 + 0.0376X_t$

$t =$（4.8917）（8.8937）

$R^2 = 0.7672$　　$RSS_3 = 23248.30$　　$df = 24$

上述储蓄—收入回归中的斜率系数为**边际储蓄倾向**（marginal propensity to save，MPS），即个人可支配收入每增加 1 美元导致储蓄的平均变化。显然，两个时期的截距和斜率系数都不相同，即存在结构变动。

对上述结果进行邹至庄参数稳定性检验。

给定 $\alpha = 0.01$，查 F 分布表，得临界值为 $F_{0.01}(2,22) = 5.72$。计算 F 统计量的值：由 $RSS_{UR} = RSS_1 + RSS_2 = 1785.032 + 10005.22 = 11790.252$，得

$$F = \frac{(RSS_R - RSS_{UR})/k}{(RSS_{UR})/(n_1 + n_2 - 2k)} = \frac{(23248.3 - 11790.252)/2}{11790.252/22} = 10.69$$

即 $F = 10.60 > F_{0.01}(2,22) = 5.72$，拒绝原假设，两个时期存在差异，因此，用混合回归来表示是不适当的。

需要说明的是：① 邹至庄检验要求随机误差项的方差相同，因此，需要对方差进行检验。本书对此不做介绍，请参阅其他计量经济学教材。② 邹至庄检验并没有告诉我们结构变动是来自截距还是斜率。这正是我们将要讨论的邹至庄检验的虚拟变量法。③ 邹至庄检验假定我们知道结构变动的转折点，并且可以有多个转折点。但是，如果不能确定结构变动何时发生，就必须使用其他方法进行检验。④ 上述给出的例子是一个时间序列数据模型，当然，我们也可以对截面数据使用邹至庄检验。

例如，考虑某年某地区居民家庭人均可支配收入与人均生活消费支出的关系。假设 Y 代表人均消费支出，X 代表人均可支配收入，农村和城镇居民消费函数可以表示为：

农村居民：$Y_i = \alpha_1 + \alpha_2 X_i + u_{1i}$，$i = 1,2,\cdots,n_1$　　（8.1.15）

城镇居民：$Y_i = \beta_1 + \beta_2 X_i + u_{2i}$，$i = 1,2,\cdots,n_2$　　（8.1.16）

混合回归为：$Y_i = c_1 + c_2 X_i + u_i$，$i = 1,2,\cdots,(n_1 + n_2)$　　（8.1.17）

按照截距和斜率系数的差异，可以将（8.1.8）和（8.1.9）〔或（8.1.15）和（8.1.16）〕两个子回归分成下列四种情形（见图 8.2）：

（a）$\lambda_1 = \gamma_1$ 且 $\lambda_2 = \gamma_2$（或 $\alpha_1 = \beta_1$ 且 $\alpha_2 = \beta_2$），即两个回归相同，称为**重合回归**（coincident regression）；

（b）$\lambda_1 \neq \gamma_1$ 但 $\lambda_2 = \gamma_2$（或 $\alpha_1 \neq \beta_1$ 但 $\alpha_2 = \beta_2$），即两个回归截距不同，斜率相同，称为**平行回归**（parallel regression）；

（c）$\lambda_1 = \gamma_1$ 但 $\lambda_2 \neq \gamma_2$（或 $\alpha_1 = \beta_1$ 但 $\alpha_2 \neq \beta_2$），即两个回归截距相同，斜率不同，称为**汇合回归或同截距回归**（concurrent regression）；

（d）$\lambda_1 \neq \gamma_1$ 且 $\lambda_2 \neq \gamma_2$（或 $\alpha_1 \neq \beta_1$ 但 $\alpha_2 \neq \beta_2$），即两个回归完全不同，称为**相异回归或非相似回归**（dissimilar regression）。

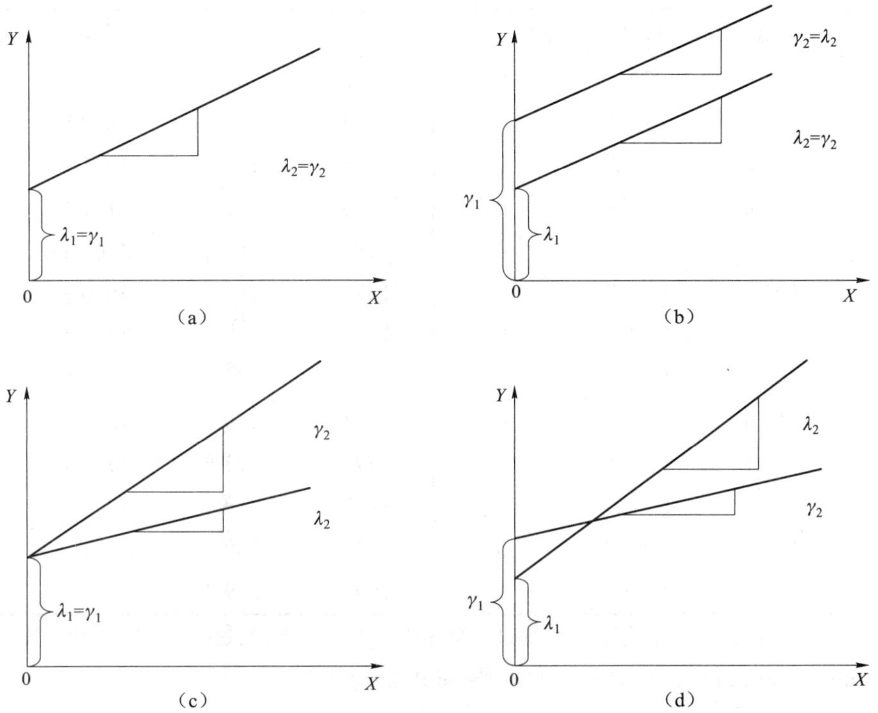

图 8.2 两个子回归模型按截距和斜率差异划分的四种情形

（a）重合回归；（b）平行回归；（c）同截距回归；（d）非相似回归

现在我们来看一下如何用虚拟变量办法来处理邹至庄检验。

针对回归（8.1.12）和（8.1.13）是否存在结构变动的检验，我们引入虚拟变量 D，并构建如下模型：

$$Y_t = \alpha_1 + \alpha_2 D_t + \beta_1 X_t + \beta_2 D_t X_t + u_t \tag{8.1.18}$$

其中，Y 表示储蓄；X 表示收入；t 表示年度；

$D=1$，1982—1995 年之间的观测值；

$D=0$，其他观测值（1970—1981 年之间的观测值）。

将虚拟变量 D 的取值加入表 8.1 中，得到新的数据。见表 8.2。

一般情况下，假定 $E(u_t)=0$，这样，可以得到平均储蓄函数为：

1970—1981 年的平均储蓄函数：

$$E(Y_t \mid X_t, D_t = 0) = \alpha_1 + \beta_1 X_t \tag{8.1.19}$$

1982—1995 年的平均储蓄函数：

$$E(Y_t \mid X_t, D_t = 1) = (\alpha_1 + \alpha_2) + (\beta_1 + \beta_2) X_t \tag{8.1.20}$$

实际上，上述两个方程（8.1.19）和（8.1.20）分别与方程（8.1.12）和（8.1.13）是相同的，即 $\lambda_1 = \alpha_1$，$\lambda_2 = \beta_1$，$\gamma_1 = \alpha_1 + \alpha_2$ 和 $\gamma_2 = \beta_1 + \beta_2$。也就是说，方程（8.1.18）等同于两

个子回归函数（8.1.12）和（8.1.13）。

表 8.2　　1970—1995 年间美国储蓄和个人可支配收入数据

年度	储蓄	收入	虚拟变量	年度	储蓄	收入	虚拟变量
1970	61.0	727.1	0	1983	167.0	2522.4	1
1971	68.6	790.2	0	1984	235.7	2810.0	1
1972	63.6	855.3	0	1985	206.2	3002.0	1
1973	89.6	965.0	0	1986	196.5	3187.6	1
1974	97.6	1054.2	0	1987	168.4	3363.1	1
1975	104.4	1159.2	0	1988	189.1	3640.8	1
1976	96.4	1273.0	0	1989	187.8	3894.5	1
1977	92.5	1401.4	0	1990	208.7	4166.8	1
1978	112.6	1580.1	0	1991	246.4	4343.7	1
1979	130.1	1769.5	0	1992	272.6	4613.7	1
1980	161.8	1973.3	0	1993	214.4	4790.2	1
1981	199.1	2200.2	0	1994	189.4	5021.7	1
1982	205.5	2347.3	1	1995	249.3	5320.8	1

资料来源：古扎拉蒂. 计量经济学基础. 第 5 版. 北京：中国人民大学出版社，2011：285.
Economic Report of the President, 1997, Table B–28, p.332

根据表 8.2 中的数据给出模型（8.1.18）的 OLS 估计结果：

$$\hat{Y}_t = 1.0161 + 152.4786D_t + 0.0803X_t - 0.0655D_tX_t \qquad (8.1.21)$$

$$t = (0.0504)\ (4.6090)\ (5.5413)\ (-4.0963)$$

$$R^2 = 0.8819 \qquad RSS = 11790.25$$

模型（8.1.18）中虚拟变量的系数 α_2 称为**级差截距系数**（differential intercept coefficient）；虚拟变量与解释变量 X 乘积的系数 β_2 称为**级差斜率系数**（differential slope coefficient）或**斜率漂移因子**（slope drifter）。

从上述回归结果看，级差截距系数和斜率系数都是统计上显著的，这表明两个时期储蓄与收入的回归是不同的。

由 $\alpha_1 = 1.0161$，$\alpha_2 = 152.4786$，$\beta_1 = 0.0803$，$\beta_2 = -0.0655$，代入方程（8.1.19）和方程（8.1.20）得，

1970—1981 年的平均储蓄函数：

$$E(Y_t \mid X_t, D_t = 0) = 1.0161 + 0.0803X_t \qquad (8.1.22)$$

1982—1995 年的平均储蓄函数：

$$E(Y_t \mid X_t, D_t = 1) = (1.016 + 152.4786) + (0.0803 - 0.0655)X_t$$
$$= 153.494 + 0.0148X_t \qquad (8.1.23)$$

这个结论与邹至庄参数稳定性检验中得到的两个子回归结果是完全一样的。因此，虚拟变量方法相对于邹至庄检验具有如下优势：

（i）只需做一个回归就可以涵盖所有的子回归。

（ii）如果级差截距系数α_2在统计上不显著，那么就可以接受两个子回归具有相同截距的同截距回归假设；类似地，如果级差斜率系数β_2在统计上不显著，并且级差截距系数α_2在统计上是显著的，那么就可以接受两个子回归具有相同斜率的平行回归假设，如果级差截距系数α_2在统计上也不显著，那么就可以接受两个子回归完全重合的假设；如果级差截距系数α_2和级差斜率系数β_2在统计上都是显著的，那么就可以接受两个子回归具有不同截距和斜率的非相似回归假设。

（iii）邹至庄检验不能明确告诉我们截距和斜率系数中到底是哪个不同，而虚拟变量方法可以完全解决这个问题。

（iv）虽然每增加一个虚拟变量就会消耗一个自由度，但是，数据混合以后会大大增加自由度，结果还是会提高估计精度。

2. 虚拟变量的交互效应

由式（8.1.5）知道，引入两个定性变量作为虚拟变量的模型为：

$$Y_i = \beta_1 + \beta_2 D_{2i} + \beta_3 D_{3i} + \beta_4 X_i + u_i \quad (8.1.5)$$

或写成

$$Y_i = \alpha_1 + \alpha_2 D_{2i} + \alpha_3 D_{3i} + \beta X_i + u_i \quad (8.1.24)$$

从上面两个表达式可以看出，虚拟变量D_{2i}和D_{3i}对Y_i的影响是相互独立的，它们共同对Y_i的影响是以相加形式体现的。实际上，虚拟变量D_{2i}和D_{3i}之间也可能存在着**相互影响**（interaction），所以，它们共同对Y_i的影响还可能是以相乘的形式体现的：

$$Y_i = \alpha_1 + \alpha_2 D_{2i} + \alpha_3 D_{3i} + \alpha_4 D_{2i} D_{3i} + \beta X_i + u_i \quad (8.1.25)$$

这种交互效应是否存在，是要通过对**交互虚拟变量**（interaction dummy，即两个定性变量或虚拟变量的乘积$D_{2i}D_{3i}$）的系数进行显著性检验来验证。

由方程（8.1.25）得到：

$$E(Y_i \mid X_i, D_{2i}=1, D_{3i}=1) = (\alpha_1 + \alpha_2 + \alpha_3 + \alpha_4) + \beta X_i \quad (8.1.26)$$

与相加形式相比，多了交互虚拟变量系数α_4一项。当虚拟变量取其他值时，总体回归函数与相加形式完全一致。

3. 分段线性回归

所谓**分段线性回归**（piecewise linear regression）是指该回归函数是由两段不同线性回归组成的，而两段线性回归的相交处，称为**节点**（knot），其所对应的解释变量的值，称为**临界值**。

例如，某公司按照销售量一定比例计提报酬Y，并设定一个销售量目标或临界值X^*，低于这个目标，就按照一般的比例计提报酬，超过这个目标，就按照更高的比例计提报酬（除销售量外，其他影响报酬的因素都归于随机干扰项中）。见图8.3所示。

现在我们引入虚拟变量D_i，并得到下列模型：

$$Y_i = \alpha_1 + \beta_1 X_i + \beta_2 (X_i - X^*) D_i + u_i \quad (8.1.27)$$

其中，Y_i代表报酬；X_i代表销售量；X^*代表临界值；虚拟变量为：

$$D_i=\begin{cases}1,\ 若X>X^*\\0,\ 若X\leqslant X^*\end{cases}$$

假定$E(u_i)=0$，可以得到：

销售量不超过临界值的平均报酬：

$$E(Y_i\mid X_i,X^*,D_i=0)=\alpha_1+\beta_1X_i \tag{8.1.28}$$

销售量超过临界值的平均报酬：

$$E(Y_i\mid X_i,X^*,D_i=1)=(\alpha_1-\beta_2X^*)+(\beta_1+\beta_2)X_i \tag{8.1.29}$$

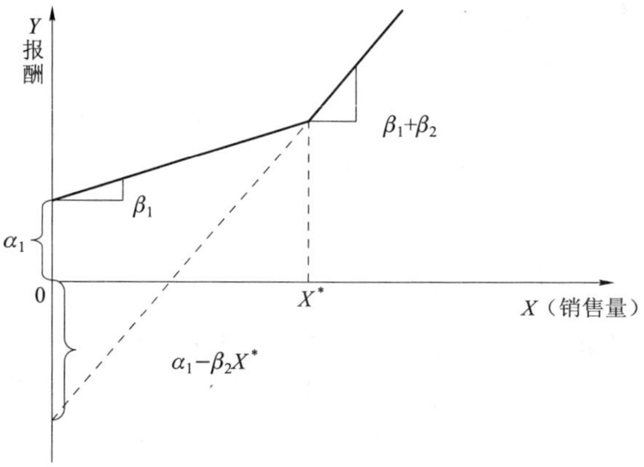

图 8.3　分段线性回归（销售量与报酬之间的关系）

分段线性回归的意义在于：模型是否在临界值处有明显的转折，即回归线的斜率是否发生了变化，因此，只要检验级差斜率系数β_2的统计显著性就可以了。

例 8.2　表 8.3 给出一个假想的成本和产出的数据。

表 8.3　　**成本与产出的假想数据**

成本（元）	产出（单位）	虚拟变量 D
256	1000	0
414	2000	0
634	3000	0
778	4000	0
1003	5000	0
1839	6000	1
2081	7000	1
2423	8000	1
2734	9000	1
2914	10000	1

以 Y 表示成本；X 表示产出；临界值 $X^*=5500$ 个单位。可以得到如下模型：

$$Y_i=\alpha_1+\beta_1X_i+\beta_2(X_i-5500)D_i+u_i \tag{8.1.30}$$

根据表 8.3 中的数据得出 OLS 回归结果为：

$$\hat{Y}_i=-145.717+0.279126X_i+0.0945(X_i-5500)D_i$$
$$t=(-0.8245)\quad (6.0669)\quad (1.1447)$$
$$R^2=0.9737\qquad RSS=238521.5 \tag{8.1.31}$$

从回归结果看，边际成本约为 0.28 元，当产出高于 5500 单位后，边际成本约为 0.37 元（0.279126+0.0945＝0.373626）。但是，在 5%显著性水平下，级差斜率系数β_2所对应的估计值的 t 检验不显著（$t=1.1447$），所以，分段线性回归的两个斜率之间的差别在统计上不显著。因此，利用虚拟变量建立的分段线性回归的意义不大。

在实践中，可以去掉虚拟变量而将成本对产出直接进行回归：

$$\hat{Y}_i=-287.467+0.326376X_i$$
$$t=(-2.23668)\quad (15.75666)$$
$$R^2=0.968783\qquad RSS=283172.8 \tag{8.1.32}$$

另外，大家要注意邹至庄检验的虚拟变量法中的模型（8.1.18）与分段线性回归模型（8.1.27）的区别。（思考题）

§ 8.2　虚拟变量的设置原则

尽管在模型中引入虚拟变量很容易，但是在使用它们的时候仍需要小心。具体来讲，需要考虑以下几个问题：

（1）若定性变量有 m 个类别，则模型中只需引入 $m-1$ 个虚拟变量。为什么？我们来看一个例子。我们知道，商品销售量除了受到价格影响外，还受到季节因素的影响，比如夏天对冷饮的需求大大增加、农产品在收割季节前后价格的差异、节假日期间对旅游交通需求的影响等。

如果 Y 代表冷饮销售量；X 代表价格；D 代表季节变量。那么，显然，季节可分为春、夏、秋、冬四季变化，因此，模型只能引入 3 个虚拟变量：

$$D_{1t}=\begin{cases}1，春季\\0，其他\end{cases}；\quad D_{2t}=\begin{cases}1，夏季\\0，其他\end{cases}；\quad D_{3t}=\begin{cases}1，秋季\\0，其他\end{cases}$$

冷饮销售量的模型为：

$$Y_t=\alpha_0+\alpha_1D_{1t}+\alpha_2D_{2t}+\alpha_3D_{3t}+\beta_1X_t+u_t \tag{8.2.1}$$

假如再引入第 4 个虚拟变量：

$$D_{4t}=\begin{cases}1，冬季\\0，其他\end{cases}$$

则模型变为：

$$Y_t = \alpha_0 + \alpha_1 D_{1t} + \alpha_2 D_{2t} + \alpha_3 D_{3t} + \alpha_4 D_{4t} + \beta_1 X_t + u_t \qquad (8.2.2)$$

用矩阵形式来表示模型（8.2.2）为：

$$\mathbf{Y} = \mathbf{X\beta} + \mathbf{u}$$

其中

$$\mathbf{X} = \begin{bmatrix} 1 & D_{11} & D_{21} & D_{31} & D_{41} & X_1 \\ 1 & D_{12} & D_{22} & D_{32} & D_{42} & X_2 \\ 1 & D_{13} & D_{23} & D_{33} & D_{43} & X_3 \\ \vdots & \vdots & \vdots & \vdots & \vdots & \vdots \\ 1 & D_{1n} & D_{2n} & D_{3n} & D_{4n} & X_n \end{bmatrix}, \quad \mathbf{\beta} = \begin{bmatrix} \alpha_0 \\ \alpha_1 \\ \alpha_3 \\ \alpha_4 \\ \beta_1 \end{bmatrix}, \quad \mathbf{Y} = \begin{bmatrix} Y_1 \\ Y_2 \\ Y_3 \\ \vdots \\ Y_n \end{bmatrix}, \quad \mathbf{u} = \begin{bmatrix} u_1 \\ u_2 \\ u_3 \\ \vdots \\ u_n \end{bmatrix}$$

对于数据矩阵 **X** 中由虚拟变量构成的子矩阵为 **D**：

$$\mathbf{D} = \begin{bmatrix} D_{11} & D_{21} & D_{31} & D_{41} \\ D_{12} & D_{22} & D_{32} & D_{42} \\ D_{13} & D_{23} & D_{33} & D_{43} \\ \vdots & \vdots & \vdots & \vdots \\ D_{1n} & D_{2n} & D_{3n} & D_{4n} \end{bmatrix}$$

子矩阵 **D** 的每一行有且只有一个虚拟变量取值为 1，而其他虚拟变量取值都为 0。为什么？因为季节虚拟变量应该是相互独立的，不可能同时发生两个季节及以上的季节虚拟变量都取值为 1。

因此，对于数据矩阵 **X** 的任意一行，其中，从第 2 列到第 5 列各行相加的结果都为 1，即虚拟变量 $D_1 + D_2 + D_3 + D_4 =$ 截距项所对应的单位向量。或者讲，第 1 列向量可以由第 2 列到第 5 列向量的线性组合来表示，从而矩阵 **X** 不存在列满秩，存在完全多重共线性，结果导致参数不确定。这就是所谓的“**虚拟变量陷阱**”（dummy variable trap）。

如果去掉第 4 个虚拟变量 D_4，那么，子矩阵 **D** 就由 4 列变成了 3 列，而原矩阵对应虚拟变量 D_4 取值为 1 的每一行将全部变成取值为 0，从而消除多重共线性。

例如，取 6 个观测值，其中，春季和夏季分别取两次，其他季节各取一次。那么子矩阵 **D** 为：

$$\mathbf{D} = \begin{bmatrix} 1 & 0 & 0 & 0 \\ 0 & 1 & 0 & 0 \\ 0 & 0 & 1 & 0 \\ 0 & 0 & 0 & 1 \\ 1 & 0 & 0 & 0 \\ 0 & 1 & 0 & 0 \end{bmatrix}$$

如果去掉第 4 个虚拟变量 D_4，其取值为 1 的一行将全部变成取值为 0。

矩阵 **D** 变为：

$$\mathbf{D}=\begin{bmatrix}1&0&0\\0&1&0\\0&0&1\\0&0&0\\1&0&0\\0&1&0\end{bmatrix}$$

（2）不指定其虚拟变量的那一组，或者讲，虚拟变量取值全为 0 所对应的类别，称为**基础**（base）**类别**或**基准**（benchmark）**类别**或**参照**（reference）**类别**（**组**），其他类别（组）都与基础类别进行比较。显然，所谓的基础类别，在模型（8.2.1）中指的就是冬季，即

$$E(Y_t\mid X,D_{1t}=0,D_{2t}=0,D_{3t}=0)=\alpha_0+\beta_1X_t \tag{8.2.3}$$

可以看出，模型（8.2.3）中截距系数α_0代表了虚拟变量为冬季的系数。因此，如果在模型（8.2.1）中去掉截距项α_0，那么，模型可以写成下列形式：

$$Y_t=\alpha_1D_{1t}+\alpha_2D_{2t}+\alpha_3D_{3t}+\alpha_4D_{4t}+\beta_1X_t+u_t \tag{8.2.4}$$

此时就没有完全多重共线性的问题，也不会陷入虚拟变量陷阱。

如果我们在模型中不使用截距项，那么在使用软件的时候一定不要忘记选择**无截距项**的选项。一般情况下，大多数研究者认为，在一个含有截距项的模型中，他们更容易处理问题。

关于虚拟变量为被解释变量的模型以及其他问题，本章不做介绍，读者可以参阅更高级的计量经济学教材。

§ 8.3 案　　例

表 8.4 给出了 1991—2011 年中国国民总收入与城乡居民人民币储蓄存款年底余额及增加额的数据。

现在来研究 1991—2011 年居民储蓄存款年底余额与国民总收入之间的关系是否存在结构变动？从图 8.4 看到，居民储蓄存款年底余额（YY）与国民总收入（GNI）之间不存在明显的结构变动。如果选择居民储蓄存款增加额（Y）与国民总收入（GNI）之间的关系来分析结构变动，见图 8.5 和图 8.6，则明显存在结构变动。现将这种变动划分为 5 个比较明显的转折点，并引入 5 个虚拟变量为：

$$D_{1t}=\begin{cases}1，1996\text{年以后}\\0，1996\text{年及以前}\end{cases}；\quad D_{2t}=\begin{cases}1，2000\text{年以后}\\0，2000\text{年及以前}\end{cases}；$$

$$D_{3t}=\begin{cases}1，2005年以后\\0，2005年及以前\end{cases}；\quad D_{4t}=\begin{cases}1，2007年以后\\0，2007年及以前\end{cases}；$$

$$D_{5t}=\begin{cases}1，2008年以后\\0，2008年及以前\end{cases}。$$

从而建立如下分段线性回归模型：

$$Y_t=\alpha_1+\beta_1 GNI_t+\beta_2(GNI_t-70142.5)D_{1t}+\beta_3(GNI_t-98000.5)D_{2t}$$
$$+\beta_4(GNI_t-183617.4)D_{3t}+\beta_5(GNI_t-26422.0)D_{4t}+\beta_6(GNI_t-316030.3)D_{5t}+u_t$$

表 8.4　1991—2011 年中国国民收入与城乡居民储蓄存款年底余额及增加值　单位：亿元

年度	城乡居民储蓄存款年底余额（YY）	城乡居民储蓄存款增加额（Y）	国民总收入（GNI）	年度	城乡居民储蓄存款年底余额（YY）	城乡居民储蓄存款增加额（Y）	国民总收入（GNI）
1991	9244.9	2125.3	21826.2	2002	86910.7	13148.2	119095.7
1992	11757.3	2512.4	26937.3	2003	103617.7	16707.0	134977.0
1993	15203.5	3446.2	35260.0	2004	119555.4	15937.7	159453.6
1994	21518.8	6315.3	48108.5	2005	141051.0	21495.6	183617.4
1995	29662.3	8143.5	59810.5	2006	161587.3	20544.0	215904.4
1996	38520.8	8858.6	70142.5	2007	172534.2	10946.9	266422.0
1997	46279.8	7759.0	78060.9	2008	217885.4	45351.2	316030.3
1998	53407.5	7127.7	83024.3	2009	260771.7	42886.3	340320.0
1999	59621.8	6214.4	88479.2	2010	303302.5	42530.8	399759.5
2000	64332.4	4710.6	98000.5	2011	343635.9	41656.6	472115.0
2001	73762.4	9430.1	108068.2				

资料来源：《中国统计年鉴》2012，http://www.stats.gov.cn/tjsj/ndsj/2012/indexch.htm

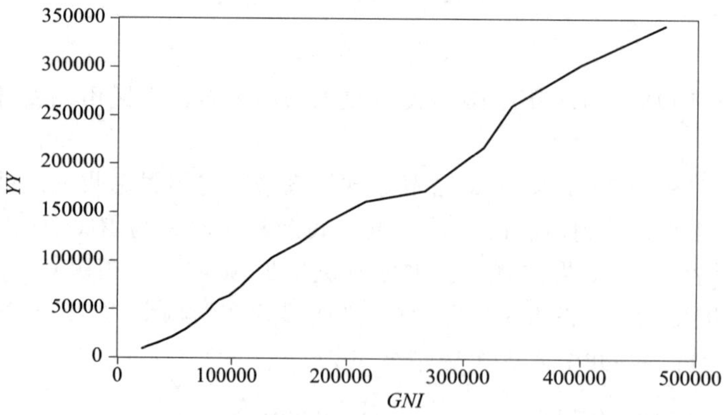

图 8.4　居民储蓄存款年底余额（*YY*）与国民总收入（*GNI*）之间的关系（单位：亿元）

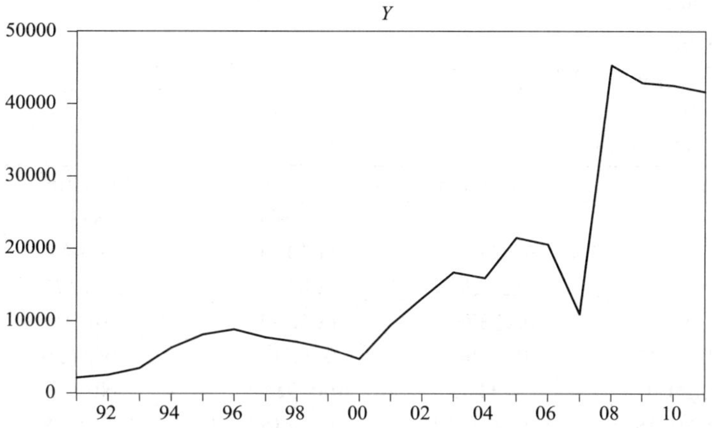

图 8.5 居民储蓄存款增加额（***Y***）图（单位：亿元）

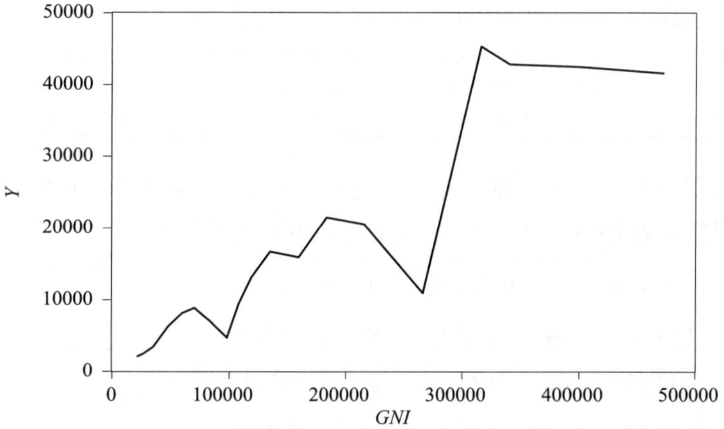

图 8.6 居民储蓄存款增加额（***Y***）与国民总收入（***GNI***）之间的关系（单位：亿元）

结合表 8.4 中的数据，可以得到模型的回归结果（见表 8.5）：

$$\hat{Y}_t = -924.9374 + 0.1368GNI_t - 0.2029(GNI_t - 70142.5)D_{1t} + 0.2537(GNI_t - 98000.5)D_{2t}$$

$se = (1716.661) \quad (0.0341) \qquad (0.0811) \qquad\qquad\qquad (0.0683)$

$t = (-0.5388) \quad (4.0019) \quad (-2.5013) \qquad\qquad\qquad (3.7147)$

$$-0.3226(GNI_t - 183617.4)D_{3t} + 0.7931(GNI_t - 266422.0)D_{4t} - 0.6774(GNI_t - 316030.3)D_{5t}$$

$se = (0.0400) \qquad\qquad (0.0591) \qquad\qquad (0.0473)$

$t = (-8.0616) \qquad\qquad (13.4072) \qquad\qquad (-14.3062)$

表 8.5　　回归结果

Dependent Variable: Y
Method: Least Squares
Date: 07/29/13　Time: 16:51
Sample: 1991 2011
Included observations: 21

Variable	Coefficient	Std. Error	t-Statistic	Prob.
C	−924.9374	1716.661	−0.5388	0.5985
GNI	0.13686	0.034198	4.001974	0.0013
(GNI−70142.5)*D1	−0.202929	0.081127	−2.501377	0.0254
(GNI−98000.5)*D2	0.253739	0.068306	3.714719	0.0023
(GNI−183617.4)*D3	−0.322631	0.04002	−8.061659	0.0000
(GNI−266422)*D4	0.793146	0.059158	13.40722	0.0000
(GNI−316030.3)*D5	−0.677447	0.047353	−14.30628	0.0000
R-squared	0.991037	Mean dependent var		16087.97
Adjusted R-squared	0.987196	S.D. dependent var		14461.86
S.E. of regression	1636.459	Akaike info criterion		17.89966
Sum squared resid	37491981	Schwarz criterion		18.24783
Log likelihood	−180.9464	Hannan-Quinn criter		17.97522
F-statistic	257.9923	Durbin-Watson stat		1.908523
Prob(F-statistic)	0.00000			

由于各虚拟变量的斜率系数估计值的 t 值均大于 2.1，说明统计检验显著。因此，居民人民币储蓄存款年增加额与国民总收入之间的函数关系为：

$$\hat{Y}_t=\begin{cases}-924.9374+0.1368GNI_t, & t\leqslant 1996\\ 13306.976-0.0661GNI_t, & 1996<t\leqslant 2000\\ -11555.75+0.1876GNI_t, & 2000<t\leqslant 2005\\ 47679.223-0.135GNI_t, & 2005<t\leqslant 2007\\ -163620.06+0.6581GNI_t, & 2007<t\leqslant 2008\\ 50458.86-0.0193GNI_t, & t>2008\end{cases}$$

说明 6 个阶段居民储蓄增加额的回归方程在统计上是不相同的，即存在着结构变动。从级差斜率系数的符号可以看到，各阶段呈现交替变动。这与实际居民储蓄存款增加额和国民总收入变动情况相符合。

本章习题

8.1　请问方差分析模型 ANOVA 与协方差分析模型 ANCOVA 的区别是什么？

8.2　请问模型引入虚拟变量的两种基本方式是什么？其主要区别在哪里？

8.3　现有连续多年的月度数据，为检验以下假设，请问需要引入多少个虚拟变量？

（1）把一年中所有 12 个月都看成季节类别。

（2）只把2、4、6、8、10、12月看成季节类别。

8.4 表8.6给出了1991—2011年中国货物进出口总额数据(单位:亿美元)。以2008年金融危机为转折点，试分析进出口总额时间序列的斜率是否有变化，其主要影响原因来自于进口总额还是出口总额。

表8.6 **1991—2011年中国货物进出口数据** 单位：亿美元

年份	进出总额（Trade）	出口总额（Export）	进口总额（Import）	差额	Time	D
1991	1357.0	719.1	637.9	81.2	1	0
1992	1655.3	849.4	805.9	43.5	2	0
1993	1957.0	917.4	1039.6	−122.2	3	0
1994	2366.2	1210.1	1156.1	54.0	4	0
1995	2808.6	1487.8	1320.8	167.0	5	0
1996	2898.8	1510.5	1388.3	122.2	6	0
1997	3251.6	1827.9	1423.7	404.2	7	0
1998	3239.5	1837.1	1402.4	434.7	8	0
1999	3606.3	1949.3	1657.0	292.3	9	0
2000	4742.9	2492.0	2250.9	241.1	10	0
2001	5096.5	2661.0	2435.5	225.5	11	0
2002	6207.7	3256.0	2951.7	304.3	12	0
2003	8509.9	4382.3	4127.6	254.7	13	0
2004	11545.5	5933.3	5612.3	320.9	14	0
2005	14219.1	7619.5	6599.5	1020.0	15	0
2006	17604.4	9689.8	7914.6	1775.2	16	0
2007	21765.7	12204.6	9561.2	2643.4	17	0
2008	25632.6	14306.9	11325.7	2981.2	18	1
2009	22075.4	12016.1	10059.2	1956.9	19	1
2010	29740.0	15777.5	13962.4	1815.1	20	1
2011	36418.6	18983.8	17434.8	1549.0	21	1

资料来源：《中国统计年鉴》2012，http://www.stats.gov.cn/tjsj/ndsj/2012/indexch.htm

8.5 表8.7给出了中国内地2011年城镇居民家庭人均可支配收入与人均现金消费支出，以及农村居民家庭人均纯收入与人均现金消费支出的相关数据。请根据所给数据判断2011年中国内地农村居民与城镇居民的边际消费倾向是否存在差异。

表 8.7　　2011 年中国内地居民家庭人均可支配收入与现金消费指出数据　　单位：元

地区	城镇居民			农村居民		
	现金消费支出	可支配收入	虚拟变量 D	现金消费支出	纯收入	虚拟变量 D
北　京	21984.37	32903.03	0	11021.24	14735.68	1
天　津	18424.09	26920.86	0	6673.27	12321.22	1
河　北	11609.29	18292.23	0	4514.19	7119.69	1
山　西	11354.3	18123.87	0	4355.78	5601.4	1
内蒙古	15878.07	20407.57	0	4827.99	6641.56	1
辽　宁	14789.61	20466.84	0	5081.4	8296.54	1
吉　林	13010.63	17796.57	0	4891.64	7509.95	1
黑龙江	12054.19	15696.18	0	5024.72	7590.68	1
上　海	25102.14	36230.48	0	10834.1	16053.79	1
江　苏	16781.74	26340.73	0	7709.07	10804.95	1
浙　江	20437.45	30970.68	0	9792.5	13070.69	1
安　徽	13181.46	18606.13	0	4499.35	6232.21	1
福　建	16661.05	24907.4	0	6112.99	8778.55	1
江　西	11747.21	17494.87	0	4029.49	6891.63	1
山　东	14560.67	22791.84	0	5623.58	8342.13	1
河　南	12336.47	18194.8	0	4047.87	6604.03	1
湖　北	13163.77	18373.87	0	4382.95	6897.92	1
湖　南	13402.87	18844.05	0	4355.7	6567.06	1
广　东	20251.82	26897.48	0	6149.94	9371.73	1
广　西	12848.37	18854.06	0	3522.59	5231.33	1
海　南	12642.75	18368.95	0	3781.63	6446.01	1
重　庆	14974.49	20249.7	0	3734.59	6480.41	1
四　川	13696.3	17899.12	0	3924.27	6128.55	1
贵　州	11352.88	16495.01	0	2670.73	4145.35	1
云　南	12248.03	18575.62	0	3205.35	4721.99	1
西　藏	10398.91	16195.56	0	2235.62	4904.28	1
陕　西	13782.75	18245.23	0	4254.92	5027.87	1
甘　肃	11188.57	14988.68	0	3151.1	3909.37	1
青　海	10955.46	15603.31	0	3920.15	4608.46	1
宁　夏	12896.04	17578.92	0	4209.55	5409.95	1
新　疆	11839.4	15513.62	0	3889.69	5442.15	1

资料来源：《中国统计年鉴》2012，http://www.stats.gov.cn/tjsj/ndsj/2012/indexch.htm

8.6　表 8.8 给出了 1990—2011 年中国货币供应量数据（单位：亿元）。试以 2008 年为转折点，建立中国货币供应量的分段线性回归，并分析货币流通量的变化情况。

表 8.8 **1990—2011 年中国货币供应量数据** 单位：亿元

年份	货币和准货币 M2	时间 T	虚拟变量 D
1990	15293.4	1	0
1991	19349.9	2	0
1992	25402.2	3	0
1993	34879.8	4	0
1994	46923.5	5	0
1995	60750.5	6	0
1996	76094.9	7	0
1997	90995.3	8	0
1998	104498.5	9	0
1999	119897.9	10	0
2000	134610.3	11	0
2001	158301.9	12	0
2002	185007.0	13	0
2003	221222.8	14	0
2004	254107.0	15	0
2005	298755.7	16	0
2006	345603.6	17	0
2007	403442.2	18	0
2008	475166.6	19	1
2009	606225.0	20	1
2010	725851.8	21	1
2011	851590.9	22	1

资料来源：《中国统计年鉴》2012，http://www.stats.gov.cn/tjsj/ndsj/2012/indexch.htm

8.7 如图 8.7 所示：假设在 X^* 处分段线性回归不仅斜率发生了变化，而且回归线还发生了跳跃。请问：你将如何修正分段线性回归方程（8.1.27）？

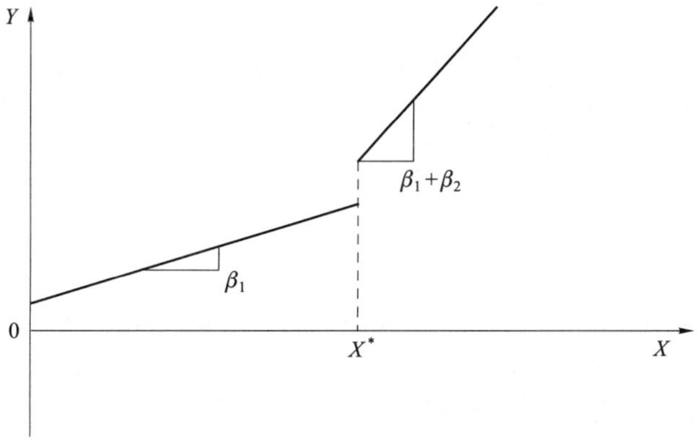

图 8.7 不连续的分段线性回归

8.8　用下列半对数模型（semi-log models）或线性到对数模型（log-lin model）来表示小时工资模型：

$$\ln Y = \beta_1 + \beta_2 D_i + u_i$$

其中 Y 表示小时工资率（美元）；

D 为表示性别的虚拟变量，即 $D=1$ 时，表示女性；$D=0$，表示男性。

（1）请分别写出男性和女性工人的工资函数；

（2）假设工资模型根据某数据的回归结果为：

$$\ln \hat{Y}_i = 2.1763 - 0.2437 D_i$$
$$t = (72.29) \quad (-5.50)$$

请解释上述回归系数的经济含义。

8.9　根据 20 世纪 70 年代早期 101 个国家以美元计人均收入（X）和以年计预期寿命（Y）的数据，森（Sen）和斯里瓦斯特瓦（Srivastava）得到如下回归结果[①] [半对数模型或对数到线性模型（lin-log model）]：

$$Y_i = -2.40 + 9.39 \ln X_i - 3.36[D_i(\ln X_i - 7)]$$
$$se = (4.73) \quad (0.859) \quad (2.42) \qquad R^2 = 0.752$$

其中 D_i 在 $\ln X_i$ 大于 7 时取值 1，否则取值 0。注：当 $\ln X_i=7$ 时，$X_i = 1097$ 美元。

（1）请解释 $\ln X_i$ 的系数 9.39 的含义。

（2）请解释引入虚拟变量 D_i 的含义以及对应系数–3.36 的含义。

（3）假定穷国与富国之间的分界线为人均收入 1097 美元，试导出穷国和富国的回归线。

（4）从这个回归结果中你能得到什么一般结论？

① 古扎拉蒂. 计量经济学基础（上册）. 第五版. 北京：中国人民大学出版社，2011：308.

第九章

模型设定误差[1]

§ 9.1 模型设定误差的类型

一、模型设定误差的含义

在经典线性回归模型（CLRM）的假定下，通常我们认为所使用的模型都是正确的，所关心的问题是对模型回归的结果进行检验，比如，R^2检验，F检验，t检验等，当然，还要对随机误差项u进行自相关和异方差检验。如果这些检验在统计上都“通过了”或者针对“多重共线性”、“异方差”和“自相关”等问题对模型都进行了修正，那么最终得到的模型便是一个“可用”的模型。然而，这种计量经济学模型并非是“万能的”或“绝对正确的”，它仅仅是根据观测数据对经济理论的一种统计上的验证。

经济学家多年来对“真理”的寻求曾给人一种观感：经济学家们就好像在一间黑房子里搜寻一只原本并不存在的黑猫，而计量经济学家还经常声称找到了一只[2]。

因此，假设正确的模型，可能是不正确的，我们把这个问题就叫做**模型设定误差**（model specification error）或**模型设定偏误**（model specification bias）。那么，如何去发现一个“正确”的模型呢？尽管计量经济学家们对所谓“正确”的模型设置了很多限制或选择准则，但是，也许这种所谓“正确”的模型根本就不存在。所谓的限制或选择准则，只不过是开列出一个“好”模型的清单罢了。然而，这一切都不能阻止人们对模型设定问题的研究和探讨。

二、模型设定误差的类型

我们把模型设定误差归纳为如下的原因：

（1）漏掉一个有关变量；

---

① 请根据具体情况选择教学内容。

② Peter Kennedy, A Guide to Econometrics, 3d ed. The MIT Press, Cambridge, Mass. , 1992: 82.

（2）包含一个无关变量；

（3）采用错误的函数形式；

（4）测量误差；

（5）对随机误差项设定不正确。

现在我们来看一下具体情况。假设我们认为存在一个好的模型：

$$Y_i=\beta_1+\beta_2X_i+\beta_3X_i^2+\beta_4X_i^3+u_i \tag{9.1.1}$$

其中，Y_i代表生产总成本，X_i代表产出，方程（9.1.1）为立方总成本函数。

出于某种原因，研究者使用另一种比较简单的模型：

$$Y_i=\alpha_1+\alpha_2X_i+\alpha_3X_i^2+v_i \tag{9.1.2}$$

这样，就构成了模型设定误差，即**漏掉一个有关变量**（omitting a relevant variable）的误差。事实上，模型（9.1.2）中随机干扰项包含了被漏掉的变量 X_i^3，即

$$v_i=u_i+\beta_4X_i^3 \tag{9.1.3}$$

需要说明的是，被漏掉的变量也可以是被解释变量的滞后项，比如 Y_{t-1}。这样的模型设定误差被称为**动态设定偏误**（dynamic mis-specification）。

假设研究者使用了一种更复杂点的模型：

$$Y_i=\lambda_1+\lambda_2X_i+\lambda_3X_i^2+\lambda_4X_i^3+\lambda_5X_i^4+w_i \tag{9.1.4}$$

这样，也构成了模型设定误差，即**包含一个无需或无关变量**（including an unnecessary or irrelevant variable）的误差。事实上，模型（9.1.4）中系数 λ_5 一定为 0，否则，模型（9.1.1）的“正确”性就出现矛盾。也就是说，模型（9.1.4）在 $\lambda_5=0$ 的约束条件下即为模型（9.1.1）。从而有

$$\begin{aligned} w_i&=u_i-\lambda_5X_i^4 \\ &=u_i \quad \text{因为真实模型中}\lambda_5=0 \end{aligned} \tag{9.1.5}$$

假设研究者采用了半对数模型：

$$\ln Y_i=\gamma_1+\gamma_2X_i+\gamma_3X_i^2+\gamma_4X_i^3+u_i \tag{9.1.6}$$

这样，也构成了模型设定误差，其原因在于采用了**错误的函数形式**（wrong function form）。最后，研究者考虑使用如下模型：

$$Y_i^*=\beta_1^*+\beta_2^*X_i^*+\beta_3^*X_i^{*2}+\beta_4^*X_i^{*3}+u_i^* \tag{9.1.7}$$

其中，Y_i^* 和 X_i^* 均为观测值，不是真实的 Y_i 和 X_i，也就是说，模型存在**测量误差偏误**（error of measurement bias）。实际上，这样的观测偏误是无法避免的，因为，数据不仅受到近似计算、数据缺失等因素的干扰，而且通常情况下，获得第一手资料难度很大，因此，数据使用者往往采用第二手资料，而第一手资料也许存在误差。

模型设定误差与随机误差项进入模型的方式也有关系。设简单线性回归模型：

$$Y_i=\beta X_iu_i \tag{9.1.8}$$

其中，随机误差项是以乘积的形式进入回归模型，并且 $\ln u_i$ 满足 CLRM 假定。模型（9.1.8）等价于

$$\ln Y_i = \ln \beta + \ln X_i + \ln u_i \tag{9.1.9}$$

如果随机误差项以相加的形式进入回归模型，即

$$Y_i = \alpha X_i + u_i \tag{9.1.10}$$

显然，斜率系数 β 和 α 是不同的，若方程（9.1.8）是“正确”的，而 α 不是真实 β 的一个无偏估计，则构成了模型设定误差。

§ 9.2　模型设定误差的后果

现仅以二元线性回归模型为例，讨论两种模型设定误差所产生的后果。

一、模型拟合不足（underfitting a model），即漏掉一个有关变量

假如真实模型为：

$$Y_i = \beta_1 + \beta_2 X_{2i} + \beta_3 X_{3i} + u_i \tag{9.2.1}$$

出于某种原因，错误地拟合了如下模型：

$$Y_i = \alpha_1 + \alpha_2 X_{2i} + v_i \tag{9.2.2}$$

漏掉 X_3 的后果是（OLS 条件下）：

（1）若 X_2 与 X_3 相关，即相关系数 r_{23} 不为 0，则 $\hat{\alpha}_1$ 和 $\hat{\alpha}_2$ 是有偏且非一致的。也就是说，$E(\hat{\alpha}_1) \neq \beta_1$，$E(\hat{\alpha}_2) \neq \beta_2$。且这个偏误不会因样本容量的增大而消失。

（2）若 X_2 与 X_3 不相关，即相关系数 $r_{23}=0$，则 $\hat{\alpha}_2$ 是无偏的，但是 $\hat{\alpha}_1$ 仍是有偏的。

（3）随机干扰项的方差 σ^2 是有偏的。

（4）$\hat{\alpha}_2$ 的方差是真实估计量 $\hat{\beta}_2$ 的方差的一个有偏估计量。

（5）与 $\hat{\alpha}_2$ 的方差相关的检验，包括假设检验、区间估计等，估计参数的统计显著性检验和模型预测等都会导致错误的结论。

关于上述命题的证明在这里不做详细讲解。我们只做下面一个简单的推导。

模型（9.2.1）可以写成离差的形式为：

$$y_i = \beta_2 x_{2i} + \beta_3 x_{3i} + u_i - \overline{u} \tag{9.2.3}$$

从模型（9.2.2）得到 α_2 的 OLS 估计量为：

$$\hat{\alpha}_2 = \frac{\sum x_{2i} y_i}{\sum x_{2i}^2} \tag{9.2.4}$$

将式子（9.2.3）代入（9.2.4）得，

$$\begin{aligned}\hat{\alpha}_2 &= \frac{\sum x_{2i}(\beta_2 x_{2i} + \beta_3 x_{3i} + u_i - \overline{u})}{\sum x_{2i}^2} \\ &= \frac{\beta_2 \sum x_{2i}^2 + \beta_3 \sum x_{2i} x_{3i} + \sum x_{2i}(u_i - \overline{u})}{\sum x_{2i}^2} \\ &= \beta_2 + \beta_3 \frac{\sum x_{2i} x_{3i}}{\sum x_{2i}^2} + \frac{\sum x_{2i}(u_i - \overline{u})}{\sum x_{2i}^2}\end{aligned} \tag{9.2.5}$$

由经典假定 X_{2i}、X_{3i} 与 u_i 不相关，得

$$E(\hat{\alpha}_2)=\beta_2+\beta_3\frac{\sum x_{2i}x_{3i}}{\sum x_{2i}^2} \tag{9.2.6}$$

当 X_{2i} 和 X_{3i} 相关，有 $\sum x_{2i}x_{3i}\neq 0$，从而 $E(\hat{\alpha}_2)\neq\beta_2$（排除 $\beta_3=0$ 的可能性），即 $\hat{\alpha}_2$ 是有偏的，同样可以证明 $\hat{\alpha}_1$ 也是有偏的（证明省略）。

当 X_{2i} 和 X_{3i} 不相关，有 $\sum x_{2i}x_{3i}=0$，从而 $E(\hat{\alpha}_2)=\beta_2$，即 $\hat{\alpha}_2$ 是无偏的，但可以证明 $\hat{\alpha}_1$ 仍是有偏的（证明省略）。

关于一致性的证明，只要对式（9.2.5）取概率极限即可（证明省略）。

式（9.2.6）也可以写成下列形式：

$$E(\hat{\alpha}_2)=\beta_2+\beta_3 b_{32} \tag{9.2.7}$$

其中 $b_{32}=\sum x_{2i}x_{3i}/\sum x_{2i}^2$ 是漏掉的变量 X_3 对变量 X_2 回归的斜率系数。一般而言，如果 β_3 是正的（即 X_3 对 Y 有正影响），并且 b_{32} 也是正的（即 X_2 和 X_3 是正相关的），那么 $\hat{\alpha}_2$ 将高估了真实的 β_2。这可以理解为：解释变量 X_2 不仅代表了其对 Y 的直接影响，还包括了其（通过 X_3）对 Y 的间接影响。

现在来看一下 $\hat{\alpha}_2$ 和 $\hat{\beta}_2$ 的方差：

$$Var(\hat{\alpha}_2)=\frac{\sigma_v^2}{\sum x_{2i}^2} \tag{9.2.8}$$

$$Var(\hat{\beta}_2)=\frac{\sigma_u^2}{\sum x_{2i}(1-r_{23}^2)}=\frac{\sigma_u^2}{\sum x_{2i}}VIF \tag{9.2.9}$$

容易看到，$Var(\hat{\alpha}_2)$ 与 $Var(\hat{\beta}_2)$ 是不同的。

随机干扰项 v_i 的方差估计值为 $\hat{\sigma}_v^2=RSS_v/n-2$，而随机干扰项 u_i 的方差估计值为 $\hat{\sigma}_u^2=RSS_u/n-3$，从而 $E(\hat{\sigma}_v^2)\neq\sigma_u^2$。

实际上，我们可以看到，即使 X_2 和 X_3 不相关，也有 $Var(\hat{\alpha}_2)\neq Var(\hat{\beta}_2)$。

二、模型拟合过度（overfitting a model），即包含一个无关变量

假设真实模型为：

$$Y_i=\beta_1+\beta_2X_{2i}+u_i \tag{9.2.10}$$

而错误地拟合了以下模型：

$$Y_i=\alpha_1+\alpha_2X_{2i}+\alpha_3X_{3i}+v_i \tag{9.2.11}$$

从而，模型引入无关变量的设定误差将导致以下后果：

（1）模型中所有参数 OLS 估计量都是无偏的，且为一致的，即

$E(\hat{\alpha}_1)=\beta_1$，$E(\hat{\alpha}_2)=\beta_2$ 和 $E(\hat{\alpha}_3)=0$。

（2）随机干扰项的方差 σ^2 是无偏的。

（3）所有参数的估计量都不是有效的。

（4）假设检验和区间估计等参数的统计显著性检验和模型预测都有效，但 $\hat{\alpha}_2$ 的方差增大，接受错误假设的概率会较大。

现来做一个简单的推导。

模型（9.2.10）的离差形式为：

$$y_i = \beta_2 x_{2i} + u_i - \bar{u} \tag{9.2.12}$$

由式（3.1.18）得

$$\hat{\alpha}_2 = \frac{\sum y_i x_{2i} \sum x_{3i}^2 - \sum y_i x_{3i} \sum x_{2i} x_{3i}}{\sum x_{2i}^2 \sum x_{3i}^2 - (\sum x_{2i} x_{3i})^2} \tag{9.2.13}$$

将式（9.2.12）代入式（9.2.13）得，

$$\hat{\alpha}_2 = \beta_2 + \frac{\sum x_{3i}^2 \sum x_{2i}(u_i - \bar{u}) - \sum x_{2i} x_{3i} \sum x_{3i}(u_i - \bar{u})}{\sum x_{2i}^2 \sum x_{3i}^2 - (\sum x_{2i} x_{3i})^2} \tag{9.2.14}$$

从而，在满足经典假定条件下，$E(\hat{\alpha}_2) = \beta_2$。类似地，可以得到 $E(\hat{\alpha}_3) = 0$。

实际上，由于模型（9.2.11）引入了一个无关变量 X_3，必然有系数 $\alpha_3 = 0$。这可看作是一个约束条件，即模型（9.2.11）在约束条件 $\alpha_3 = 0$ 下的特殊形式即为真实的模型（9.2.10）。因此，在满足经典假定条件下，所有 OLS 估计量都是无偏的，且为一致的（证明省略）。

$\hat{\alpha}_2$ 和 $\hat{\beta}_2$ 的方差分别为：

$$Var(\hat{\alpha}_2) = \frac{\sigma_v^2}{\sum x_{2i}^2} VIF \tag{9.2.15}$$

$$Var(\hat{\beta}_2) = \frac{\sigma_u^2}{\sum x_{2i}^2} \tag{9.2.16}$$

一般情况下，有 $Var(\hat{\alpha}_2) \geqslant Var(\hat{\beta}_2)$。这就是说，包含无关变量 X_3 将使 $\hat{\alpha}_2$ 的方差不必要地增大。

§ 9.3 模型设定误差的检验

一、检验是否含有无关变量

对于模型含有无关变量的检验程序比较简单，可直接使用 t 检验和 F 检验来完成。因为如果模型错误地选取了无关变量，那么其系数的真值一定为零，所以，只需对无关变量系数的显著性进行检验即可。比如，对一个 $k-1$ 元回归模型：

$$Y_i = \beta_1 + \beta_2 X_{2i} + \beta_3 X_{3i} + \cdots + \beta_k X_{ki} + u_i \tag{9.3.1}$$

比方说，变量 X_k 是否属于模型？一个简单的办法就是通过 t 检验去检验所估计的 $\hat{\beta}_k$ 的统计显著性[$t = \hat{\beta}_k / \hat{se}(\hat{\beta}_k)$]。又比方说，$X_k$ 和 X_{k-1} 是否同时包括在模型中？只需进行 F 检验即可（H_0：$\beta_{k-1} = \beta_k = 0$）。

二、检验是否有相关变量的遗漏和函数形式设定偏误

实际上，我们永远都不能肯定用来做经验验证的模型是“真理，完全的真理，非真理莫属”。与多选无关变量相比，遗漏相关变量或模型的函数形式设定偏误所导致的后果要严重得多。通常情况下，我们要对模型进行相关的检验，诸如 R^2 检验、t 检验、F 检验、DW 检验和异方差检验等。如果检验结果合理，我们就认为获得了一个好的模型；如果检验结果不够理想，比如，DW 检验不通过等，我们就会担心模型的适宜性，并着手寻找补救办法。但是，我们也许还要更多地考虑是否漏掉了某个重要的变量或者模型采用了错误的函数形式，然后再去寻找修正方法。下面介绍遗漏相关变量与设定错误的函数形式这两种模型设定偏误的检验方法。

（一）残差图示法

对所选模型进行 OLS 回归，得到残差序列 e_i，并做其与时间 t 或某解释变量 X 的散点图，从图形上来考察残差序列 e_i 是否有规律地变动，以此来判断模型是否有遗漏变量或函数形式设定的错误。

该方法曾在考察模型的随机干扰项是否存在异方差和自相关时采用过。我们曾经说过，在许多情况下，异方差和自相关问题往往是由于模型设定时漏掉了重要的解释变量而引起的，因此，当残差序列出现有规律的变化时，我们首先应该考虑模型中是否遗漏了某重要的解释变量。

（二）DW 检验

DW 检验是通过检验随机干扰项是否存在自相关来检验模型是否遗漏了有关变量。但这种检验有时候需要结合其他检验来确定模型存在遗漏有关变量（非纯自相关）还是模型真的存在自相关（纯自相关）。

假如真实模型为：

$$Y_i = \beta_1 + \beta_2 X_{2i} + \beta_3 X_{3i} + u_i \qquad (9.2.1)$$

出于某种原因，错误地拟合了如下模型：

$$Y_i = \alpha_1 + \alpha_2 X_{2i} + v_i \qquad (9.2.2)$$

如果我们把模型（9.2.2）看作是模型（9.2.1）的一个特殊情况，即是模型（9.2.1）中被遗漏变量 X_3 的系数为 0 时的结果。这样，把式（9.2.1）称为**无约束模型**，式（9.2.2）称为**受约束模型**。那么 DW 检验的具体步骤如下：

（1）对模型（9.22）进行 OLS 回归，并得残差序列 e_i。

（2）提出原假设 H_0：受约束模型为真，即无遗漏相关变量；备择假设 H_1：无约束模型为真，即遗漏了相关变量。并将残差序列 e_i 按照遗漏解释变量 X_3 的递增次序排列，对排序后残差序列计算 d 统计量：

$$d = \frac{\sum_{i=2}^{n}(e_i - e_{i-1})^2}{\sum_{i=1}^{n} e_i^2} \qquad (9.3.2)$$

（3）给定显著性水平 α，查 DW 表，若统计量显示为正自相关，则拒绝原假设，首先考虑存在模型设定误差。

例 9.1 我们来看一个教学例子。表 9.1 给出了一个总成本（Y）和产出（X）的数据，现在来建立总成本函数模型[①]。

表 9.1 总成本（Y）与产出（X）

产出（X）	总成本（Y）
1	193
2	226
3	240
4	244
5	257
6	260
7	274
8	297
9	350
10	420

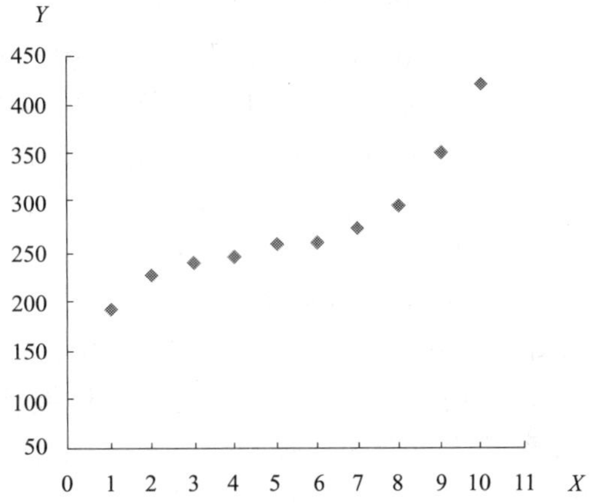

图 9.1 总成本曲线

从图 9.1 明显可以看出，总成本函数应该是一个高阶多项式，而不应该是一个线性回归模型。我们不妨假设有下列三种总成本函数模型。

模型一：$Y_i = \beta_1 + \beta_2 X_i + \beta_3 X_i^2 + \beta_4 X_i^3 + u_i$

模型二：$Y_i = \alpha_1 + \alpha_2 X_i + \alpha_3 X_i^2 + u_{2i}$

模型三：$Y_i = \lambda_1 + \lambda_2 X_i + u_{3i}$

用 OLS 方法对上述三个模型进行回归（已经按被遗漏变量 X^2、X^3 递增排序）：

对于模型三：

$$\hat{Y}_i = 166.4667 + 19.9333X_i \qquad R^2 = 0.8409$$
$$se = (19.0214)\quad (3.0656) \qquad \bar{R}^2 = 0.8210$$
$$t = (8.7515)\quad (6.5023) \qquad \mathrm{DW} = 0.7157$$

DW = 0.7157，$n = 10$，$k' = 1$，给定显著性水平 5%，查表得临界值为 $d_L = 0.879$ 和 $d_U = 1.32$。DW = 0.7157 < $d_L = 0.879$，存在正自相关，表明存在遗漏变量。

对于模型二：

$$\hat{Y}_i = 222.3833 - 8.025X_i + 2.5417X_i^2 \qquad R^2 = 0.9283$$
$$se = (23.4878)\quad (9.8095)\quad (0.8691) \qquad \bar{R}^2 = 0.9079$$
$$t = (9.4680)\quad (-0.8181)\quad (2.9245) \qquad DW = 1.0385$$

① 参见古扎拉蒂. 计量经济学基础（上册）. 第五版. 北京：中国人民大学出版社，2011：212-215.

DW = 1.0385，$n = 10$，$k' = 2$，给定显著性水平 5%，查表得临界值为 $d_L = 0.697$ 和 $d_U = 1.641$。DW 值落在上下临界值之间，属于无法确定区域。此时，我们扩大拒绝区域，由于 DW = 1.0385<$d_U = 1.641$，因此，宁可认定残差中存在正自相关。说明模型依旧存在遗漏的变量。

对于模型一：

$$\hat{Y}_i = 141.7667 + 63.4777X_i - 12.9615X_i^2 + 0.9396X_i^3 \qquad R^2 = 0.9983$$
$$se = (6.3753) \quad (4.7786) \quad (0.9857) \quad (0.0591) \qquad \bar{R}^2 = 0.9975$$
$$t = (22.2368) \quad (13.2837) \quad (-13.1501) \quad (15.8968) \qquad DW = 2.7002$$

DW = 2.7002，$n = 10$，$k' = 3$，给定显著性水平 5%，查表得临界值为 $d_L = 0.525$ 和 $d_U = 2.016$。DW 落在[$4 - d_U$，$4 - d_L$] = [1.984，3.475]区域，表明残差中不存在显著的正相关。从而可以判断模型没有遗漏的变量。

（三）拉姆齐的 RESET 检验

拉姆齐（Ramsey）于 1969 年提出了**回归设定误差检验**（regression specification error test, RESET)，它是**一般性设定误差检验**（test for general mis-specification）。其检验的基本思想是：如果事先知道哪个变量被遗漏了，那么只要将这个变量引入模型，并对其进行显著性检验即可。但是，问题在于我们并不知道到底遗漏了哪个变量。因此，需要寻找一个替代变量 Z 来替代被遗漏的变量，并进行上述检验。在拉姆齐的 RESET 检验中，采用了被解释变量的估计值的若干次幂的线性组合来作为替代变量。

RESET 检验的具体步骤为：

（1）对所选模型

$$Y_i = \beta_1 + \beta_2 X_{2i} + \beta_3 X_{3i} + \cdots + \beta_k X_{ki} + u_i \tag{9.3.1}$$

进行 OLS 估计，分别得到估计值 $\hat{Y}_i$ 和残差 e_i。

（2）若残差 e_i 与估计值 $\hat{Y}_i$ 之间存在某种函数关系，则用估计值 $\hat{Y}_i$ 的若干次幂的性组合作为替代变量。如模型可选为：

$$Y_i = \beta_1 + \beta_2 X_{2i} + \beta_3 X_{3i} + \cdots + \beta_k X_{ki} + \delta_1 \hat{Y}_i^2 + \delta_2 \hat{Y}_i^3 + v_i \tag{9.3.3}$$

（3）提出原假设 $H_0: \delta_j = 0$，$j = 1$，2。构造 F 统计量为：

$$F = \frac{RSS_R - RSS_U / j}{RSS_U / [n - (k + j)]} = \frac{(R_U^2 - R_R^2) / j}{(1 - R_U^2) / [n - (k + j)]} \tag{9.3.4}$$

即

$$F = \frac{RSS_R - RSS_U / 2}{RSS_U / [n - (k + 2)]} = \frac{(R_U^2 - R_R^2) / 2}{(1 - R_U^2) / [n - (k + 2)]} \tag{9.3.5}$$

其中，RSS_U 和 R_U^2 分别为模型（9.3.3）的残差平方和与拟合优度；RSS_R 和 R_R^2 分别为模型（9.3.3）在原假设 $H_0: \delta_j = 0$，$j = 1$，2 条件下的残差平方和与拟合优度，j 为约束条件的个数。可以证明，统计量 F 服从自由度为 j 和 $n - k - j$ 的 F 分布。

（4）给定显著性水平 α，若 F 统计值大于临界值 $F_{\alpha}(j,n-k-j)$，则拒绝原假设，说明模型存在设定误差。

根据例 9.1 的数据，由模型三回归得到 Y 的估计值 $\hat{Y}_i$。从图 9.2 看出残差 e_i 与 $\hat{Y}_i$ 存在曲线关系，引进 $\hat{Y}_i$ 的若干次幂的性组合作为替代变量。如模型设为：

$$Y_i=\beta_1+\beta_2 X_i+\beta_3\hat{Y}_i^2+\beta_4\hat{Y}_i^3+u_i \tag{9.3.6}$$

则模型（9.3.6）的拟合优度记作 R_U^2，模型三的拟合优度记作 R_R^2，F 统计量为：

$$F=\frac{RSS_R-RSS_U/2}{RSS_U/[10-(2+2)]}=\frac{(R_U^2-R_R^2)/2}{(1-R_U^2)/[10-(2+2)]} \tag{9.3.7}$$

受约束模型（模型三）的回归结果为：

$$\begin{aligned}&\hat{Y}_i=166.466\,7+19.933\,3X_i\\&se=(19.021\,4)\quad(3.065\,6)\qquad R^2=0.840\,9\end{aligned} \tag{9.3.8}$$

无约束模型的回归结果为：

$$\begin{aligned}&\hat{Y}_i=2\,140.225+476.553X_i-0.091\hat{Y}_i^2+0.000\,119\hat{Y}_i^3\\&se=(131.99)\quad(33.390\,9)\quad(0.006\,19)\quad(0.000\,007\,4)\quad R^2=0.998\,3\end{aligned} \tag{9.3.9}$$

求 F 统计量值：

$$F=\frac{(0.998\,3-0.840\,9)/2}{(1-0.998\,3)/(10-4)}=277.764\,7 \tag{9.3.10}$$

给定显著性水平 1%，查 F 分布表得临界值为 $F_{0.01}(2,6)=10.9$，显然 F 值是高度显著的，表明模型三存在设定误差。

obs	Actual	Fitted	Residual	Residual Plot
1	193	186.4	6.6	. * .
2	226	206.333	19.6667	. *.
3	240	226.267	13.7333	. * .
4	244	246.2	−2.2	. * .
5	257	266.133	−9.13333	. * .
6	260	286.067	−26.0667	* .
7	274	306	−32	*. .
8	297	325.933	−28.9333	* .
9	350	345.867	4.13333	. * .
10	420	365.8	54.2	. . *

图 9.2　模型三 $Y_i=\lambda_1+\lambda_2X_i+u_{3i}$ 的残差与估计值的关系

（四）拉格朗日乘数检验

拉格朗日乘数（Lagrange multiplier，LM）检验是相对于拉姆齐的 RESET 检验的另一检验。其具体步骤如下：

（1）对所选模型（看作受约束回归模型）进行 OLS 回归，并得到残差 e_i。

例如，例 9.1 中的模型三为所选模型，并看作是模型一的受约束形式，而模型一为无约束形式。现在对模型三做 OLS 回归，并得到残差序列 e_i。

（2）用残差 e_i 对全部解释变量做回归，并得到该辅助回归的可决系数 R^2。

例如，对于例 9.1，做如下辅助回归：

$$e_i = \gamma_1 + \gamma_2 X_i + \gamma_3 X_i^2 + \gamma_4 X_i^3 + v_i \tag{9.3.11}$$

（3）提出原假设 H_0：受约束回归模型为真；备择假设 H_1：无约束回归模型为真。

在大样本情况下，恩格尔（Engle）曾证明，统计量 nR^2 渐进地服从自由度等于约束条件个数的 χ^2 分布，即

$$nR^2 \overset{\text{asy}}{\sim} \chi^2(\text{约束个数}) \tag{9.3.12}$$

其中，asy（asymptotically）表示渐进地。例如，对于例 9.1，约束个数为 2。

（4）给定显著性水平 α，查 χ^2 分布的临界值，若 $nR^2 > \chi^2_\alpha(\text{约束个数})$，则拒绝受约束回归，模型存在遗漏变量；否则不拒绝。

对于例 9.1，辅助回归为：

$$\begin{aligned} &\hat{e}_i = -24.7 + 43.5443X_i - 12.9615X_i^2 + 0.9396X_i^3 \\ &se = (6.3753)(4.7786) \quad (0.9857) \quad (0.0591) \quad R^2 = 0.9896 \end{aligned} \tag{9.3.13}$$

显然，我们的样本只有 10 个，不是大样本，因此，在这里仅仅是为了说明 LM 检验的过程。给定显著性水平 1%，查自由度为 2 的 χ^2 分布的临界值为 9.21，而 $nR^2 = 10\times0.9896 = 9.896>9.21$。从而拒绝受约束回归模型为真，即模型存在设定误差。

§9.4 测量误差

所谓测量误差是指在数据收集过程中的登记误差、在数据加工整理过程中的整理误差以及其他统计误差。下面我们从被解释变量的误差和解释变量的误差两个方面来分析测量误差对模型导致的后果。

一、被解释变量 *Y* 中的测量误差

假设我们考虑的模型为：

$$Y_i^* = \alpha + \beta X_i + u_i \tag{9.4.1}$$

其中，Y_i^* 为不可直接观测，即理论值。因此，只能用一个可观测变量 Y_i 来替代：

$$Y_i = Y_i^* + \varepsilon_i \tag{9.4.2}$$

其中，Y_i 是 Y_i^* 的测量结果；ε_i 是 Y_i^* 的测量误差。于是我们所估计的方程不是（9.4.1），而是：

$$\begin{aligned} Y_i &= (\alpha + \beta X_i + u_i) + \varepsilon_i \\ &= \alpha + \beta X_i + (u_i + \varepsilon_i) \\ &= \alpha + \beta X_i + v_i \end{aligned} \tag{9.4.3}$$

其中，$v_i = u_i + \varepsilon_i$ 是一个合成误差，包括干扰项（也称为方程误差）和测量误差。

为了使问题简单化，根据经典线性回归假设，我们假定 $E(u_i) = E(\varepsilon_i) = 0$，$Cov(X_i, u_i) = 0$，$Cov(u_i, \varepsilon_i) = 0$。从而可以证明，无论从方程（9.4.1）还是方程（9.4.3）得到的估计量 $\hat{\beta}$ 都是真实 β 的一个无偏估计量。

由方程（9.4.3），根据 OLS 方法得：

$$\hat{\beta} = \frac{\sum x_i y_i}{\sum x_i^2} = \frac{\sum x_i Y_i}{\sum x_i^2} = \frac{\sum x_i(\alpha + \beta X_i + u_i + \varepsilon_i)}{\sum x_i^2} = \beta + \frac{\sum x_i u_i + \sum x_i \varepsilon_i}{\sum x_i^2} \tag{9.4.4}$$

从而，$E(\hat{\beta}) = \beta$。注意：$\sum x_i Y_i = \sum x_i y_i$，$\sum x_i X_i = \sum x_i^2$。

但是，从方程（9.4.1）和方程（9.4.3）得到 β 的估计量的方差是不同的：

对于模型（9.4.1），$Var(\hat{\beta}) = \dfrac{\sigma_u^2}{\sum x_i^2}$；对于模型（9.4.3），$Var(\hat{\beta}) = \dfrac{\sigma_v^2}{\sum x_i^2}$，$\sigma_v^2 = \sigma_u^2 + \sigma_\varepsilon^2$。

因此，被解释变量中的测量误差并不影响参数估计及其方差的无偏性，但此时所估计的方差比没有测量误差时要大。

二、解释变量 *X* 中的测量误差

假设我们考虑的模型为：

$$Y_i = \alpha + \beta X_i^* + u_i \tag{9.4.5}$$

假设我们观测到的不是 X_i^*，而是 X_i：

$$X_i = X_i^* + w_i \tag{9.4.6}$$

其中，w_i 表示 X_i^* 的测量误差。于是我们所估计的方程不是（9.4.5），而是：

$$\begin{aligned} Y_i &= \alpha + \beta(X_i - w_i) + u_i \\ &= \alpha + \beta X_i + (u_i - \beta w_i) \\ &= \alpha + \beta X_i + z_i \end{aligned} \tag{9.4.7}$$

其中，$z_i = u_i - \beta w_i$ 是方程误差与测量误差的一个混合误差。

类似地，我们可以假定 $E(u_i) = E(w_i) = 0$，$E(z_i) = 0$，$Cov(u_i, w_i) = 0$，但是，$Cov(z_i, X_i) \neq 0$。因为

$$\begin{aligned} Cov(z_i, X_i) &= E\{[z_i - E(z_i)][X_i - E(X_i)]\} \\ &= E[(u_i - \beta w_i) w_i] \\ &= E(u_i w_i) - \beta E(w_i^2) \\ &= -\beta \sigma_w^2 \end{aligned} \tag{9.4.8}$$

其中 $X_i - E(X_i) = X_i - X_i^* = w_i$（根据 $X_i = X_i^* + w_i$）。

所以，模型（9.4.7）中解释变量与误差项是相关的，从而违背了经典线性回归模型中的假定。进一步可以证明：OLS 估计量不仅是有偏的而且是非一致的，即使令样本容量无限增大，OLS 估计量仍是有偏的（证明省略）。即

$$p\lim(\hat{\beta}) = \frac{\beta}{1+\sigma_w^2/\sigma_{X^*}^2} \tag{9.4.9}$$

其中 σ_w^2 和 $\sigma_{X^*}^2$ 分别是 w 和 X^* 的方差， $p\lim(\hat{\beta})$ 为 $\hat{\beta}$ 的概率极限。

当没有测量误差，即 $\sigma_w^2 = 0$，式（9.4.9）将给出 β 的一个一致估计。否则，当 β 为正的，$\hat{\beta}$ 将低估 β。并且，即使样本容量无限增大，式（9.4.9）也不收敛于 β。

所以，当测量误差出现在解释变量中时，将使参数的一致性估计成为不可能。尽管计量经济学家们做了很大的努力，但是，关于测量误差的问题，确实没有令人满意的答案，这也正是准确地观测数据的重要性所在。

§ 9.5 案　　例

在第六章习题 6.7 中，我们根据表 6.6 中的数据估计了中国居民总量消费支出与收入的函数关系，检测到模型随机干扰项存在一阶正自相关。由于我们采用的是时间序列数据，Y 与 X 具有共同的随时间变动的趋势，因此，未将时间变量引入模型可能是造成模型自相关的原因之一，所以，我们应该优先考虑模型是否存在设定误差。下面对所得到的回归模型进行 RESET 检验。

由表 6.6 中的数据，得消费总支出的估计值

$$\hat{Y}_t = 2632.23 + 0.4172X_t \tag{9.5.1}$$

在原模型中引入新的解释变量 $\hat{Y}_t^2$，重新回归得到的结果（见表 9.2）：

$$\hat{Y}_t = 1513.929 + 0.4867X_t - 0.0000028\hat{Y}_t^2 \tag{9.5.2}$$

$$t = (4.076) \qquad (27.513) \qquad (-4.057)$$

$$R^2 = 0.9967$$

由原模型的可决系数为 $R^2 = 0.9949$，计算统计量 F：

$$F = \frac{(0.9967-0.9949)/1}{(1-0.9967)/(34-3)} = 16.9$$

给定 5%显著水平，自由度为 1 和 31 的 F 统计量的临界值为 4.16，因此，原模型确实存在遗漏相关变量的设定误差。

实际上，RESET 检验所有结果都在表 9.2 中，上述 F 统计量的计算结果与表中 $F = 16.46$ 的差别完全属于计算误差。因此，利用 EViews 软件可直接进行 RESET 检验。操作顺序为：在 Equation 窗口内，选择 View→Stability Tests→Ramsey RESET Test，在

弹出的 RESET Specification 窗口中的 Number of fitted terms 选择 1。

表 9.2 **RESET 检验结果一**

Ramsey RESET Test:

F-statistic	16.46099	Prob. F(1,31)	0.0003
Log likelihood ratio	14.48131	Prob. Chi-Square(1)	0.0001

Test Equation:
Dependent Variable: Y
Method: Least Squares
Date: 08/08/13 Time: 01:32
Sample: 19782011
Included observations: 34

Variable	Coefficient	Std. Error	t-Statistic	Prob.
C	1513.929	371.4046	4.076226	0.0003
X	0.486737	0.017691	27.51278	0.0000
FITTED^2	−2.75E-06	6.77E-07	−4.057214	0.0003

R-squared	0.996663	Mean dependent var	20422
Adjusted R-squared	0.996447	S.D. dependent var	16288.97
S.E. of regression	970.8745	Akaike info criterion	16.67837
Sum squared resid	29220519	Schwarz criterion	16.81305
Log likelihood	−280.5323	Hannan-Quinn criter.	16.7243
F-statistic	4629.061	Durbin-Watson stat	0.462371
Prob(F-statistic)	0.00000		

模型引入时间变量 T^2，回归结果为（见表 9.3）：

$$\hat{Y}_t = 2414.72 + 0.32X_t + 11.02T_t^2 \tag{9.5.3}$$

表 9.3 **引入时间变量 T^2 的回归结果**

Dependent Variable: Y
Method: Least Squares
Date: 08/07/13 Time: 08:01
Sample: 1978 2011
Included observations: 34

Variable	Coefficient	Std. Error	t-Statistic	Prob.
C	2414.715	192.9577	12.51422	0.0000
X	0.318209	0.014375	22.13689	0.0000
T^2	11.02367	1.558215	7.074545	0.0000

R-squared	0.998046	Mean dependent var	20422.00
Adjusted R-squared	0.997920	S.D. dependent var	16288.97
S.E. of regression	742.9458	Akaike info criterion	16.14322
Sum squared resid	17111024	Schwarz criterion	16.27790
Log likelihood	−271.4348	Hannan-Quinn criter.	16.18915
F-statistic	7916.024	Durbin-Watson stat	0.528232
Prob(F-statistic)	0.000000		

利用 EViews 软件对模型（9.5.3）进行 RESET 检验，结果见表 9.4。引入新变量后，X 出现统计不显著（$t=-0.17$），从而模型无设定误差。

表 9.4　　RESET 检验结果二

Ramsey RESET Test:

F-statistic	30.86412	Prob. F(1,30)	0.0000
Log likelihood ratio	24.05318	Prob. Chi-Square(1)	0.0000

Test Equation:
Dependent Variable: Y
Method: Least Squares
Date: 08/08/13　Time: 03:13
Sample: 1978 2011
Included observations: 34

Variable	Coefficient	Std. Error	t-Statistic	Prob.
C	4866.521	462.3117	10.52649	0.0000
X	−0.010379	0.060029	−0.172901	0.8639
T^2	27.43786	3.156912	8.691361	0.0000
FITTED^2	7.35E-06	1.32E-06	5.555549	0.0000

R-squared	0.999037	Mean dependent var	20422.0
Adjusted R-squared	0.99894	S.D. dependent var	16288.97
S.E. of regression	530.2215	Akaike info criterion	15.4946
Sum squared resid	8434045	Schwarz criterion	15.67417
Log likelihood	−259.4082	Hannan-Quinn criter.	15.55584
F-statistic	10371.62	Durbin-Watson stat	0.530199
Prob(F-statistic)	0.00000		

本章习题

9.1　请问为什么模型会出现设定误差？模型设定误差有哪些类型？

9.2　请问 DW 检验是否仍适用对模型设定误差的检验？与模型自相关检验的区别在哪里？

9.3　假设真实模型为：$Y_i=\beta_1X_i+u_i$，如果错误地采用了带有截距项的模型：

$$Y_i=\alpha_0+\alpha_1X_i+v_i$$

请问这样的模型设定会带来什么后果？

9.4　假设美国对巴西咖啡的需求量（Y）与巴西咖啡的价格（P_{bc}）、茶的价格（P_t）和美国的可支配收入（D）相关，并根据有关数据得到如下回归结果①：

$$\hat{Y}=9.1+7.8P_{bc}+2.4P_t+0.0035D \qquad \text{(a)}$$
$$t=\quad(0.5)\quad(2.0)\quad(3.5)$$
$$\bar{R}^2=0.60 \quad n=25$$

而把哥伦比亚咖啡的价格加进来可以得到另外回归结果：

① 施图德蒙德. 应用计量经济学. 北京：机械工业出版社，2011：97-98.

$$\hat{Y} = 10.0 + 8.0P_{cc} - 5.6P_{bc} + 2.6P_t + 0.0030D \qquad (b)$$
$$t = \quad (2.0) \quad (-2.8) \quad (2.0) \quad (3.0)$$
$$\bar{R}^2 = 0.65 \quad n=25$$

请问根据上述的回归结果哪个模型存在设定误差，为什么？

9.5 表 9.5 给出了 1960—1982 年美国对鸡肉需求的相关数据。

表 9.5 **1960—1982 年美国对鸡肉需求的相关数据**

年份	Y	X2	X3	X4
1960	27.8	397.5	42.2	65.8
1961	29.9	413.3	38.1	66.9
1962	29.8	439.2	40.3	67.8
1963	30.8	459.7	39.5	69.6
1964	31.2	492.9	37.3	68.7
1965	33.3	528.6	38.1	73.6
1966	35.6	560.3	39.3	76.3
1967	36.4	624.6	37.8	77.2
1968	36.7	666.4	38.4	78.1
1969	38.4	717.8	40.1	84.7
1970	40.4	768.2	38.6	93.3
1971	40.3	843.3	39.8	89.7
1972	41.8	911.6	39.7	100.7
1973	40.4	931.1	52.1	113.5
1974	40.7	1021.5	48.9	115.3
1975	40.1	1165.9	58.3	136.7
1976	42.7	1349.6	57.9	139.2
1977	44.1	1449.4	56.5	132.0
1978	46.7	1575.5	63.7	132.1
1979	50.6	1759.1	61.6	154.4
1980	50.1	1994.2	58.9	174.9
1981	51.7	2258.1	66.4	180.8
1982	52.9	2478.7	70.4	189.4

资料来源：古扎拉蒂. 计量经济学基础. 北京：中国人民大学出版社，2011：223-224.
http://highered.mcgraw-hill.com/sites/0073375772/student_view0/data_sets.html

假设考虑如下模型：

$$Y_t = \alpha_1 + \alpha_2 X_{2t} + \alpha_3 X_{3t} + u_t \qquad (a)$$
$$Y_t = \beta_1 + \beta_2 X_{2t} + \beta_3 X_{3t} + \beta_4 X_{4t} + v_t \qquad (b)$$
$$\ln Y_t = \lambda_1 + \lambda_2 \ln X_{2t} + \lambda_3 \ln X_{3t} + w_t \qquad (c)$$
$$\ln Y_t = \gamma_1 + \gamma_2 \ln X_{2t} + \gamma_3 \ln X_{3t} + \gamma_4 \ln X_{4t} + \varepsilon_t \qquad (d)$$

其中 Y 代表人均鸡肉消费量，磅；X_2 代表实际人均可支配收入，美元；X_3 代表实际鸡肉零售价，美分；X_4 代表鸡肉替代品的实际复合价格，美分。

（1）请分别对上述模型进行 OLS 估计，同时对所得到的模型进行 RESET 检验。

（2）假设模型（c）的 RESET 检验不显著，是否可以确认模型已经不存在设定误差？

（3）假设发现 $\hat{\gamma}_4$ 在统计上不显著，是否意味着模型（c）不存在设定误差？

9.6 根据习题 7.11 中表 7.5 中的数据构建如下模型：

$$Y_t = \alpha_1 + \alpha_2 X_t + u_t \tag{a}$$

$$Y_t = \beta_1 + \beta_2 X_t + \beta_3 P_t + v_t \tag{b}$$

其中 Y_t 为实际货币流通量，X_t 为贷款额，P_t 为居民消费价格指数。

（1）请使用适当方法对上述模型进行设定误差检验（DW 检验、RESET 检验）；

（2）如果模型存在设定误差，并重新设定为：

$$Y_t = \beta_1 + \beta_2 X_t + \beta_3 P_t + \beta_4 Y_{t-1} + w_t$$

请问模型是否还存在设定误差？

第十章

时间序列模型①

时间序列分析是现代计量经济学的重要内容，已被广泛地应用于经济分析和预测中。本书只对一些基本概念和部分内容做一个简单的介绍。

§ 10.1　时间序列的一些基本概念

一、随机过程的定义

1. 随机过程（stochastic process）

由随机变量组成的一个有序序列，或一个随机变量按照时间编排的集合，称为**随机过程**。记作 X_t、Y_t；或 $\{X_t\}$、$\{Y_t\}$（$t=1$，2，…）。

2. 时间序列

随机过程的一次观测结果称为时间序列。记法同上。

随机过程或时间序列一般分为两类：一类是离散型的，一类是连续型的。

3. 白噪音（声）（white noise）

若一个随机时间序列 X_t 是一个具有零均值同方差，而且不存在序列相关，即

$$E(X_t)=0,\ Var(X_t)=\sigma^2,\ Cov(X_t,X_{t+k})=0,\ k\neq 0 \tag{10.1.1}$$

则称序列 X_t 是一个**白噪音**或**白噪声过程**，即**纯随机过程**（purely random process）。如果序列 X_t 是独立同分布的，则称之为**严格白噪音**（strictly white noise）。

二、平稳性的定义

1. 平稳随机过程

若一个随机时间序列 X_t 满足下列条件：

（1）$E(X_t)=\mu$　　（10.1.2）

---

① 请根据具体情况选择教学内容。

（2） $Var(X_t)=\sigma^2$ （10.1.3）

（3） $Cov(X_t,X_{t+k})=\gamma_k$ （10.1.4）

则称该时间序列是**弱平稳的**（weakly stationary），该随机过程称为弱平稳或**协方差平稳**（covariance stationary）随机过程。

上述定义如果用文字描述为：若一个随机过程的均值或方差在时间上保持不变，并且任何两个时期之间的协方差仅依赖于该两个时期间的距离或滞后期长度，而不依赖于计算这个协方差的实际时间，则称之为平稳随机过程。我们通常所讲的时间序列的平稳性就是泛指这种弱平稳过程。

如果一个时间序列按上述定义不是平稳的，则称之为**非平稳**（non-stationary）时间序列。

2. 白噪音是一个平稳时间序列

很显然，白噪音是一个平稳时间序列，是最简单的时间序列，是一个纯随机过程。白噪音序列在时间序列分析中具有非常重要的意义。

3. 随机游走模型（random walk model, RWM）

另一个简单的随机时间序列为

$$X_t=X_{t-1}+u_t \quad （10.1.5）$$

其中 u_t 为白噪音，称为**随机游走模型**。

根据第六章，一阶自回归模型 AR(1)： $u_t=\rho u_{t-1}+v_t$ ，当 $\rho=1$ 的时候，即为完全一阶正自相关情况。这正是随机游走的情况。

显然， $E(X_t)=E(X_{t-1})$ 。假设初始值为 X_0 ，得

$$X_t=X_0+\sum_{k=1}^{t}u_k \quad （10.1.6）$$

从而

$$E(X_t)=X_0 \quad （10.1.7）$$

$$Var(X_t)=t\sigma^2 \quad （10.1.8）$$

其中，$Var(u_t)=\sigma^2$ 。这说明时间序列 X_t 的方差与时间 t 有关，并随时间无限增大。因此，随机游走模型是一个非平稳的随机过程。

三、自协方差与自相关函数的定义

1. 自协方差

相隔 k 期的两个随机时间序列变量 X_t 与 X_{t-k} 的协方差，即滞后 k 期的自协方差，定义为

$$\gamma_k=Cov(X_t,X_{t-k})=E[(X_t-\mu)(X_{t-k}-\mu)] \quad （10.1.9）$$

当 $k=0$ 时，即为时间序列 X_t 的方差

$$\gamma_0=Var(X_t)=\sigma_X^2 \quad （10.1.10）$$

2. 自相关函数

由自相关系数定义

$$\rho_k = \frac{Cov(X_t, X_{t-k})}{\sqrt{Var(X_t)}\sqrt{Var(X_{t-k})}} \tag{10.1.11}$$

对于一个平稳过程，有

$$Var(X_t) = Var(X_{t-k}) = \sigma_X^2 \tag{10.1.12}$$

式（10.1.11）变为

$$\rho_k = \frac{Cov(X_t, X_{t-k})}{\sqrt{Var(X_t)}\sqrt{Var(X_{t-k})}} = \frac{\gamma_k}{\sigma_X^2} = \frac{\gamma_k}{\gamma_0} \tag{10.1.13}$$

当 $k=0$ 时，$\rho_0 = 1$，即自相关系数为 1。ρ_k 也称为**自相关函数**（autocorrelation function，ACF）。

实际上，我们只能计算出**样本自相关函数**（sample autocorrelation function，SACF）

$$\hat{\rho}_k = \frac{\hat{\gamma}_k}{\hat{\gamma}_0} \tag{10.1.14}$$

其中

$$\hat{\gamma}_k = \frac{\sum (X_t - \bar{X})(X_{t-k} - \bar{X})}{n} \tag{10.1.15}$$

$$\hat{\gamma}_0 = \frac{\sum (X_t - \bar{X})^2}{n} \tag{10.1.16}$$

$\hat{\rho}_k$ 对 k 的描点图称为样本相关图（sample correlogram）。

§ 10.2 时间序列模型的分类

一、自回归模型

如果一个线性随机过程表示为

$$X_t = \varphi_1 X_{t-1} + u_t \tag{10.2.1}$$

其中 u_t 为白噪音，则称之为 **1 阶自回归过程（模型）**，记作 AR(1)。

一般地，如果线性随机过程

$$X_t = \varphi_1 X_{t-1} + \varphi_2 X_{t-2} + \cdots + \varphi_p X_{t-p} + u_t \tag{10.2.2}$$

其中 u_t 为白噪音，则称之为 ***p* 阶自回归过程（模型）**，记作 AR(p)。

如果定义 L 表示一阶滞后算子，有

$$LX_t = X_{t-1} \tag{10.2.3}$$

同理，如果定义 L^k 为 k 阶滞后算子，有

$$L^k X_t = X_{t-k} \tag{10.2.4}$$

式（10.2.1）用滞后算子表示为

$$(1-\varphi_1 L)X_t = u_t \tag{10.2.5}$$

式（10.2.2）用滞后算子表示为

$$(1-\varphi_1 L-\varphi_2 L^2-\cdots-\varphi_p L^p)X_t = \varphi(L)X_t = u_t \tag{10.2.6}$$

其中 $\varphi(L)=1-\varphi_1 L-\varphi_2 L^2-\cdots-\varphi_p L^p$ 称为**自回归算子或自回归特征多项式**。

如果特征方程

$$\varphi(L)=0 \tag{10.2.7}$$

的所有根的绝对值都大于 1，则该过程是一个平稳过程（证明省略）。

对于一阶自回归过程（10.2.1）的特征方程

$$\varphi(L)=1-\varphi_1 L=0 \tag{10.2.8}$$

的根的绝对值大于 1，则

$$|1/\varphi_1|>1 \text{ 或 } |\varphi_1|<1 \tag{10.2.9}$$

利用泰勒级数展开有

$$\begin{aligned} X_t &= (1-\varphi_1 L)^{-1}u_t \\ &= [1+\varphi_1 L+(\varphi_1 L)^2+\cdots]u_t \\ &= \left(\sum_{i=0}^{\infty}\varphi_1^i L^i\right)u_t \end{aligned} \tag{10.2.10}$$

显然，若 $|\varphi_1|\geqslant 1$，则 $(1-\varphi_1 L)^{-1}$ 发散，从而 X_t 为非平稳随机过程。因此，X_t 是平稳过程，必须满足 $|\varphi_1|<1$。

另外，AR(1)过程也可以表示为

$$\begin{aligned} X_t &= u_t+\varphi_1 u_{t-1}+\varphi_1^2 X_{t-2} \\ &= u_t+\varphi_1 u_{t-1}+\varphi_1^2 u_{t-2}+\varphi_1^3 u_{t-3}+\cdots \\ &= \sum_{i=0}^{\infty}\varphi_1^i u_{t-i} \end{aligned} \tag{10.2.11}$$

因为 u_t 为白噪音，有

$$E(X_t)=0$$

$$Var(X_t)=\sum_{i=0}^{\infty}\varphi_1^{2i}Var(u_t)=\sigma_u^2\sum_{i=0}^{\infty}\varphi_1^{2i}=\frac{\sigma_u^2}{1-\varphi_1^2}$$

所以，当 $|\varphi_1|<1$ 时，X_t 是平稳的；当 $|\varphi_1|\geqslant 1$ 时，X_t 是非平稳的。从这里也可以看出，当 $\varphi_1=1$ 时，即为随机游走。

二、移动平均模型

如果一个线性随机过程表示为

$$X_t = u_t+\vartheta_1 u_{t-1}+\vartheta_2 u_{t-2}+\cdots+\vartheta_q u_{t-q} \tag{10.2.12}$$

其中 u_t 为白噪音，则称之为 **q 阶移动平均（Moving average）过程（模型）**，记作 MA(q)。

用滞后算子表示为：

$$X_t = (1+\vartheta_1 L+\vartheta_2 L^2+\cdots+\vartheta_q L^q)u_t = \theta(L)u_t \tag{10.2.13}$$

其中 $\theta(L)=1+\vartheta_1 L+\vartheta_2 L^2+\cdots+\vartheta_q L^q$ 称为**移动平均算子或移动平均特征多项式**。

与移动平均过程相关的一个重要概念是可逆性，移动平均过程具有可逆性的条件是特征方程

$$\theta(L)=1+\vartheta_1 L+\vartheta_2 L^2+\cdots+\vartheta_q L^q=0 \tag{10.2.14}$$

的所有根的绝对值必须都大于 1。

可以证明，有限阶移动平均过程都是平稳的。

三、自回归移动平均模型

由自回归过程和移动平均过程共同构造的随机过程称为**自回归移动平均过程（模型）**，记作 ARMA(p，q)，一般表达式为

$$X_t=\varphi_1 X_{t-1}+\varphi_2 X_{t-2}+\cdots+\varphi_p X_{t-p}+u_t+\vartheta_1 u_{t-1}+\vartheta_2 u_{t-2}+\cdots+\vartheta_q u_{t-q} \tag{10.2.15}$$

或

$$(1-\varphi_1 L-\varphi_2 L^2-\cdots-\varphi_p L^p)X_t=(1+\vartheta_1 L+\vartheta_2 L^2+\cdots+\vartheta_q L^q)u_t \tag{10.2.16}$$

也可以简化为

$$\varphi(L)X_t=\theta(L)u_t \tag{10.2.17}$$

其中，$\varphi(L)$ 和 $\theta(L)$ 分别代表关于 L 的 p，q 阶特征多项式，也分别被称为自回归算子和移动平均算子。

可以证明，ARMA(p，q)的平稳性只依赖于其自回归部分，即 $\varphi(L)=0$ 的全部根的绝对值都大于 1；其可逆性则只依赖于移动平均部分，即 $\theta(L)=0$ 的全部根的绝对值都大于 1。

§ 10.3 时间序列的非平稳性及其检验

一、单整

若一个非平稳时间序列 X_t 必须经过 d 次差分之后才能变换成一个平稳的、可逆的时间序列，则称 X_t 具有 ***d* 阶单整（积）（integrated of order *d*）**性。记作 $X_t \sim I(d)$。

对于平稳时间序列，应该表示为 $I(0)$。大多数时间序列都是 $I(1)$，即通过取一阶差分便变成平稳序列。比如随机游走模型就是一个一阶**单整过程**（integrated process）：

由

$$X_t=X_{t-1}+u_t \tag{10.1.5}$$

可以得到，$\Delta X_t=X_t-X_{t-1}=u_t$，而 u_t 为白噪音，这就把随机游走模型变成平稳的。因此，一个随机游走模型就是一个**一阶差分平稳过程**（difference stationary process，DSP）。

单整时间序列具有如下性质：

（1）若 $X_t \sim I(1)$，$Y_t \sim I(1)$，则 $Z_t = X_t + Y_t \sim I(1)$。

（2）若 $X_t \sim I(d)$，则 $Z_t = a + bX_t \sim I(d)$，其中 a 和 b 为常数。

（3）若 $X_t \sim I(d_1)$，$Y_t \sim I(d_2)$，则 $Z_t = aX_t + bY_t \sim I(d_2)$，其中 $d_1 < d_2$。

（4）若 $X_t \sim I(d)$，$Y_t \sim I(d)$，则 $Z_t = aX_t + bY_t \sim I(d^*)$，通常情况下 $d^* = d$，但在某些情况下 $d^* < d$。

二、谬误回归

考虑如下两个随机游走模型：

$$X_t = X_{t-1} + u_t \tag{10.3.1}$$

$$Y_t = Y_{t-1} + v_t \tag{10.3.2}$$

它们都是 $I(1)$，其中 $u_t \sim N(0, 1)$ 并从中生成500次观测，$v_t \sim N(0, 1)$ 并从中生成500次观测。假定 X 和 Y 的初始值为零，u_t 和 v_t 都不存在序列相关性，而且彼此之间也不存在相关关系。

假设将 Y_t 对 X_t 进行OLS回归。由于 Y_t 对 X_t 是不相关的 $I(1)$ 过程，所以 Y 对 X 的回归中所得到的 R^2 应该趋于0；即这两个随机时间序列之间没有任何关系。然而回归结果却显示如下，见表10.1①。

表10.1 回归结果

Variable	*Coefficient*	*Std. Error*	*t Statistic*
C	−13.2556	0.6203	−21.3856
X	0.3376	0.0443	7.61223
	$R^2 = 0.1044$	$d = 0.0121$	

X 系数是高度统计显著的，虽然 R^2 值较低，但它在统计上显著不等于0。基于这些结论，得出 Y 与 X 之间存在显著统计关系的结论，尽管先前曾假定它们之间不存在任何关系。这就是**尤尔**（Yule）首次发现的**谬误**或**无谓**或**虚假回归现象**（phenomenon of spurious or nonsense regression）的简单概括。尤尔指出，即便在样本很大时，谬误相关在非平稳时间序列中也可能持续存在。极低的德宾-沃森 d 值表明存在很强的一阶自相关，从而暗示着上述回归有问题。

一般将时间序列做一阶差分，比如对上述随机游走序列做一阶差分后分别为 ΔY 和 ΔX，然后再做回归，其结果便没有任何意义了。这是因为非平稳时间序列经过一阶差分后变成平稳的，在这样的回归中，本应该为0的 R^2 实际上也正是0，德宾-沃森 d 值约为2。

三、平稳性检验

1. 自相关系数的统计显著性检验

巴特利（Bartlett）已经证明，若一个时间序列是纯随机的，即表现为白噪音过程，则其样本自相关系数近似地服从下列正态分布：

① 参见古扎拉蒂. 计量经济学基础（下册）. 北京：中国人民大学出版社，2011：754-755.

$$\hat{\rho}_k \sim N(0, 1/n) \tag{10.3.3}$$

即在大样本条件下，样本自相关系数服从均值为 0 和方差等于样本容量之倒数的正态分布。

因此，在原假设 H_0：$\rho_k = 0$ 的条件下，可以用样本相关系数 $\hat{\rho}_k$ 的值来检验统计显著性，如果拒绝原假设，则说明时间序列是非平稳的；否则，则时间序列是平稳的。

博克斯和**皮尔斯**提出 Q 统计量的定义：

$$Q = n\sum_{k=1}^{m}\hat{\rho}_k^2 \tag{10.3.4}$$

其中 n 为样本容量，m 为滞后长度。在大样本条件下，它近似地服从自由度为 m 的卡方分布：

$$Q = n\sum_{k=1}^{m}\hat{\rho}_k^2 \sim \chi^2(m) \tag{10.3.5}$$

博克斯-皮尔斯 Q 统计量的变形就是**龙格-博克斯统计量**（Ljung-Box Statistic，LB），其定义为：

$$Q_{LB} = n(n+2)\sum_{k=1}^{m}\frac{\hat{\rho}_k^2}{n-k} \sim \chi^2(m) \tag{10.3.6}$$

若实际计算出的 Q 值大于给定显著性水平下的卡方分布的临界值，则拒绝原假设，从而时间序列是非稳定的。

2. 单位根检验（unit root test）

我们已经知道，随机游走模型

$$X_t = X_{t-1} + u_t \tag{10.1.5}$$

是非平稳的，其中，u_t 为白噪音。该序列可以看成是随机模型

$$X_t = \gamma X_{t-1} + u_t \tag{10.3.7}$$

中参数 $\gamma = 1$ 时的情形。就是说，对式（10.3.7）来说，如果发现 $\gamma = 1$，则随机变量 X_t 存在一个单位根。因此，要判断时间序列是否平稳，可以通过式（10.3.7）来判断它是否存在单位根。这就是所谓的时间序列平稳性的**单位根检验**。

式（10.3.7）可以进行差分变换：

$$\begin{aligned}\Delta X_t &= \gamma X_{t-1} - X_{t-1} + u_t \\ &= (\gamma - 1)X_{t-1} + u_t \\ &= \delta X_{t-1} + u_t\end{aligned} \tag{10.3.8}$$

因此，$\gamma = 1$ 等价于 $\delta = 0$，就是说，对 $\gamma = 1$ 检验等同于对 $\delta = 0$ 的检验。

迪基-福勒（Dickey-Fuller）于 1976 年提出了 t 统计量（或 τ 统计量）的检验，即 **DF 检验**。即给定显著性水平，在原假设 $\gamma = 1$ 或 $\delta = 0$ 条件下，统计量

$$DF_t = \frac{\hat{\gamma} - 1}{Est.Std.\text{Error}(\hat{\gamma})} = \frac{\hat{\gamma} - 1}{\widehat{SE}(\hat{\gamma})} \tag{10.3.9}$$

服从 τ 分布，即 DF 分布（见表 10.2）。

表 10.2　　Dickey-Fuller DF 检验临界值表

显著性水平 α	样本容量			
	25	50	100	无穷大
0.01	−2.66	−2.62	−2.60	−2.58
0.025	−2.26	−2.25	−2.24	−2.23
0.05	−1.95	−1.95	−1.95	−1.95
0.10	−1.60	−1.61	−1.61	−1.62
带有常数项的 AR 模型（带漂移的随机游走）				
0.01	−3.75	−3.59	−3.50	−3.42
0.025	−3.33	−3.23	−3.17	−3.12
0.05	−2.99	−2.93	−2.90	−2.86
0.10	−2.64	−2.60	−2.58	−2.57
带有常数项的 AR 模型与时间趋势（趋势平稳）				
0.01	−4.38	−4.15	−4.04	−3.96
0.025	−3.95	−3.80	−3.69	−3.66
0.05	−3.60	3.50	−3.45	−3.41
0.10	−3.24	−3.18	−3.15	−3.13

资料来源：来自 Dickey and Fuller(1981, p.1063)；Fuller(1976, p.373; 1996, Table 10.A.2)。格林. 计量经济分析（下册）. 北京：中国人民大学出版社，2011：731.

这个检验是一个左尾单侧检验，一般情况下若有 $\gamma>1$，此时序列急剧扩大，因此排除 $\delta>0$ 的可能性。从而有，原假设 H_0：$\delta=0$ 或 $\gamma=1$，即存在单位根，时间序列是非稳定的；备择假设 H_1：$\delta<0$ 或 $\gamma<1$，即不存在单位根，时间序列是稳定的。所以，检验采用 OLS 方法估计，并计算出 t 统计量值，与 DF 分布表中给定的显著性水平下的临界值比较。如果 t 统计量的值小于临界值，就意味着 δ 足够小，则拒绝原假设 H_0：$\delta=0$ 或 $\gamma=1$，认为时间序列不存在单位根，是平稳的。

DF 检验有三种不同的形式：

随机游走： $X_t=\gamma X_{t-1}+u_t$ 或 $\Delta X_t=\delta X_{t-1}+u_t$

带漂移（截距）的随机游走： $X_t=\alpha+\gamma X_{t-1}+u_t$ 或 $\Delta X_t=\alpha+\delta X_{t-1}+u_t$

带漂移和确定趋势的随机游走： $X_t=\alpha+\beta t+\gamma X_{t-1}+u_t$ 或 $\Delta X_t=\alpha+\beta t+\delta X_{t-1}+u_t$

ADF 检验：在 DF 检验中，我们假定误差项是不存在序列相关，但在误差项存在序列相关时，迪基和福勒又提出了一个被称为**增广迪基-福勒检验**（Augmented Dickey-Fuller test，ADF）的方法。这一检验是在上述三个检验方程中增加 ΔX_t 的滞后值来进行的。即为如下三种形式：

模型一：$X_t=\gamma X_{t-1}+\sum_{i=1}^{p}\alpha_i\Delta X_{t-i}+u_t$ 或 $\Delta X_t=\delta X_{t-1}+\sum_{i=1}^{p}\alpha_i\Delta X_{t-i}+u_t$

模型二：$X_t=\alpha+\gamma X_{t-1}+\sum_{i=1}^{p}\alpha_i\Delta X_{t-i}+u_t$ 或 $\Delta X_t=\alpha+\delta X_{t-1}+\sum_{i=1}^{p}\alpha_i\Delta X_{t-i}+u_t$

模型三：$X_t=\alpha+\beta t+\gamma X_{t-1}+\sum_{i=1}^{p}\alpha_i\Delta X_{t-i}+u_t$ 或 $\Delta X_t=\alpha+\beta t+\delta X_{t-1}+\sum_{i=1}^{p}\alpha_i\Delta X_{t-i}+u_t$

其中 u_t 为纯白噪音误差项。原假设 H_0：$\delta=0$ 或 $\gamma=1$，即存在单位根，时间序列是非平稳的。

实际检验时从模型三开始，然后模型二，最后是模型一，何时检验拒绝原假设，即原序列不存在单位根，为平稳序列，何时停止检验。检验原理与 DF 检验相同。

例 10.1 表 1.1 给出了 1978—2011 年中国 GDP 时间序列，现在来检验其平稳性。

用 X 代表 GDP，取滞后长度 $p=3$，利用 EViews6.0 得 OLS 估计结果。由估计结果看出，GDP 时间序列从 1978 年开始长度超过 2003 年以后的估计结果显示：

所有的 $\hat{\gamma}>1$，即时间序列是不断扩张、发散的。

因此，选择时间序列的长度为 1978—2003 年，估计结果为（见表 10.3）：

$$\hat{X}_t=-123.2470+22.95335t+0.997082X_{t-1}$$
$$+1.199552\Delta X_{t-1}-0.673046\Delta X_{t-2}$$

在原假设 H_0：$\gamma=1$ 条件下，检验单位根的 t 统计量：

$$DF_t=\frac{\hat{\gamma}-1}{Est.Std.\text{Error}(\hat{\gamma})}=\frac{\hat{\gamma}-1}{\widehat{SE}(\hat{\gamma})}=\frac{0.997082-1}{0.030907}=-0.094412$$

查 DF 表（表 10.2）样本容量为 25 所对应的 1%、5%和 10%的临界值分别为−4.38、−3.60 和−3.24，显然皆小于上述 t 统计量值，从而不能拒绝原假设，说明我国 1978—2003 年 GDP 序列是非平稳的。

表 10.3 **1978—2003 年我国 GDP 序列模型估计结果**

Dependent Variable: X
Method: Least Squares
Date: 09/27/13 Time: 11:37
Sample (adjusted): 1981 2003
Included observations: 23 after adjustments

Variable	Coefficient	Std. Error	t-Statistic	Prob.
C	−123.2470	112.7859	−1.092752	0.2889
T	22.95335	14.22349	1.613764	0.1240
X(−1)	0.997082	0.030907	32.26019	0.0000
X(−1)−X(−2)	1.199552	0.206261	5.815715	0.0000
X(−2)−X(−3)	−0.673046	0.210057	−3.204115	0.0049
R-squared	0.998670	Mean dependent var		3856.217
Adjusted R-squared	0.998374	S.D. dependent var		3283.574
S.E. of regression	132.4000	Akaike info criterion		12.79919
Sum squared resid	315535.8	Schwarz criterion		13.04604
Log likelihood	−142.1907	Hannan-Quinn criter.		12.86127
F-statistic	3378.330	Durbin-Watson stat		1.849416
Prob(F-statistic)	0.000000			

实际上，使用“原假设 H_0：$\delta=0$，即存在单位根，序列是非平稳的；备择假设 H_1：$\delta<0$，即不存在单位根，序列是平稳的。”更方便。若 DF（或 ADF）大于等于临界值，则时间序列是非平稳的；若 DF（或 ADF）小于临界值，则时间序列是平稳的。DF 或

ADF 值即为δ所对应的 t 统计量值。此时，模型要选择差分形式。

§10.4　协整与误差修正模型

一、协整的概念

在经济理论上，某些经济变量之间具有长期均衡关系，比如货币数量论或购买力平价理论等，此时，这些变量之间的关系可能是**协整的**（cointegrated）。那么，什么是协整？

假设变量 X 和 Y 之间的“长期均衡关系”表示为

$$Y_t = \beta_1 + \beta_2 X_t + u_t \tag{10.4.1}$$

其中随机干扰项 u_t 也被称为**非均衡误差**（disequilibrium error），它是变量 X 和 Y 的一个线性组合，即

$$u_t = Y_t - \beta_1 - \beta_2 X_t \tag{10.4.2}$$

一般来讲，如果式（10.4.1）表述的 X 和 Y 之间的“长期均衡关系”是正确的，那么式（10.4.2）所表达的非均衡误差 u_t 就应该是一个平稳时间序列，并且具有零均值，即 u_t 是具有零均值的 $I(0)$序列。

这就是说，许多经济变量本身是非平稳的，即它们可能是 1 阶或更高阶的单整时间序列，但是，它们的线性组合也可能是平稳的。假设式（10.4.1）中的 X 和 Y 是 $I(1)$序列，如果该式所表达的长期均衡关系是正确的话，则意味着非均衡误差式（10.4.2）给出的线性组合是 $I(0)$序列。此时我们称变量 X 和 Y 是**协整的**。

一般地，若序列 $X_{1t}, X_{2t}, \cdots, X_{kt}$ 都是 d 阶单整的，有向量 $\boldsymbol{\alpha} = (\alpha_1, \alpha_2, \cdots, \alpha_k)$，使得 $Y_t = \boldsymbol{\alpha}\mathbf{X_t}' = \alpha_1 X_{1t} + \alpha_2 X_{2t} + \cdots + \alpha_k X_{kt} \sim I(d-b)$，其中 $0 < b \leqslant d$，$\mathbf{X_t} = (X_{1t}, X_{2t}, \cdots, X_{kt})'$，则称序列 $X_{1t}, X_{2t}, \cdots, X_{kt}$ 之间是 (d,b) 阶协整，记作 $\mathbf{X_t} \sim \mathrm{CI}(d, b)$，$\boldsymbol{\alpha}$ 是**协整向量**（cointegrated vector）。

由此可见，如果两个变量都是单整的，只有当它们之间的单整阶数相同时，才可能是协整的；如果它们之间的单整阶数不相同，就不可能是协整的。

三个以上变量，如果有不同的单整阶数，有可能经过线性组合构成低价单整变量。例如，若

$$W_t \sim I(1),\ V_t \sim I(2),\ U_t \sim I(2)$$

且

$$X_t = \alpha V_t + \beta U_t \sim I(1)$$
$$Y_t = \lambda W_t + \gamma X_t \sim I(0)$$

那么可认为

$$V_t, U_t \sim \mathrm{CI}(2,1)$$
$$W_t, X_t \sim \mathrm{CI}(1,1)$$

其中比较常见的一种情况，$d=b=1$，即 $\mathbf{X_t}\sim CI(1, 1)$，$Y_t\sim I(0)$，也就是：

$$Y_t=\boldsymbol{\alpha}\mathbf{X_t}'=\alpha_1X_{1t}+\alpha_2X_{2t}+\cdots+\alpha_kX_{kt}\sim I(0) \tag{10.4.3}$$

上式恰好可以看作是线性模型

$$Y_t=\alpha_1X_{1t}+\alpha_2X_{2t}+\cdots+\alpha_kX_{kt}+u_t \tag{10.4.4}$$

的非均衡误差序列 u_t，即

$$u_t=Y_t-\alpha_1X_{1t}-\alpha_2X_{2t}-\cdots-\alpha_kX_{kt} \tag{10.4.5}$$

的均值为 0 的 $I(0)$的随机过程。这正是我们所讲的变量 Y_t 与 $\mathbf{X_t}$ 之间的关系是协整的。

二、协整检验

协整检验有两种方法：一种是**恩格尔**（Engle）和**格兰杰**（Granger）于 1987 年提出的两步检验法，也称 EG（或 AEG）检验，相当于 DF 和 ADF 检验；另一种是**约翰森**（Johansen，1988，1991）、**沃森**（Stock and Watson，1988）和**朱瑟利斯**（Juselius，1990）提出的基于自回归模型的多重协整检验方法。本书只介绍 EG 两步检验法。

第一步，用 OLS 法对式（10.4.1）进行估计并得到非均衡误差，得

$$\hat{Y}_t=\hat{\beta}_1+\hat{\beta}_2X_t \tag{10.4.6}$$

$$e_t=Y_t-\hat{Y}_t \tag{10.4.7}$$

称为**协整回归**（cointegrating）或**静态回归**（static regression）。

第二步，检验 e_t 的单整性。如果 e_t 为稳定序列 $I(0)$，则认为变量 X_t 和 Y_t 为(1,1)阶协整；否则，认为变量 X_t 和 Y_t 不存在协整关系。

在模型的选择上，可以选择差分形式：

$$\Delta e_t=\delta e_{t-1}+\sum_{i=1}^{p}\alpha_i\Delta e_{t-i}+u_t$$

上述模型中无须再体现截距项和时间趋势项，因为这些完全可以由协回归模型来体现。检验时，拒绝原假设 H_0：$\delta=0$，意味着残差项是平稳序列，从而说明 X 与 Y 是协整的。

检验 e_t 的单整性的方法与 DF 和 ADF 检验方法相同。但是需要注意的是，协整回归计算出的是残差项 e_t 而非真正的非均衡误差 u_t，因此临界值比正常的 DF 和 ADF 临界值还要小。当多个非平稳变量进行协整检验时基本与双变量情况相同，即需要检验变量是具有同阶单整型，以及是否存在稳定的线性组合。**麦克农**（Mackinnon，1991）通过模拟试验给出了协整检验的临界值（见附表 6）。麦克农的协整检验临界值的计算公式为

$$C_\alpha=\varphi_\infty+\varphi_1T^{-1}+\varphi_2T^{-2} \tag{10.4.8}$$

其中，α 为显著性水平；T 为样本容量；N 为协整回归中所含变量的个数。

例 10.2 已知 $N=1$，$T=100$，$\alpha=0.05$，有常数项，无趋势项，则查附表 6 得临界值为：

$$C_{0.05}=-2.8621-(2.738/100)-(8.36/100^2)=-2.89$$

例 10.3 已知 $N=2$，$T=50$，$\alpha=0.05$，有常数项，无趋势项，则查附表 6 得临界值为：

$$C_{0.05}=-3.3377-(5.967/50)-(8.98/50^2)=-3.46$$

三、误差修正模型

假设我们建立一个人均消费 Y 与人均可支配收入 X 之间的模型为：

$$Y_t=\beta_1+\beta_2X_t+u_t \tag{10.4.9}$$

为了避免谬误回归，通常通过差分的方法消除变量的共同的变化趋势，使之成为平稳序列，再建立差分回归模型为：

$$\Delta Y_t=\beta_2\Delta X_t+v_t \tag{10.4.10}$$

其中，$v_t=u_t-u_{t-1}$。

但是，这样的做法会产生两个问题：第一，如果 X 与 Y 之间存在着长期稳定的均衡关系式（10.4.9），且非均衡误差 u_t 不存在序列相关（自相关），则差分后式（10.4.10）中的 v_t 是一个一阶移动平均时间序列，因而是序列相关（自相关）的；第二，如果采用式（10.4.10）的差分形式进行估计，则关于变量水平值的信息将被忽略。此时，模型只表达了 X 与 Y 之间的短期关系，而没有揭示它们之间的长期关系。从长期观点来看，Y 在 t 时期的变化不仅取决于 X 本身的变化，还取决于 X 与 Y 在 $t-1$ 时期的情况，特别是 X 与 Y 之间的短期不平衡关系。

另外，差分形式有时候会得到令人不满足的回归方程。比如，使用式（10.4.10）进行回归时，很少会出现截距项显著为零的情况，即我们得到的估计方程为：

$$\hat{\Delta Y_t}=\hat{\alpha}+\hat{\beta}_1\Delta X_t,\quad \hat{\alpha}\neq 0 \tag{10.4.11}$$

这样，模型在 X 保持不变的情况下，Y 却一直保持它的长期变化，即当 $\Delta X_t=0$ 时，$\hat{\Delta Y_t}=\hat{\alpha}\neq 0$。说明 X 与 Y 之间不存在**静态均衡**（static equilibrium），这与大多数具有长期静态均衡关系的经济理论假说不相符。显然，当人均可支配收入 X 保持稳定的时候，我们不能期望人均消费支出 Y 会永远不停地变化。

由此可见，简单差分的方式不一定能够解决非平稳时间序列的所有问题，因此，我们需要引进误差修正模型的概念。

误差修正模型（Error Correction Model，ECM）或**误差修正机制**（Error Correction Mechanism，ECM）是一种具有特定形式的计量经济学模型，它的主要形式最初由**萨甘**（Sargan，1964）提出，后由**亨德利**（Hendry・Anderson，1977）、和**戴维森**（Davidson，1977）等进一步完善。

继续上述人均消费 Y 与人均可支配收入 X 之间关系的分析。在现实中，X 与 Y 很可能没有处在均衡点上，因此，实际观测到的只是 X 与 Y 之间的短期的或非均衡的关系，假设具有如下的（1，1）阶分布滞后形式：

$$Y_t=\alpha_1+\alpha_2X_t+\alpha_3X_{t-1}+\delta Y_{t-1}+u_t \tag{10.4.12}$$

显然，Y 值不仅与 X 当期值有关，还与 X 和 Y 的上期值有关。

由于变量可能是非平稳的，因此要进行一阶差分变换，得

$$\begin{aligned}\Delta Y_t&=\alpha_1+\alpha_2\Delta X_t+(\alpha_2+\alpha_3)X_{t-1}-(1-\delta)Y_{t-1}+u_t\\&=\alpha_2\Delta X_t-(1-\delta)\left(Y_{t-1}-\frac{\alpha_1}{1-\delta}-\frac{\alpha_2+\alpha_3}{1-\delta}X_{t-1}\right)+u_t\end{aligned}$$

设 $1-\delta=\lambda$，$\beta_1=\alpha_1/(1-\delta)$，$\beta_2=(\alpha_2+\alpha_3)/(1-\delta)$。从而上式可以写成：

$$\Delta Y_t=\alpha_2\Delta X_t-\lambda(Y_{t-1}-\beta_1-\beta_2X_{t-1})+u_t \tag{10.4.13}$$

上述模型称为**一阶误差修正模型**（first-order error correction model）。假设参数 β_1、β_2 与式（10.4.9）是相同的，则式（10.4.13）中括号内就是 $t-1$ 时期的非均衡误差项 u_{t-1}。因此，模型还可以写成下列形式：

$$\Delta Y_t=\alpha_2\Delta X_t-\lambda\bullet \mathrm{ecm}_{t-1}+u_t \tag{10.4.14}$$

其中 ecm 为**误差修正项**。

一般情况下，$0<\delta<1$，因此，$0<\lambda<1$。由此可以看到 ecm 的作用如下：

当 $Y_{t-1}-\beta_1-\beta_2X_{t-1}>0$，则 ecm 为正的，$-\lambda\bullet\mathrm{ecm}$ 为负的，ΔY 减少；即若上期短期均衡大于其长期均衡，下期短期 Y 要经过减少变化而达到长期均衡。反之，恰好相反，当 $Y_{t-1}-\beta_1-\beta_2X_{t-1}<0$，则 ecm 为负的，$-\lambda\bullet\mathrm{ecm}$ 为正的，ΔY 增大。即若上期短期均衡小于其长期均衡，则下期短期均衡要经过增大的变化而达到长期均衡。

在实际分析中，变量常采取对数的形式出现。因此，长期均衡模型（10.4.9）中的 β_2 可视为 Y 关于 X 的**长期弹性**（long-run elasticity），而短期非均衡模型（10.4.12）中的 α_2 可视为 Y 关于 X 的**短期弹性**（short-run elasticity）。

恩格尔和格兰杰于 1987 年提出了著名的格兰杰表述定理（Granger representation theorem）：

若变量 X 与 Y 是协整的，则它们之间的短期非均衡关系总能由一个误差修正模型表述，即

$$\Delta Y_t=\mathrm{lagged}(\Delta Y,\Delta X)-\lambda\bullet\mathrm{ecm}_{t-1}+u_t,\quad 0<\lambda<1 \tag{10.4.15}$$

其中，ecm 是非均衡误差项，或者说成是长期均衡偏差项，λ 是短期调整参数。

对于（1，1）阶自回归分布滞后模型（10.4.12），如果

$$Y_t\sim I(1),\quad X_t\sim I(1)$$

那么，式（10.4.13）左边有 $\Delta Y_t\sim I(0)$，右边有 $\Delta X_t\sim I(0)$，于是，只有 X 和 Y 是协整的，才可以保证右边也是 $I(0)$。因此，在建立误差修正模型之前，首先要分析变量之间的协整关系，即长期均衡关系，并以此构成误差修正项。

式（10.4.15）中没有明确指出 ΔY 和 ΔX 的滞后项次数，因此，可以有多个滞后项。

恩格尔和格兰杰两步法如下：

第一步，进行协整回归（OLS 方法），检验变量之间的协整关系，估计协整参数（长期均衡关系参数）。

第二步，若协整关系存在，则以第一步求到的残差作为非均衡误差项加入到误差修正模型中，并用 OLS 方法估计相关参数。

需要注意的是，在进行变量间的协整检验时，对残差项的检验无须再设趋势项；滞后项的多少可以残差项序列是否存在自相关来判断。如果存在自相关，则应加入变量差分的滞后项。

对于双变量误差修正模型（10.4.13），可以直接打开括号进行估计：

$$\Delta Y_t=\beta_1+\alpha_2\Delta X_t-\lambda Y_{t-1}+\beta_2X_{t-1}+u_t \tag{10.4.16}$$

其中，α_2 和 β_2 可视为 Y 关于 X 的短期弹性和长期弹性。

§ 10.5 案　　例

表 10.4 给出 1950—2011 年中国进口（*import*）和出口（*export*）数据，单位为亿美元。现在来检验时间序列 ln*import* 和 ln*export* 的单整性以及它们之间的协整关系，并建立误差修正模型。

表 10.4　　1950—2011 年中国货物进出口数据　　单位：亿美元

年份	出口总额 (*Export*)	进口总额 (*Import*)	年份	出口总额 (*Export*)	进口总额 (*Import*)
1950	5.5	5.8	1981	220.1	220.2
1951	7.6	12.0	1982	223.2	192.9
1952	8.2	11.2	1983	222.3	213.9
1953	10.2	13.5	1984	261.4	274.1
1954	11.5	12.9	1985	273.5	422.5
1955	14.1	17.3	1986	309.4	429.1
1956	16.5	15.6	1987	394.4	432.1
1957	16.0	15.0	1988	475.2	552.7
1958	19.8	18.9	1989	525.4	591.4
1959	22.6	21.2	1990	620.9	533.5
1960	18.6	19.5	1991	719.1	637.9
1961	14.9	14.5	1992	849.4	805.9
1962	14.9	11.7	1993	917.4	1039.6
1963	16.5	12.7	1994	1210.1	1156.1
1964	19.2	15.5	1995	1487.8	1320.8
1965	22.3	20.2	1996	1510.5	1388.3
1966	23.7	22.5	1997	1827.9	1423.7
1967	21.4	20.2	1998	1837.1	1402.4
1968	21.0	19.5	1999	1949.3	1657.0
1969	22.0	18.3	2000	2492.0	2250.9
1970	22.6	23.3	2001	2661.0	2435.5
1971	26.4	22.0	2002	3256.0	2951.7
1972	34.4	28.6	2003	4382.3	4127.6
1973	58.2	51.6	2004	5933.3	5612.3
1974	69.5	76.2	2005	7619.5	6599.5
1975	72.6	74.9	2006	9689.8	7914.6
1976	68.5	65.8	2007	12204.6	9561.2
1977	75.9	72.1	2008	14306.9	11325.7
1978	97.5	108.9	2009	12016.1	10059.2
1979	136.6	156.7	2010	15777.5	13962.4
1980	181.2	200.2	2011	18983.8	17434.8

资料来源：《中国统计年鉴》2012 年，《新中国五十年统计资料汇编》

用 EViews6.0 来检验时间序列 ln*import* 的单整性。具体操作顺序为：Quick→Generate Series→设置 ln*import*＝log(*import*)，在工作文件窗口中，双击序列 ln*import*，点击 View，

在下拉菜单中选择Unit Root Test，出现对话框，Test type项选择Augmented Dickey-Fuller；Include in test equation 项选择带截距项 intercept；Test for unit root in 项选择 Level；在滞后差分项阶数 Lag length 项选择 Automatic selection 或 User specified 项选择 2，点击 OK 即可得到检验结果。见表 10.5。

表 10.5 **ln*import* 序列的 ADF 检验结果**

Null Hypothesis: LNIMPORT has a unit root
Exogenous: Constant
Lag Length: 2 (Fixed)

		t-Statistic	Prob.*
Augmented Dickey-Fuller test statistic		1.094515	0.9971
Test critical values:	1% level	−3.546099	
	5% level	−2.911730	
	10% level	−2.593551	

*MacKinnon (1996) one-sided p-values.

从检验结果看，在 1%、5%和 10%显著性水平下，Mackinnon 临界值分别为−3.5461、−2.9117 和−2.5935，t 统计量值为 1.094515>1，因此，时间序列是非平稳的。

对时间序列 ln*import* 的一阶差分的单整性检验的方法相同于上述序列单整性检验，只是在单位根检验的 Test for unit root in 项选择 1st difference，而不是 level。见表 10.6。

表 10.6 **ln*import* 一阶差分序列的 ADF 检验结果**

Null Hypothesis: D(LNIMPORT) has a unit root
Exogenous: Constant
Lag Length: 2 (Fixed)

		t-Statistic	Prob.*
Augmented Dickey-Fuller test statistic		−5.717805	0.0000
Test critical values:	1% level	−3.548208	
	5% level	−2.912631	
	10% level	−2.594027	

*MacKinnon (1996) one-sided p-values.

从检验结果看，统计量 $t=-5.7178$ 小于所有 Mackinnon 临界值，即序列是平稳的。

按照同样的方法对序列 ln*export* 进行检验，得 ln*export*～$I(1)$。

为了分析 ln*export* 与 ln*import* 之间是否存在协助关系，先对两个变量进行回归，然后检验回归残差的平稳性。

以 ln*import* 为解释变量，ln*export* 为被解释变量，利用 OLS 方法得到回归模型为（见表 10.7）：

$$\ln export_t = -0.073093 + 1.019347 \ln import_t + e_t \qquad (10.5.1)$$

对残差项稳定性进行检验：Quick→Generate Series→设置 et = resid，然后，双击 et 序列进行单位根检验。选择无截距项、无趋势项的 DF 检验，检验结果见表 10.8。

表 10.7　　**ln*export* 对 ln*import* 的 OLS 回归结果**

Dependent Variable: LNEXPORT
Method: Least Squares
Date: 10/02/13　Time: 05:12
Sample: 1950 2011
Included observations: 62

Variable	Coefficient	Std. Error	t-Statistic	Prob.
C	−0.073093	0.050002	−1.461790	0.1490
LNIMPORT	1.019347	0.008654	117.7938	0.0000
R-squared	0.995694	Mean dependent var		5.315383
Adjusted R-squared	0.995623	S.D. dependent var		2.402858
S.E. of regression	0.158977	Akaike info criterion		−0.808391
Sum squared resid	1.516417	Schwarz criterion		−0.739774
Log likelihood	27.06012	Hannan-Quinn criter.		−0.781450
F-statistic	13875.37	Durbin-Watson stat		0.716635
Prob(F-statistic)	0.000000			

表 10.8　　**残差序列平稳性检验结果**

Null Hypothesis: ET has a unit root
Exogenous: None
Lag Length: 0 (Fixed)

		t-Statistic	Prob.*
Augmented Dickey-Fuller test statistic		−3.617144	0.0005
Test critical values:	1% level	−2.603423	
	5% level	−1.946253	
	10% level	−1.613346	

*MacKinnon (1996) one-sided p-values.

从检验结果看，t 统计量为−3.617144 小于各显著性水平下的 Mackinnon 临界值，表明残差序列不存在单位根，是平稳序列，从而变量 ln*export* 与 ln*import* 之间存在协整关系。

从表 10.7 回归结果看，协回归模型中的截距项 t 检验不显著，因此，可以选择没有截距项的协回归模型（见表 10.9）：

$$\ln export_t = 1.007774 \ln import_t + e_t \tag{10.5.2}$$

表 10.9　　**不带截距项的 ln*export* 对 ln*import* 的 OLS 回归结果**

Dependent Variable: LNEXPORT
Method: Least Squares
Date: 10/02/13　Time: 12:32
Sample: 1950 2011
Included observations: 62

Variable	Coefficient	Std. Error	t-Statistic	Prob.
LNIMPORT	1.007774	0.003527	285.7638	0.0000
R-squared	0.995541	Mean dependent var		5.315383
Adjusted R-squared	0.995541	S.D. dependent var		2.402858
S.E. of regression	0.160451	Akaike info criterion		−0.805655
Sum squared resid	1.570422	Schwarz criterion		−0.771346
Log likelihood	25.97529	Hannan-Quinn criter.		−0.792184
Durbin-Watson stat	0.675802			

重新检验残差项的稳定性，检验结果见表 10.10。

表 10.10 残差序列平稳性检验结果

Null Hypothesis: ET has a unit root
Exogenous: None
Lag Length: 0 (Fixed)

		t-Statistic	Prob.*
Augmented Dickey-Fuller test statistic		−3.510003	0.0007
Test critical values:	1% level	−2.603423	
	5% level	−1.946253	
	10% level	−1.613346	

*MacKinnon (1996) one-sided p-values.

从表 10.10 检验结果看，t 统计量为−3.510003 小于各显著性水平下的 Mackinnon 临界值，表明残差序列不存在单位根，是平稳序列，从而变量 ln*export* 与 ln*import* 之间仍然存在协整关系。这说明模型（10.5.2）所建立的长期均衡关系是成立的。但是，可能存在短期非均衡关系。以残差项作为误差修正项，可建立如下误差修正模型（回归结果见表 10.11）：

$$\Delta\ln export_t = \alpha\Delta\ln import_t + \beta\Delta\ln export_{t-1} - \lambda e_{t-1} + u_t \quad (10.5.3)$$

表 10.11 修正回归模型的回归结果

Dependent Variable: LNEXPORT-LNEXPORT(-1)
Method: Least Squares
Date: 10/02/13 Time: 13:22
Sample (adjusted): 1952 2011
Included observations: 60 after adjustments

Variable	Coefficient	Std. Error	t-Statistic	Prob.
LNIMPORT-LNIMPORT(-1)	0.656398	0.074478	8.813316	0.0000
LNEXPORT(-1)-LNEXPORT(-2)	0.182104	0.083141	2.190294	0.0326
ET(-1)	−0.247535	0.079107	−3.129105	0.0028
R-squared	0.537958	Mean dependent var		0.130387
Adjusted R-squared	0.521746	S.D. dependent var		0.134253
S.E. of regression	0.092844	Akaike info criterion		−1.867082
Sum squared resid	0.491342	Schwarz criterion		−1.762364
Log likelihood	59.01245	Hannan-Quinn criter.		−1.826121
Durbin-Watson stat	2.010306			

从而，最终得到的误差修正模型的估计结果为：

$$\Delta\ln \hat{export}_t = 0.6564\Delta\ln import_t + 0.1821\Delta\ln export_{t-1} - 0.2475e_{t-1} \quad (10.5.4)$$

从式子（10.5.2）得知，出口关于进口的长期弹性是 1.0078，由式子（10.5.4）得知，出口关于进口的短期弹性是 0.6564。

本章习题

10.1 什么是白噪音?

10.2 什么是谬误回归?为什么要提出时间序列平稳性问题?

10.3 什么是单位根检验?

10.4 什么是单整?什么是协整?

10.5 什么是误差修正机制?

10.6 什么是随机游走模型?

10.7 设时间序列 $X_t=\delta_0+\delta_1 t+\varepsilon_t$,其中 δ_0、δ_1 为常数,ε_t 为白噪音,请问:

(1)X_t 是平稳时间序列吗?

(2)$X_t-E(X_t)$ 是平稳时间序列吗?

10.8 什么是 DF 和 ADF 检验?

10.9 什么是 EG 和 AEG 检验?

10.10 如果时间序列是 $I(3)$,请问要经过几次差分才能使它变成平稳的?

10.11 利用 EViews6.0 检验表 10.4 中的序列 ln*export* 为一阶单整,即 ln*export*$\sim I(1)$。

10.12 根据表 6.6 中的数据,检验中国居民实际总量消费支出与收入的对数序列 ln$Y$ 与 ln$X$ 是否存在长期均衡关系,如果存在,请用 EG 两步法进行协整性检验并建立误差修正模型。

10.13 表 8.1 给出了美国 1970—1995 年储蓄和个人可支配收入的数据(单位:十亿美元)。假设 Y 表示储蓄,X 表示个人可支配收入,分别取对数得时间序列 ln$Y$ 和 ln$X$。请:

(1)检验 ln$Y$ 和 ln$X$ 的单整性;

(2)检验 ln$Y$ 和 ln$X$ 之间的协整性,如果存在长期均衡关系,请用 EG 两步法进行协整性检验并建立误差修正模型。

附　录

统计分布表

附表 1　　　　标准正态分布分位数表

$\alpha/2=1-P$，比如 $\alpha/2=0.025$，$P=0.975$，临界值为 1.96

P	0.0000	0.001	0.002	0.003	0.004	0.005	0.006	0.007	0.008	0.009
0.50	0.0000	0.0025	0.0050	0.0075	0.0100	0.0125	0.0150	0.0175	0.0201	0.0226
0.51	0.0251	0.0276	0.0301	0.0326	0.0351	0.0376	0.0401	0.0426	0.0451	0.0476
0.52	0.0502	0.0527	0.0552	0.0577	0.0602	0.0627	0.0652	0.0677	0.0702	0.0728
0.53	0.0753	0.0778	0.0803	0.0828	0.0853	0.0878	0.0904	0.0929	0.0954	0.0979
0.54	0.1004	0.1030	0.1055	0.1080	0.1105	0.1130	0.1156	0.1181	0.1206	0.1231
0.55	0.1257	0.1282	0.1307	0.1332	0.1358	0.1383	0.1408	0.1434	0.1459	0.1484
0.56	0.1510	0.1535	0.1560	0.1586	0.1611	0.1637	0.1662	0.1687	0.1713	0.1738
0.57	0.1764	0.1789	0.1815	0.1840	0.1866	0.1891	0.1917	0.1942	0.1968	0.1993
0.58	0.2019	0.2045	0.2070	0.2096	0.2121	0.2147	0.2173	0.2198	0.2224	0.2250
0.59	0.2275	0.2301	0.2327	0.2353	0.2378	0.2404	0.2430	0.2456	0.2482	0.2508
0.60	0.2533	0.2559	0.2585	0.2611	0.2637	0.2663	0.2689	0.2715	0.2741	0.2767
0.61	0.2793	0.2819	0.2845	0.2871	0.2898	0.2924	0.2950	0.2976	0.3002	0.3029
0.62	0.3055	0.3081	0.3107	0.3134	0.3160	0.3186	0.3213	0.3239	0.3266	0.3292
0.63	0.3319	0.3345	0.3372	0.3398	0.3425	0.3451	0.3478	0.3505	0.3531	0.3558
0.64	0.3585	0.3611	0.3638	0.3665	0.3692	0.3719	0.3745	0.3772	0.3799	0.3826
0.65	0.3853	0.3880	0.3907	0.3934	0.3961	0.3989	0.4016	0.4043	0.4070	0.4097
0.66	0.4125	0.4152	0.4179	0.4207	0.4234	0.4261	0.4289	0.4316	0.4344	0.4372
0.67	0.4399	0.4427	0.4454	0.4482	0.4510	0.4538	0.4565	0.4593	0.4621	0.4649
0.68	0.4677	0.4705	0.4733	0.4761	0.4789	0.4817	0.4845	0.4874	0.4902	0.4930
0.69	0.4959	0.4987	0.5015	0.5044	0.5072	0.5101	0.5129	0.5158	0.5187	0.5215
0.70	0.5244	0.5273	0.5302	0.5330	0.5359	0.5388	0.5417	0.5446	0.5476	0.5505

续表

P	0.0000	0.001	0.002	0.003	0.004	0.005	0.006	0.007	0.008	0.009
0.71	0.5534	0.5563	0.5592	0.5622	0.5651	0.5681	0.5710	0.5740	0.5769	0.5799
0.72	0.5828	0.5858	0.5888	0.5918	0.5948	0.5978	0.6008	0.6038	0.6068	0.6098
0.73	0.6128	0.6158	0.6189	0.6219	0.6250	0.6280	0.6311	0.6341	0.6372	0.6403
0.74	0.6433	0.6464	0.6495	0.6526	0.6557	0.6588	0.6620	0.6651	0.6682	0.6713
0.75	0.6745	0.6776	0.6808	0.6840	0.6871	0.6903	0.6935	0.6967	0.6999	0.7031
0.76	0.7063	0.7095	0.7128	0.7160	0.7192	0.7225	0.7257	0.7290	0.7323	0.7356
0.77	0.7388	0.7421	0.7454	0.7488	0.7521	0.7554	0.7588	0.7621	0.7655	0.7688
0.78	0.7722	0.7756	0.7790	0.7824	0.7858	0.7892	0.7926	0.7961	0.7995	0.8030
0.79	0.8064	0.8099	0.8134	0.8169	0.8204	0.8239	0.8274	0.8310	0.8345	0.8381
0.80	0.8416	0.8452	0.8488	0.8524	0.8560	0.8596	0.8633	0.8669	0.8705	0.8742
0.81	0.8779	0.8816	0.8853	0.8890	0.8927	0.8965	0.9002	0.9040	0.9078	0.9116
0.82	0.9154	0.9192	0.9230	0.9269	0.9307	0.9346	0.9385	0.9424	0.9463	0.9502
0.83	0.9542	0.9581	0.9621	0.9661	0.9701	0.9741	0.9782	0.9822	0.9863	0.9904
0.84	0.9945	0.9986	1.0027	1.0069	1.0110	1.0152	1.0194	1.0237	1.0279	1.0322
0.85	1.0364	1.0407	1.0450	1.0494	1.0537	1.0581	1.0625	1.0669	1.0714	1.0758
0.86	1.0803	1.0848	1.0893	1.0939	1.0985	1.1031	1.1077	1.1123	1.1170	1.1217
0.87	1.1264	1.1311	1.1359	1.1407	1.1455	1.1503	1.1552	1.1601	1.1650	1.1700
0.88	1.1750	1.1800	1.1850	1.1901	1.1952	1.2004	1.2055	1.2107	1.2160	1.2212
0.89	1.2265	1.2319	1.2372	1.2426	1.2481	1.2536	1.2591	1.2646	1.2702	1.2759
0.90	1.2816	1.2873	1.2930	1.2988	1.3047	1.3106	1.3165	1.3225	1.3285	1.3346
0.91	1.3408	1.3469	1.3532	1.3595	1.3658	1.3722	1.3787	1.3852	1.3917	1.3984
0.92	1.4051	1.4118	1.4187	1.4255	1.4325	1.4395	1.4466	1.4538	1.4611	1.4684
0.93	1.4758	1.4833	1.4909	1.4985	1.5063	1.5141	1.5220	1.5301	1.5382	1.5464
0.94	1.5548	1.5632	1.5718	1.5805	1.5893	1.5982	1.6072	1.6164	1.6258	1.6352
0.95	1.6449	1.6546	1.6646	1.6747	1.6849	1.6954	1.7060	1.7169	1.7279	1.7392
0.96	1.7507	1.7624	1.7744	1.7866	1.7991	1.8119	1.8250	1.8384	1.8522	1.8663
0.97	1.8808	1.8957	1.9110	1.9268	1.9431	1.9600	1.9774	1.9954	2.0141	2.0335
0.98	2.0537	2.0749	2.0969	2.1201	2.1444	2.1701	2.1973	2.2262	2.2571	2.2904
0.99	2.3263	2.3656	2.4089	2.4573	2.5121	2.5758	2.6521	2.7478	2.8782	3.0902

附表 2 **t 分布临界值表**

df \ $\alpha/2$	0.25	0.1	0.05	0.025	0.01	0.005	0.0005
α	0.5	0.2	0.1	0.05	0.02	0.01	0.001
1	1.000	3.078	6.314	12.71	31.82	63.66	636.6
2	0.816	1.886	2.920	4.303	6.965	9.925	31.60
3	0.765	1.638	2.353	3.182	4.541	5.841	12.92
4	0.741	1.533	2.132	2.776	3.747	4.604	8.610
5	0.727	1.476	2.015	2.571	3.365	4.032	6.869
6	0.718	1.440	1.943	2.447	3.143	3.707	5.959
7	0.711	1.415	1.895	2.365	2.998	3.499	5.408
8	0.706	1.397	1.860	2.306	2.896	3.355	5.041
9	0.703	1.383	1.833	2.262	2.821	3.250	4.781
10	0.700	1.372	1.812	2.228	2.764	3.169	4.587
11	0.697	1.363	1.796	2.201	2.718	3.106	4.437
12	0.695	1.356	1.782	2.179	2.681	3.055	4.318
13	0.694	1.350	1.771	2.160	2.650	3.012	4.221
14	0.692	1.345	1.761	2.145	2.624	2.977	4.140
15	0.691	1.341	1.753	2.131	2.602	2.947	4.073
16	0.690	1.337	1.746	2.120	2.583	2.921	4.015
17	0.689	1.333	1.740	2.110	2.567	2.898	3.965
18	0.688	1.330	1.734	2.101	2.552	2.878	3.922
19	0.688	1.328	1.729	2.093	2.539	2.861	3.883
20	0.687	1.325	1.725	2.086	2.528	2.845	3.850
21	0.686	1.323	1.721	2.080	2.518	2.831	3.819
22	0.686	1.321	1.717	2.074	2.508	2.819	3.792
23	0.685	1.319	1.714	2.069	2.500	2.807	3.768
24	0.685	1.318	1.711	2.064	2.492	2.797	3.745
25	0.684	1.316	1.708	2.060	2.485	2.787	3.725
26	0.684	1.315	1.706	2.056	2.479	2.779	3.707
27	0.684	1.314	1.703	2.052	2.473	2.771	3.690
28	0.683	1.313	1.701	2.048	2.467	2.763	3.674
29	0.683	1.311	1.699	2.045	2.462	2.756	3.659
30	0.683	1.310	1.697	2.042	2.457	2.750	3.646
31	0.682	1.309	1.696	2.040	2.453	2.744	3.633
32	0.682	1.309	1.694	2.037	2.449	2.738	3.622
33	0.682	1.308	1.692	2.035	2.445	2.733	3.611
34	0.682	1.307	1.691	2.032	2.441	2.728	3.601
35	0.682	1.306	1.690	2.030	2.438	2.724	3.591
36	0.681	1.306	1.688	2.028	2.434	2.719	3.582
37	0.681	1.305	1.687	2.026	2.431	2.715	3.574
38	0.681	1.304	1.686	2.024	2.429	2.712	3.566
39	0.681	1.304	1.685	2.023	2.426	2.708	3.558
40	0.681	1.303	1.684	2.021	2.423	2.704	3.551
50	0.679	1.299	1.676	2.009	2.403	2.678	3.496
60	0.679	1.296	1.671	2.000	2.390	2.660	3.460
100	0.677	1.290	1.660	1.984	2.364	2.626	3.390
120	0.677	1.289	1.658	1.980	2.358	2.617	3.373

注：$P[t > t_{\alpha/2}(df)] = \alpha/2$，比如 $\alpha/2 = 0.025$，$df = 20$，临界值为 $t_{0.025}(20) = 2.086$

附表 3　　　　**F 分布临界值表（α= 0.05）**

$df_2 \backslash df_1$	1	2	3	4	5	6	7	8	9	10	11	12
1	161.4	199.5	215.7	224.6	230.2	234.0	236.8	238.9	240.5	241.9	243.0	243.9
2	18.51	19.00	19.16	19.25	19.30	19.33	19.35	19.37	19.38	19.40	19.40	19.41
3	10.13	9.55	9.28	9.12	9.01	8.94	8.89	8.85	8.81	8.79	8.76	8.74
4	7.71	6.94	6.59	6.39	6.26	6.16	6.09	6.04	6.00	5.96	5.94	5.91
5	6.61	5.79	5.41	5.19	5.05	4.95	4.88	4.82	4.77	4.74	4.70	4.68
6	5.99	5.14	4.76	4.53	4.39	4.28	4.21	4.15	4.10	4.06	4.03	4.00
7	5.59	4.74	4.35	4.12	3.97	3.87	3.79	3.73	3.68	3.64	3.60	3.57
8	5.32	4.46	4.07	3.84	3.69	3.58	3.50	3.44	3.39	3.35	3.31	3.28
9	5.12	4.26	3.86	3.63	3.48	3.37	3.29	3.23	3.18	3.14	3.10	3.07
10	4.96	4.10	3.71	3.48	3.33	3.22	3.14	3.07	3.02	2.98	2.94	2.91
11	4.84	3.98	3.59	3.36	3.20	3.09	3.01	2.95	2.90	2.85	2.82	2.79
12	4.75	3.89	3.49	3.26	3.11	3.00	2.91	2.85	2.80	2.75	2.72	2.69
13	4.67	3.81	3.41	3.18	3.03	2.92	2.83	2.77	2.71	2.67	2.63	2.60
14	4.60	3.74	3.34	3.11	2.96	2.85	2.76	2.70	2.65	2.60	2.57	2.53
15	4.54	3.68	3.29	3.06	2.90	2.79	2.71	2.64	2.59	2.54	2.51	2.48
16	4.49	3.63	3.24	3.01	2.85	2.74	2.66	2.59	2.54	2.49	2.46	2.42
17	4.45	3.59	3.20	2.96	2.81	2.70	2.61	2.55	2.49	2.45	2.41	2.38
18	4.41	3.55	3.16	2.93	2.77	2.66	2.58	2.51	2.46	2.41	2.37	2.34
19	4.38	3.52	3.13	2.90	2.74	2.63	2.54	2.48	2.42	2.38	2.34	2.31
20	4.35	3.49	3.10	2.87	2.71	2.60	2.51	2.45	2.39	2.35	2.31	2.28
21	4.32	3.47	3.07	2.84	2.68	2.57	2.49	2.42	2.37	2.32	2.28	2.25
22	4.30	3.44	3.05	2.82	2.66	2.55	2.46	2.40	2.34	2.30	2.26	2.23
23	4.28	3.42	3.03	2.80	2.64	2.53	2.44	2.37	2.32	2.27	2.24	2.20
24	4.26	3.40	3.01	2.78	2.62	2.51	2.42	2.36	2.30	2.25	2.22	2.18
25	4.24	3.39	2.99	2.76	2.60	2.49	2.40	2.34	2.28	2.24	2.20	2.16
26	4.23	3.37	2.98	2.74	2.59	2.47	2.39	2.32	2.27	2.22	2.18	2.15
27	4.21	3.35	2.96	2.73	2.57	2.46	2.37	2.31	2.25	2.20	2.17	2.13
28	4.20	3.34	2.95	2.71	2.56	2.45	2.36	2.29	2.24	2.19	2.15	2.12
29	4.18	3.33	2.93	2.70	2.55	2.43	2.35	2.28	2.22	2.18	2.14	2.10
30	4.17	3.32	2.92	2.69	2.53	2.42	2.33	2.27	2.21	2.16	2.13	2.09
31	4.16	3.30	2.91	2.68	2.52	2.41	2.32	2.25	2.20	2.15	2.11	2.08
32	4.15	3.29	2.90	2.67	2.51	2.40	2.31	2.24	2.19	2.14	2.10	2.07
33	4.14	3.28	2.89	2.66	2.50	2.39	2.30	2.23	2.18	2.13	2.09	2.06
34	4.13	3.28	2.88	2.65	2.49	2.38	2.29	2.23	2.17	2.12	2.08	2.05
35	4.12	3.27	2.87	2.64	2.49	2.37	2.29	2.22	2.16	2.11	2.07	2.04
36	4.11	3.26	2.87	2.63	2.48	2.36	2.28	2.21	2.15	2.11	2.07	2.03
37	4.11	3.25	2.86	2.63	2.47	2.36	2.27	2.20	2.14	2.10	2.06	2.02
38	4.10	3.24	2.85	2.62	2.46	2.35	2.26	2.19	2.14	2.09	2.05	2.02
39	4.09	3.24	2.85	2.61	2.46	2.34	2.26	2.19	2.13	2.08	2.04	2.01
40	4.08	3.23	2.84	2.61	2.45	2.34	2.25	2.18	2.12	2.08	2.04	2.00
50	4.03	3.18	2.79	2.56	2.40	2.29	2.20	2.13	2.07	2.03	1.99	1.95
60	4.00	3.15	2.76	2.53	2.37	2.25	2.17	2.10	2.04	1.99	1.95	1.92
100	3.94	3.09	2.70	2.46	2.31	2.19	2.10	2.03	1.97	1.93	1.89	1.85
120	3.92	3.07	2.68	2.45	2.29	2.18	2.09	2.02	1.96	1.91	1.87	1.83

注：$P[F > F_{0.05}(df_1, df_2)] = 0.05$，比如 $df_1 = 2$，$df_2 = 8$，临界值 $F_{0.05}(2,8) = 4.46$

附表 5 **DW 检验临界值表（$\alpha=0.05$）**

n	$k'=1$		$k'=2$		$k'=3$		$k'=4$		$k'=5$		$k'=6$	
	d_L	d_U	d_L	d_U	d_L	d_U	d_L	d_U	d_L	d_U	d_L	d_U
15	1.077	1.361	0.946	1.543	0.814	1.750	0.685	1.977	0.562	2.220	0.447	2.472
16	1.106	1.371	0.982	1.539	0.857	1.728	0.734	1.935	0.615	2.157	0.502	2.388
17	1.133	1.381	1.015	1.536	0.897	1.710	0.779	1.900	0.664	2.104	0.554	2.318
18	1.158	1.391	1.046	1.535	0.933	1.696	0.820	1.872	0.710	2.060	0.603	2.257
19	1.18	1.401	1.074	1.536	0.967	1.685	0.859	1.848	0.752	2.023	0.649	2.206
20	1.201	1.411	1.100	1.537	0.998	1.676	0.894	1.828	0.792	1.991	0.692	2.162
21	1.221	1.420	1.125	1.538	1.026	1.669	0.927	1.812	0.829	1.964	0.732	2.124
22	1.239	1.429	1.147	1.541	1.053	1.664	0.958	1.797	0.863	1.940	0.769	2.090
23	1.257	1.437	1.168	1.543	1.078	1.660	0.986	1.785	0.895	1.920	0.804	2.061
24	1.273	1.446	1.188	1.546	1.101	1.656	1.013	1.775	0.925	1.902	0.837	2.035
25	1.288	1.454	1.206	1.550	1.123	1.654	1.038	1.767	0.953	1.886	0.868	2.012
26	1.302	1.461	1.224	1.553	1.143	1.652	1.062	1.759	0.979	1.873	0.897	1.992
27	1.316	1.469	1.240	1.556	1.162	1.651	1.084	1.753	1.004	1.861	0.925	1.974
28	1.328	1.476	1.255	1.560	1.181	1.650	1.104	1.747	1.028	1.850	0.951	1.958
29	1.341	1.483	1.270	1.563	1.198	1.650	1.124	1.743	1.050	1.841	0.975	1.944
30	1.352	1.489	1.284	1.567	1.214	1.650	1.143	1.739	1.071	1.833	0.998	1.931
31	1.363	1.496	1.297	1.570	1.229	1.650	1.160	1.735	1.090	1.825	1.020	1.920
32	1.373	1.502	1.309	1.574	1.244	1.650	1.177	1.732	1.109	1.819	1.041	1.909
33	1.383	1.508	1.321	1.577	1.258	1.651	1.193	1.730	1.127	1.813	1.061	1.900
34	1.393	1.514	1.333	1.580	1.271	1.652	1.208	1.728	1.144	1.808	1.080	1.891
35	1.402	1.519	1.343	1.584	1.283	1.653	1.222	1.726	1.160	1.803	1.097	1.884
36	1.411	1.525	1.354	1.587	1.295	1.654	1.236	1.724	1.175	1.799	1.114	1.877
37	1.419	1.530	1.364	1.590	1.307	1.655	1.249	1.723	1.190	1.795	1.131	1.87
38	1.427	1.535	1.373	1.594	1.318	1.656	1.261	1.722	1.204	1.792	1.146	1.864
39	1.435	1.540	1.382	1.597	1.328	1.658	1.273	1.722	1.218	1.789	1.161	1.859
40	1.442	1.544	1.391	1.600	1.338	1.659	1.285	1.721	1.230	1.786	1.175	1.854
45	1.475	1.566	1.430	1.615	1.383	1.666	1.336	1.720	1.287	1.776	1.238	1.835
50	1.503	1.585	1.462	1.628	1.421	1.674	1.378	1.721	1.335	1.771	1.291	1.822
55	1.528	1.601	1.490	1.641	1.452	1.681	1.414	1.724	1.374	1.768	1.334	1.822
60	1.549	1.616	1.514	1.652	1.480	1.689	1.444	1.727	1.408	1.767	1.372	1.814
65	1.567	1.629	1.536	1.662	1.503	1.696	1.471	1.731	1.438	1.767	1.404	1.808
70	1.583	1.641	1.554	1.672	1.525	1.703	1.494	1.735	1.464	1.768	1.433	1.805
75	1.598	1.652	1.571	1.680	1.543	1.709	1.515	1.739	1.487	1.770	1.458	1.802
80	1.611	1.662	1.586	1.688	1.560	1.715	1.534	1.743	1.507	1.772	1.480	1.801
85	1.624	1.671	1.600	1.696	1.575	1.721	1.550	1.747	1.525	1.774	1.500	1.801
90	1.635	1.679	1.612	1.703	1.589	1.726	1.566	1.751	1.542	1.776	1.518	1.801
95	1.645	1.687	1.623	1.709	1.602	1.732	1.579	1.755	1.557	1.778	1.535	1.801
100	1.654	1.694	1.634	1.715	1.613	1.736	1.592	1.758	1.571	1.780	1.550	1.802

注：n = 观测次数，k' = 不含常数项的解释变量个数。

资料来源：古扎拉蒂. 计量经济学基础（下册）. 北京：中国人民大学出版社，2011：894.

附表 6 **协整性检验临界值表**

N 模型形式	α	φ_∞	s.e.	φ_1	φ_2
1 无常数项，无趋势项	0.01	−2.5658	−0.0023	−1.960	−10.04
	0.05	−1.9393	−0.0008	−0.398	0.00
	0.10	−1.6156	−0.0007	−0.181	0.00
1 常数项，无趋势项	0.01	−3.4336	−0.0024	−5.999	−29.25
	0.05	−2.8621	−0.0011	−2.738	−8.36
	0.10	−2.5671	−0.0009	−1.438	−4.48
1 常数项，趋势项	0.01	−3.9638	−0.0019	−8.353	−47.44
	0.05	−3.4126	−0.0012	−4.039	−17.83
	0.10	−3.1279	−0.0009	−2.418	−7.58
2 常数项，无趋势项	0.01	−3.9001	−0.0022	−10.534	−30.03
	0.05	−3.3377	−0.0012	−5.967	−8.98
	0.10	−3.0462	−0.0009	−4.069	−5.73
2 常数项，趋势项	0.01	−4.3266	−0.0022	−15.531	−34.03
	0.05	−3.7809	−0.0013	−9.421	−15.06
	0.10	−3.4959	−0.0009	−7.203	−4.01
3 常数项，无趋势项	0.01	−4.2981	−0.0023	−13.790	−46.37
	0.05	−3.7429	−0.0012	−8.352	−13.41
	0.10	−3.4518	−0.0010	−6.241	−2.79
3 常数项，趋势项	0.01	−4.6676	−0.0022	−18.492	−49.35
	0.05	−4.1193	−0.0011	−12.024	−13.13
	0.10	−3.8344	−0.0009	−9.188	−4.85
4 常数项，无趋势项	0.01	−4.6493	−0.0023	−17.188	−59.20
	0.05	−4.1000	−0.0012	−10.745	−21.57
	0.10	−3.8110	−0.0009	−8.317	−5.19
4 常数项，趋势项	0.01	−4.9695	−0.0021	−22.504	−50.22
	0.05	−4.4294	−0.0012	−14.501	−19.54
	0.10	−4.1474	−0.0010	−11.165	−9.88
5 常数项，无趋势项	0.01	−4.9587	−0.0026	−22.140	−37.29
	0.05	−4.4185	−0.0013	−13.641	−21.16
	0.10	−4.1327	−0.0009	−10.638	−5.48
5 常数项，趋势项	0.01	−5.2497	−0.0024	−26.606	−49.56
	0.05	−4.7154	−0.0013	−17.432	−16.50
	0.10	−4.4345	−0.0010	−13.654	−5.77
6 常数项，无趋势项	0.01	−5.2400	−0.0029	−26.278	−41.65
	0.05	−4.7048	−0.0018	−17.120	−11.17
	0.10	−4.4242	−0.0010	−13.347	0.00
6 常数项，趋势项	0.01	−5.5127	−0.0033	−30.735	−52.50
	0.05	−4.9767	−0.0017	−20.883	−9.05
	0.10	−4.6999	−0.0011	−16.445	0.00

注：1. 临界值计算公式是 $C_{(\alpha)}=\varphi_\infty+\varphi_1 T^{-1}+\varphi_2 T^{-2}$，其中 T 表示样本容量。

2. N 表示协整回归式中所含变量个数，α 表示检验水平。

资料来源：张晓峒. 计量经济学基础. 第三版. 天津：南开大学出版社，2007：393.

主要参考书目

1. 李子奈. 计量经济学. 第三版. 北京：高等教育出版社，2010.
2. 张晓峒. 计量经济学基础. 第三版. 天津：南开大学出版社，2007.
3. 庞皓. 计量经济学. 第二版. 北京：科学出版社，2010.
4. 古扎拉蒂. 计量经济学基础. 第五版. 北京：中国人民大学出版社，2011.
5. 伍德里奇. 计量经济学导论. 第四版. 北京：中国人民大学出版社，2010.
6. 格林. 计量经济学分析. 第六版. 北京：中国人民大学出版社，2011.
7. 施图德蒙德. 应用计量经济学. 第六版. 北京：机械工业出版社，2011.
8. Michael P. Murray. 计量经济学：现代方法. 北京：北京大学出版社，2009.
9. 朱平芳. 现代计量经济学. 上海：上海财经大学出版社，2004.
10. 陶长琪. 计量经济学. 大连：东北财经大学出版社，2011.